法天下学术文库

刑事检察
——理论研究与实践探索

XINGSHI JIANCHA
LILUN YANJIU YU SHIJIAN TANSUO

陈 新　王东明 著

中国政法大学出版社

2023·北京

声　　明　　1. 版权所有，侵权必究。

2. 如有缺页、倒装问题，由出版社负责退换。

图书在版编目（ＣＩＰ）数据

刑事检察：理论研究与实践探索/陈新，王东明著. —北京：中国政法大学出版社，2023.6
ISBN 978-7-5764-0814-0

Ⅰ.①刑… Ⅱ.①陈… ②王… Ⅲ.①刑事诉讼－研究－中国 Ⅳ.①D925.204

中国国家版本馆CIP数据核字(2023)第108823号

出 版 者	中国政法大学出版社
地　　址	北京市海淀区西土城路25号
邮寄地址	北京100088 信箱8034分箱　邮编100088
网　　址	http://www.cuplpress.com（网络实名：中国政法大学出版社）
电　　话	010-58908586(编辑部) 58908334(邮购部)
编辑邮箱	zhengfadch@126.com
承　　印	北京中科印刷有限公司
开　　本	720mm×960mm　1/16
印　　张	17.25
字　　数	300千字
版　　次	2023年6月第1版
印　　次	2023年6月第1次印刷
定　　价	79.00元

法治人才培养的时代使命与路径探索

——代序

2018年8月24日,习近平总书记主持召开中央全面依法治国委员会第一次会议,在会议讲话中提出了"全面依法治国新理念新思想新战略"这一科学命题,明确了全面依法治国的指导思想、发展道路、战略布局、重大任务。"全面依法治国新理念新思想新战略"是深化全面依法治国、加快法治中国建设的根本遵循。"建设法治国家、法治政府、法治社会,实现科学立法、严格执法、公正司法、全民守法,都离不开一支高素质的法治工作队伍。法治人才培养上不去,法治领域不能人才辈出,全面依法治国就不可能做好。"[1]习近平总书记在"全面依法治国新理念新思想新战略"的"十个坚持"中再次强调要"坚持建设德才兼备的高素质法治工作队伍"。法学教育者和法治工作者都应当扎根于中国特色社会主义法治建设的大背景,深化全面依法治国新理念,努力探索中国特色法治人才培养的新路径。

一、全面依法治国的时代背景赋予法治人才培养新的使命

(一) 全面依法治国是当前国家治理的一场深刻革命

以中共十八大为历史节点,中国特色社会主义进入新时代,中国法治也跨入了新时代。2014年10月召开的中共十八届四中全会是中国共产党执政历史上首次以法治为主题的中央全会,大会通过的《中共中央关于全面推进依

---

[1] "习近平在中国政法大学考察时强调 立德树人德法兼修抓好法治人才培养 励志勤学刻苦磨炼促进青年成长进步",载 https://news.12371.cn/2017/05/03/ARTI1493813533526614.shtml,最后访问时间:2020年1月8日。

法治国若干重大问题的决定》提出了全面依法治国的总目标,即建设中国特色社会主义法治体系,建设社会主义法治国家,以此向国内外宣示了我们坚定不移走中国特色社会主义法治道路的决心。以习近平同志为核心的党中央在完善"五位一体"总体布局之后提出了"四个全面"的战略布局,把依法治国放在总体战略布局之中统筹安排。"没有全面依法治国,我们就治不好国、理不好政,我们的战略布局就会落空。"[1]全面依法治国是中国特色社会主义的本质要求和重要保障。十八届四中全会以后,"全面依法治国"作为"四个全面"之一成为标准概念,标志着我国法治建设站在了新的历史起点上,"全面依法治国"成了我们这个时代鲜明的特征。

新时代面临新问题。习近平总书记多次在不同场合讲到新形势下党和国家所面临的新问题:经济发展进入新常态、国际发展环境的深刻变化、从严治党进入重要阶段、党面临的风险和考验集中显现、改革进入攻坚期和深水区、各种深层次矛盾和问题不断呈现、各类风险和挑战不断增多等。党的十九大作出了"社会矛盾和问题交织叠加、全面依法治国任务依然繁重、国家治理体系和治理能力有待加强"的判断。建设法治中国和法治强国是一项长期而重大的历史任务,全面推进依法治国是一项复杂的系统工程,是国家治理领域一场广泛而深刻的革命。

(二) 法学教育、法治人才培养进入新时代,肩负新使命

全面依法治国,建设法治国家、法治政府、法治社会,实现科学立法、严格执法、公正司法、全民守法,需要一支法学理论与实践经验兼备的高素质法治人才队伍。党的十八大以来,党对建设一支高素质的法治人才队伍高度重视,习近平总书记多次对法学理论、法治实践以及法治人才培养作出重要指示:2016年,习近平总书记在哲学社会科学工作座谈会上指出,坚持和发展中国特色社会主义,需要不断在实践和理论上进行探索;2017年5月3日在考察中国政法大学时更是指出,法治人才培养上不去,法治领域不能人才辈出,全面依法治国就不可能做好;2018年8月24日,在中央全面依法治国委员会第一次会议上强调,要加强法治工作队伍建设和法治人才培养,更好地发挥法学教育基础性、先导性作用,确保立法、执法、司法工作者"政

---

[1] 习近平:《在省部级主要领导干部学习贯彻党的十八届四中全会精神 全面推进依法治国专题研讨班上的讲话》,2015年2月2日。

治过硬、业务过硬、责任过硬、纪律过硬、作风过硬"。

法学教育是中国特色社会主义法治体系的重要组成部分,是实施人才强法战略的基础。党和国家提出全面依法治国重大战略部署,开创全面依法治国新局面,也就意味着法学教育、法治人才培养进入新时代。新时代对法学教育和法治人才培养有更高的要求和标准。对此,法学教育者要有强烈的使命感和责任感,"要坚持用马克思主义法学思想和中国特色社会主义法治理论全方位占领法学教育和研究阵地;要坚持从中国实际出发,立足当代中国法治实践,为社会主义法治建设中出现的热点、难点和重点问题进行回应、论证和阐述;要推进中国特色社会主义法学理论体系、学科体系、课程体系的相互贯通、有机联系"。[1]当然,这里我们必须强调的是,高等院校是法学教育的主阵地而不是唯一阵地,高校老师是法学教育的重要承担者但不是唯一的教育主体,德才兼备、理实并重的法治人才培养,不仅仅是教育行政主管部门、高等法学院校的任务,司法部门需要什么样的人才、对人才的规格要求,都需要通过畅通的渠道,客观、完整、及时、准确地反映到法治人才培养的过程和环节之中,要健全高校与司法实务部门的合作育人机制,高素质法治人才必须由学校和实务部门共同培养。

二、中国特色法治人才培养的现实路径选择

(一) 真诚地坚持马克思主义对我国法学理论与法治实践的指导

没有正确的法治理论引领,就不可能有正确的法治实践。"中共十八大以来,在全面推进依法治国的整个过程中,习近平同志反复强调要坚持马克思主义的辩证唯物观和历史唯物观,他指出:历史和现实都表明,只有坚持唯物主义,才能不断加深对共产党执政规律、社会主义发展规律、人类社会一般规律、人与自然和谐共存规律的认识,提高对规律的认识水平。"[2]"坚持以马克思主义为指导,是当代中国哲学社会科学区别于其他哲学社会科学的根本标志",[3]法学的理论与实践当然必须旗帜鲜明地加以坚持。

---

[1] 贾宇:"发展社会主义法学理论体系 培养高素质法治人才",载《西部法制报》2015年4月30日。

[2] 张文显:"中国法治40年:历程、轨迹和经验",载http://www.cssn.cn/fx/201811/t20181101_4768425_3.shtml,最后访问时间:2020年1月8日。

[3] 习近平:《在哲学社会科学工作座谈会上的讲话》,2016年5月17日。

马克思主义关于法的本质的观点揭示了法是统治阶级意志的体现这一本质属性。作为上层建筑的法律，本质上是由经济基础决定的，一定的上层建筑又反作用于它的经济基础，所以归根到底法律是维护所有制的。我们国家是工人阶级领导的，以工农联盟为基础的人民民主专政的社会主义国家，我们法学理论与法治实践首要的核心问题就是要解决好为什么人的问题，我们的法学理论要为谁著书、为谁立说，我们的法治实践是为少数人服务还是为大多数人服务，这是根本性与原则性的问题。

马克思主义的群众观为我们指明了法学理论研究与法治实践的出发点和落脚点，即实现好、发展好最广大人民的根本利益。具有基础和先导作用的法学教育更应该坚持以人民为中心的导向，坚持人民是历史的创造者，"树立为人民做学问的理想，尊重人民主体地位，聚焦人民实践创造，自觉把个人学术追求同国家和民族发展紧紧联系在一起……"[1]

马克思主义具有鲜明的实践品格，马克思主义的实践观强调人的实践活动是检验理论性认识是否正确的标准。习近平总书记在哲学社会科学工作座谈会上的讲话也强调，世界上没有纯而又纯的哲学社会科学，伟大的哲学社会科学成果都是在回答和解决人与社会面临的重大问题中创造出来的。作为本身实践品格就非常强的法学，更应该做到理论与实践结合融通，理论要经得起实践的考验，真正能指导实践，不能简单地从逻辑到逻辑而自娱自乐；实践要自觉地接受先进理论的指导，而不能仅凭经验行事而盲目自信。

马克思主义的发展观认为社会是处在不断变化和发展中的有机整体。这就要求我们的法学理论要关注社会发展中不断出现的新问题，不断地思考创新解决新问题的新思路，形成新的理论成果。法治实践要主动地寻求接受新的理论指导。

（二）真诚地坚持党对法治建设与法学教育的领导

坚持中国特色社会主义法治道路，"核心要义"是坚持党的领导。党的十九大报告将"坚持党的领导、人民当家作主、依法治国有机统一"作为发展社会主义民主政治的首要战略任务。在三者有机统一的关系中，党的领导是人民当家作主和依法治国的根本保证。习近平总书记明确指出：我们强调坚持党的领导、人民当家作主、依法治国有机统一，最根本的是坚持党的领导。

---

[1] 习近平：《在哲学社会科学工作座谈会上的讲话》，2016年5月17日。

之所以说党的领导是依法治国的根本保证，是因为依法治国是由我们党提出来的，同时党带领人民在实践中不断推进依法治国。党既领导人民制定宪法法律、执行宪法法律，又自觉在宪法法律范围内活动，做到党领导立法、保证执法、带头守法。实践充分证明，党的领导和社会主义法治是一致的，只有坚持党的领导，依法治国才有可靠的政治保证。只有真诚地认识并落实这一点，法律理论研究、法律教育以及法治实践才能在研究和解决中国问题上有所作为。

（三）以扬弃的态度对待西方法学理论，深刻把握中国社会发展中的真问题

"法律的本真要求突出实践价值，法律主要不是人们通过理性逻辑创造出来的，而是在社会实践中生成的。中国法治进程要求突出实践价值。"[1]但法律教育以及法治人才培养理论与实践的脱节却是一个长期存在的问题。近些年来，法学教育在实践化方面的改革和尝试做了很多，诸如优化课堂教学、编写相关的实践化教材、建立实习基地、开展案例教学、诊所教育等。这些探索和尝试取得了一定的效果，但总的来说，理论与实践相脱节的现状并没有得到根本性改观。笔者认为，如果作为法学知识传输始端的教育者头脑里面只有西方的法学理论而根本没有中国立场和中国问题意识，他的理论就没有实践的阵地和场所，拿纯粹的西方法学理论和价值观来对标中国的本土问题和现实问题，理论与实践就注定是要脱节的，永远是要脱节的，形式上的教育实践化改革做得再好也是徒劳。当这些初始教育者的法律理念和法律价值观传递到受教育者身上时，就会衍生出同样的问题并继续延续下去。因此，要想从根本上解决法治人才培养中理论与实践相脱节这一问题，除了从形式上进行实践化教学改革外，更应当从知识源头上解决法学理论、法律知识以及法治理念"从哪里来，要用到哪里去"这一问题。

笔者绝对没有否定或者批评西方法学理论的意思，只是要表达这样一个立场，即中国的法学研究要客观对待法律移植，要对西方理论持扬弃的客观态度。在西方法治文明的进程中，西方法学理论在其政治法律制度的构建、法治实践的发展等方面发挥了重要的思想启蒙和理论先导作用。西方法学理论中的很多成果均体现着现代法治文明的一般规律，反映着人类对现代法治

---

[1] 贾宇："抓住关键环节　培养卓越法律人才"，载《中国高等教育》2013年第12期，第21页。

的共同理想和价值追求。这些理论成果也是中国特色社会主义法治理论的重要资源，必须予以借鉴和汲取。特别是在20世纪70年代末开始的中国法治建设的恢复阶段，中国法学界理论研究者作为全社会法治知识的普及者和启蒙者，在通过编写法学各学科教材以介绍各法学学科的基本知识，通过撰写阐述法学基本原理、诠释法律法规基本含义等论文的过程中，外国（特别是苏联）的法学理论等可谓功不可没，起到了非常重要的作用。但"中国的法学需要自主性，需要中国人对世界、对自己有所交代。西方法学包括法理学对中国的影响还会继续下去，但是我们更需要的是那种中国化的、能解决中国问题的法学。中国法学包括法理学不能永远在西方法学后面爬行"。[1]正如吉尔茨所言："法律就是地方性知识；地方在此不只是指空间、时间、阶级和各种问题，而且也指特色（accnt），即把对所发生的事件的本地认识与对可能发生的事件的本地想象联系在一起。"[2]早在二十多年前，有教授就敏锐地指出，外国的法治精要的确可能为我们提供启示和帮助，特别是在对外交流日益频繁的状况之下正是如此，但外国法治的经验和理论对我们的启示和帮助是有限的，因为社会活动中所需的知识很大部分是具体的和地方性的，西方的法律理论和法治经验不可能放之四海而皆准，也不可能替代中国的经验。同时，由于文化和语言的原因，任何学者试图客观传述外国法治经验的实践都不可避免有意无意地扭曲了其试图真实描述的现象。

伴随着中国社会法治知识普及任务的基本完成，中国法学研究不应该仍然聚焦于域外的法治模式或者法治观念。我们必须清醒地认识到，西方法学理论的产生和发展有其特定的时间背景和社会历史背景，而且其自身也是一个不断接受批判的完善过程。张军在2019年北京大学所作的专题报告中讲道："世界上没有最好的司法制度，只有适合本国国情的司法制度。一个国家实行什么样的司法制度，归根结底是由这个国家的国情决定的，是由该国经济、政治、历史、文化等诸多因素综合决定的。"讲的也是这个道理。我们必须坚决抵制与批判两种极端倾向：一是西方法学理论的"天然权威定势"，即想当然地认定西方法学理论天然正确而且权威，进而以西方法学理论为标准

---

[1] 陈金钊："'思想法治'的呼唤——对中国法理学研究三十年的反思"，载《东岳论丛》2008年第2期，第24页。

[2] [美]吉尔茨："地方性知识：事实与法律的比较透视"，邓正来译，载梁治平编：《法律的文化解释》（增订本），生活·读书·新知三联书店1994年版，第74页。

来评判中国特色社会主义法治；二是割裂时空与社会历史，用西方的法学理论甚至法律规定来评判、解决中国本土问题。从某种意义上讲，这两种极端倾向才是造成我国法学理论与法治实践相脱离的深层次原因。中国的法治建设必须立足于中国的社会生活，关注中国的现实。

　　法学教育的实践转型，其基础是法学研究的实践转型。因为我们大多数的法律教育者同时又是理论研究者，理论研究有了实践转型，法律的教育在理念层面也就有了实践转型，再配合教学过程的实践性改革，理论与实践的融通才能取得实质性的效果。全面依法治国是我国历史上一场广泛而深刻的社会变革，也是宏大而独特的实践创新，必将给理论创造提供强大动力和广阔空间。我们只有投身这场伟大的社会变革之中，站在中国的立场上真正关心全面推进依法治国中出现的新问题、真问题，寻求解决问题的理论与方法，我们的理论才有用武之地，理论与实践才能做到真正的融合，我们的法学教育才算成功。

（四）切实打破法学教育与司法实务部门间的壁垒，增强法治实务部门在法治人才培养中的责任意识和主体意识

　　在法治人才的培养上，法治实践部门应当成为重要的责任主体，法学教育的实践性特征决定了法治实践部门参与的必要性，法学教育的职业性特征决定了法治实践部门参与的有效性，法学教育的趋同性决定了法治实践部门参与的科学性。[1]法学理论与实践脱节的原因，以往我们总是从理论研究者的角度来找，但客观地讲，司法实务部门在这方面的作为不够。因为理论与实践的沟通也需要在一定的条件下才能进行。一直以来，我们实务部门的判决并不全部对理论研究者公开，一些与具体案件的处理相关的内部政策性文件对包括理论研究者在内的外人而言属于机密，理论研究者和教育者也很难顺畅地深入司法实践的全部过程，所有这些因素都限制了理论工作者结合实践的可能性，并最终影响了以高校为主要教育阵地的法治人才培养。2012年，由教育部、中央政法委联合举办的"卓越法律人才教育培养计划"正式启动，其中包含了实施高校与实务部门人员互聘的"双千计划"。但实事求是地讲，计划启动后，高校法学院的反应和热情远高于司法实务部门，计划并没有取

---

[1] 杨翔、廖永安："论法治实践部门在法治人才培养中的责任主体地位"，载《政法论丛》2015年第6期，第118页。

得预期的效果。2018年5月3日，习近平总书记在考察中国政法大学时强调，要打破高校和社会之间的体制壁垒，加强法学教育、法学研究工作者和法治实务工作者之间的交流。所以，实现法学教育、法学研究与法治实践之间的融通，必须切实打破法学教育与司法实务部门之间的壁垒。在这个问题上，法治实践部门要增强自己的主体意识和责任意识，真正意识到法治人才的培养需要由高等法学院校和法治实务部门共同完成。

三、浙江检察系统"理论实践融合"法治人才培养模式探索

浙江是习近平新时代中国特色社会主义思想的重要萌发地。习近平总书记在浙江工作期间，多次听取省检察院党组工作汇报，亲自参加省检察院党组民主生活会和第十三次全省检察工作会议，对做好检察工作以及加强检察人才队伍建设作出过重要的指示和要求。这些指示要求是习近平新时代中国特色社会主义思想的重要组成部分，是浙江检察独特的政治优势。法治浙江也是习近平总书记主政浙江时在省域层面对法治建设的现行探索。十多年来，法治已经成为浙江的一张"金名片"，并正在成为浙江核心竞争力的重要组成部分，浙江检察在其中发挥了应有的作用。这些优势、作用都决定了我们在推进法治建设，加强法律教育和法治人才培养等方面，必须有更高的站位和更强的担当。

（一）创设检校合作机制，协同法治人才培养

2018年以来，浙江检察系统在法治人才培养上开始探索"检校合作机制"，以形成高水平的法治人才培养合力。2018年8月30日，在中央政法委、最高人民检察院、教育部以及中国法学会的关心下，在浙江省委、省政府的大力支持下，浙江检察系统与来自全国的17所法学院校签订了"检校合作"协议，13名法学专家受聘到浙江省三级检察院挂职。按照"资源共享、优势互补、人员互派、交流互动"的原则，不断拓展检校合作的广度和深度，增强协同育人的质量与实效，共同承担法治人才的培养。具体落实了以下措施：

1. 共建高层次的教育培训平台

浙江检察机关和法学院校共同研究制定教育培训目标，共同设计培训课程体系，共同开发优质教材，共同组建教学团队，探索建立符合双方需求的应用型、复合型人才培养机制。检察机关依托高校优质资源和师资力量，开展高层次的培训班、研讨会、学术交流活动。高等院校邀请检察机关的领导

和业务专家参与学校人才培养方案制定、教材编写、实践课程设计和专业教学活动，进行实务讲座、模拟庭审等，建立符合双方需求的应用型、复合型人才培养机制。

2. 共建全覆盖的实践教学平台

在充分对接高等院校和浙江检察机关的实际需求的基础上，在省市县三级检察院设立校外法学实践教育基地，开展大学生见习、实习等多种形式的合作教学活动。建立优秀法科生担任实习助理制度，将优秀法科生安排在刑事检察、民事检察、行政检察和公益诉讼部门从事检察辅助工作，由员额检察官指导学生专业见习和毕业实习。探索建立从优秀实习生中招录检察官助理的规范便捷机制。

3. 共建开放式的理论研究平台

坚持挖掘检察机关自身潜力，与高等院校有机结合构建"大研究""大调研"格局。围绕理论热点、实践难点、办案重点，加强检校双方理论研究人才的学术交流和理性探讨，通过共建研究基地、委托理论调研、共同承担课题等方式，组织相关人才集体攻关，聚焦全面依法治国背景下的中国问题、现实问题，研究解决检察工作创新发展中遇到的实际问题，促进理论共识，强化理论认同，形成法学理论研究、检察理论研究、司法实务良性创新的强大合力。

（二）探索常态化共建机制，开创"柔性挂职"新形态

在第一轮检校合作的实践中，我们采用选派、聘请的方式由组织部门正式任命高校法学专家到浙江检察机关挂职，挂职人员在业务上脱离原单位而全职参与检察系统的工作，特别是对重大疑难复杂案件研究讨论、提供咨询意见、提出监督建议、履行相关职责，取得了良好的效果。结合第一轮检校合作的实践，在总结经验教训的基础上，自2020年开始，浙江检察院探索了"柔性挂职"的常态化"共建共育"模式。主要做法如下：

第一，聘请高校优秀法学教师到浙江检察机关柔性挂职，由检察院设置专门的工作场所，配备办公设备，灵活安排工作时间。法学教师参与重大课题研究、重大疑难复杂案件讨论，提供决策咨询意见等，帮助检察机关补齐知识短板、创新办案机制。

第二，聘请学校专家、教授到检察机关建立专家（团队）工作室，在检察机关成立专家个人或团队工作室，开展相关学术、科研及司法实践工作。

选派专家担任浙江检察机关专家智库成员,邀请智库专家参与司法体制改革、检察规范性文件等论证;参与浙江省检察官进修学院开发专题培训教材,担任年度全省检察业务精品课程评选评委、全省检察机关青干班等重点培训指导老师,指导研究课题立项调研等。

第三,选派检察业务专家、业务标兵能手到高校担任实务导师,业务专家与标兵(能手)可以赴高校开设讲座、与高校教师结对组成教研团队,共同制定培养目标,共同设计课程体系,加强案例教学领域研究和参与教材编写。同时充分利用学校学科优势和雄厚师资,组织检察机关赴学校集中开展素能培训。组织干警到高校参加学术交流、名师讲座等,了解学术动态,实现教育资源共享。

第四,由省院统筹协调,统一授牌,联合高校建立专业化检察理论研究基地。检察机关将典型案例、办案数据以及司法解释、规范性文件等提供给研究基地,打破信息壁垒,确保专家学者找准研究方向,抓住焦点问题,深入研究分析,加强法治领域、检察法律监督领域的研究,不断推出高质量的检察理论研究成果。

贾　宇

前 言
FOREWORD

党的十八大以来，习近平总书记多次对法学理论实践和法治人才作出重要论述，特别是 2017 年 5 月 3 日在考察中国政法大学时强调，要打破高校和社会之间的体制壁垒，加强法学教育、法学研究工作者和法治实践工作者之间的交流。为此，浙江省人民检察院积极探索高素质法治人才、检察人才培养新机制、新路径。2018 年开始，浙江省人民检察系统与国内 18 所法学院校签订协议，开展全方位检校合作，共同搭建法治人才培养平台，努力为新时代中国特色社会主义法治人才队伍建设提供有力保障。

为了贯彻党中央的精神和浙江省检察院的工作部署，义乌市人民检察院与西北政法大学等合作院校秉持法学教育、法学研究与法治实践融合再造的工作定位，积极探索实践，建立健全长效机制，发挥"四大平台"整体效能，在推动法学理论与司法实务深度融合，共同培养新时代高层次法治人才、检察人才，推动中国特色社会主义检察制度落地成熟、检察工作创新发展等方面取得了阶段性成效。

本书以新一轮的司法改革为背景，聚焦刑事检察业务理论与实践，重点探讨了以审判为中心的司法制度改革、认罪认罚从宽、监检衔接、捕诉一体、扫黑除恶、不起诉以及知识产权的刑法保护等主题，是义乌市人民检察院与西北政法大学检校合作的成果之一。

目录 CONTENTS

法治人才培养的时代使命与路径探索——代序 …………… 001

前　言 ………………………………………………………… 011

第一章　我国司法体制改革的发展历程及道路选择 ……… 001

　第一节　我国司法体制改革的实践历程 ………………… 001

　　一、第一轮司法体制改革（1978年至2002年）………… 002

　　二、第二轮司法体制改革（2003年至2012年）………… 004

　　三、第三轮司法体制改革（2013年至今）……………… 005

　第二节　我国司法体制改革的道路选择 ………………… 009

　　一、世界各国没有完全相同的司法制度 ………………… 009

　　二、各国的司法制度都在不断改革完善之中 …………… 010

　　三、中国司法体制改革要有"道路自信" ……………… 012

第二章　"以审判为中心"诉讼制度的检察视角解读 …… 016

　第一节　"以审判为中心"的提出背景 ………………… 017

　　一、"侦查中心主义"概述 ……………………………… 017

　　二、"侦查中心主义"的客观表现 ……………………… 018

　　三、"侦查中心主义"的现实影响 ……………………… 020

第二节 "以审判为中心"的内涵实质 …………………………………… 023
  一、"以审判为中心"应以审判活动为中心 ……………………… 023
  二、庭审实质化 …………………………………………………… 025
  三、要落实证人、鉴定人出庭作证制度 ………………………… 026
  四、要健全落实非法证据排除法律制度 ………………………… 027
  五、以审判为中心需要遵循的两项基本原则 …………………… 029
  六、保障律师辩护权的有效行使 ………………………………… 032
第三节 "以审判为中心"的检察应对 …………………………………… 032
  一、要转变对自侦案件的侦查模式与方法 ……………………… 032
  二、构建公检交流机制,加大侦查监督力度 …………………… 035
  三、检察机关公诉人员要不断提高自身的质证能力 …………… 036

第三章 "认罪认罚从宽制度"下检察机关的量刑建议 …………… 038
第一节 "认罪认罚从宽制度"的改革历程及问题的提出 …………… 038
  一、"认罪认罚从宽制度"司法改革的历程 …………………… 038
  二、检察机关量刑建议精准化视角下的问题提出 ……………… 040
第二节 检察机关量刑建议精准化的影响因素 ………………………… 041
  一、"认罪认罚从宽"与"自首、坦白"的关系界定影响量刑精准化 … 041
  二、值班律师作用不足,量刑协商异化,影响量刑建议精准化 …… 044
  三、检法两院对"量刑权"长期存在认识分歧,造成量刑建议与
     宣告刑的差异化 ……………………………………………… 047
第三节 量刑建议精准化的完善路径 …………………………………… 049
  一、合理界定"认罪认罚"与自首、坦白的关系,调整从宽幅度
     分层设计 ……………………………………………………… 049
  二、强化制度与程序保障,落实值班律师的物质权益,增强值班
     律师工作实效 ………………………………………………… 053

三、检法两院要加强沟通，及时更新司法理念，共同修订《量刑指导意见》 …… 055

四、要积极总结经验，增强培训，探索智能精准量刑辅助系统 …… 056

第四章 扫黑除恶的理论与实践 …… 057

第一节 积极主义刑法观视野下的黑恶犯罪治理 …… 058

一、积极主义刑法观的理论内涵 …… 058

二、积极主义刑法观在黑恶犯罪治理中的展开 …… 065

第二节 恶势力犯罪的若干争议问题 …… 078

一、从《指导意见》到《办理恶势力案件意见》的新变化 …… 079

二、若干争议问题研究 …… 083

第五章 "两反转隶"及"监检"衔接理论与实践 …… 091

第一节 监察委职责概述 …… 092

一、我国监察制度历史 …… 092

二、"两反转隶"前的监察构造困境 …… 098

三、"两反转隶"的时代意义 …… 101

第二节 "监检"业务衔接的理论与实践困境 …… 103

一、监检业务衔接之现状 …… 104

二、监检业务衔接之实践困境 …… 107

第三节 检察机关在"监检"衔接中的实践探索 …… 126

一、监检管辖衔接之完善对策 …… 126

二、监检提前介入衔接之完善对策 …… 127

三、监检留置程序适用与转换衔接完善之对策 …… 130

四、监检衔接证据适用完善之对策 …… 132

第六章 "捕诉一体化"改革的理论与实践 … 135
第一节 "捕诉一体化"制度概述 … 135
一、"捕诉一体化"的历史脉络 … 135
二、第三阶段"捕诉一体"的基本内涵 … 138
三、捕诉分离与捕诉一体的优劣 … 140
第二节 "捕诉一体化"的理论争议与实践难题 … 146
一、捕诉一体的表现形式 … 146
二、反对者的核心理由：两权性质相异 … 147
三、我国与两大法系主要国家在捕诉关系方面的对比 … 151
四、捕诉一体是我国当前司法改革的合理选择 … 153
五、"捕诉一体化"改革中的实践问题 … 154
第三节 "捕诉一体化"的实践探索 … 160
一、"捕诉一体"应当坚持的原则 … 160
二、诉讼化审查逮捕机制的建构有利于批捕权的改良 … 160
三、引导侦查中如何处理公诉职能与监督职能 … 166
四、准确把握审查批捕与审查起诉标准的区别 … 171
五、加强数字化、专业化程度和内部考评 … 173

第七章 不起诉工作实证研究 … 175
第一节 不起诉案件办理现状及存在问题 … 176
一、近年来不起诉案件办理基本情况分析 … 176
二、近年来不起诉案件办理中存在的主要问题 … 181
第二节 不起诉案件质量瑕疵的成因与优化路径 … 183
一、不起诉案件质量瑕疵问题的成因分析 … 183
二、优化不起诉案件办理的实践路径 … 185

第八章　知识产权的刑事检察保护 ·· 191

第一节　知识产权刑事保护概述 ·· 191
一、相关概念阐释 ·· 191
二、国内外关于知识产权刑事保护的规定 ···················· 193

第二节　知识产权刑事保护的现实必要性 ························ 212
一、由知识产权刑事案件现状决定 ····························· 212
二、由知识产权刑事保护的价值意义决定 ···················· 219

第三节　刑事检察知识产权保护的实践探索 ···················· 220
一、检察实务中的难点问题 ······································ 220
二、经验总结与创新构想 ··· 238

参考文献 ··· 245

后　记 ·· 258

第一章 我国司法体制改革的发展历程及道路选择

CHAPTER 01

司法体制是指一个国家完整的司法体系,包括制度、法律、机构以及从业人员等各方面。我国的司法体制由国家审判机关(法院)、国家法律监督机关(检察院)、行使行政司法职能的行政机关及社会团体构成。

我国的司法体制是在继承革命根据地司法制度传统的基础上,受苏联的直接影响而形成的。它奠基于1954年,确立于1982年。从整体上来看,我国司法体制具有以下特点:第一,人民法院、人民检察院并列为司法机关;第二,审判权和检察权依法独立行使;第三,人民法院、人民检察院、公安机关办理刑事案件,实行分工负责、互相配合、互相制约;第四,司法机关对权力机关负责;第五,坚持中国共产党的领导。中国司法体制的确立与初步发展与社会主义初级阶段的基本国情总体上是相适应的,符合我国人民民主专政的国体和人民代表大会制度的政体。随着我国改革开放的不断深入,特别是社会主义市场经济的发展、依法治国基本方略的全面落实和民众司法需求的日益增长,我国司法体制在党和国家的领导下,适应时代的发展,不断地进行完善和改革。

第一节 我国司法体制改革的实践历程

从整体上而言,新中国成立七十多年来,我国司法体制发展完善经历了四个阶段:司法体制初步创立阶段(1949年至1978年)、司法体制规范重建阶段(1978年至2002年)、司法机构内部机制调整阶段(2003年至2012

年)、全面深化改革阶段(2013年至今)。[1]

单纯着眼于司法体制的改革而言,我们一般称后三个阶段为司法体制的三轮改革。在新一轮司法改革继续推进的中途,总结梳理司法改革的理论与实践,合理评价改革得失,展望党的二十大召开后司法改革的未来,这对于推进司法改革意义重大。

一、第一轮司法体制改革(1978年至2002年)

第一轮的司法体制改革以1978年十一届三中全会为开端,我国的法治建设也是在十一届三中全会以后重新走上正轨,开始了司法改革的征程。十一届三中全会指出:为了保障人民民主,必须加强社会主义法制,使民主制度化、法律化,使这种制度和法律具有稳定性,连续性和极大的权威,做到有法可依,有法必依,执法必严,违法必究。该轮改革的重心是司法规范体制的重建以及密集的立法活动。

1. 恢复重建司法机构

中华人民共和国成立后前七年,我国社会主义民主和法治建设取得了很大成就:1953年,实行最广泛的民主选举,建立了各级人民政权组织;1954年9月,颁布了中华人民共和国第一部《宪法》[2];1954年,建立了新中国的司法制度,设置了人民的公检法司法机关;加强立法,颁布了《土地改革法》《婚姻法》《工会法》等法律,起草了《刑法》《民法》《刑事诉讼法》《民事诉讼法》等基本法律。[3]但从1957年下半年开始,新中国法治建设发生了很大的变化。1960年,中共中央决定最高人民法院、最高人民检察院和公安部合署办公,由公安部统一领导。同时,国务院监察部、司法部被撤销,律师制度也不复存在。至20世纪70年代,国家法律制度和司法机构已所剩无几。因此,第一轮的司法体制改革,首要任务就是恢复重建司法机构。1978年,以《宪法》为依据,检察机关得以恢复与重建,1979年,第五届全

---

[1] 参见黄新根:"新中国成立以来司法体制改革的演变、方向与路径",载《大连干部学刊》2019年第9期,第24~28页。

[2] 《宪法》,即《中华人民共和国宪法》。为表述方便,本书中涉及我国法律直接使用简称,省去"中华人民共和国"字样,全书统一,后不赘述。

[3] 参见赵金飞:"中国共产党三代领导治国方式的历史演变与思考",载《嘉兴学院学报》2005年第2期,第90~93页。

国人大常委会第十一次会议决定恢复被撤销长达20年的司法部，由其主管全国的司法行政工作。到1980年底，从中央到地方都恢复了司法行政机关。1978年重建解放军军事法院和各大单位的军事法院。1979年12月，司法部发出《关于律师工作的通知》，明确宣布恢复律师制度。1981年起，针对新型的经济类纠纷，我国法院专设了经济审判庭。1984年《中共中央关于经济体制改革的决定》强调检察院要加强对经济犯罪行为的检察工作。强化改革经济检察体制。1995年，最高人民法院设立了执行工作办公室。1997年，为加强人民法院内部审判监督活动，最高人民法院设置了审判监督庭。

2. 密集立法

这一时期有中国法治史上著名的"一日七法"，即1979年7月1日，五届全国人大二次会议一天之内通过了《刑法》《刑事诉讼法》《地方各级人民代表大会和地方各级人民政府组织法》《全国人民代表大会和地方各级人民代表大会选举法》《人民法院组织法》《人民检察院组织法》《中外合资经营企业法》7部法律。[1]

据统计："从1979年到1983年3月第五届全国人大任期结束，共颁布法律37部，其中新制定法律33部，修改4部。此外，还通过了法律问题的决定28个。1983年到1987年底在第六届全国人大任期内，共通过42部法律，其中新制定法律37部，修改法律5部。"[2]此外，还通过了法律问题的决定23个。1988年到1992年，在第七届全国人大任期内，除宪法修改外，共通过49部法律，其中新制定法律44部，修改法律5部。此外，还通过了法律问题的决定38件。1993年到1997年，在第八届全国人大任期内，共通过法律70部，其中新制定法律63部，修改法律7部。[3]

第一轮的司法改革较多地体现了自发性和自下而上的特点，主要限于系统内部的改革。相关司法机构的恢复与重建，解决了因为机构的欠缺而不能有效开展工作的困境；加强立法工作并强调法律的落实，实现了司法作为解决社会纠纷手段应有的功能，保证了经济建设有一个健康良好的环境；法院内部结构的优化改革提高了办案质效；经济检察工作的加强维护了经济建设

---

[1] 张文显："中国法治40年：历程、轨迹和经验"，载《社会科学文摘》2018年第11期，第64~66页。

[2] 许崇德：《许崇德全集》（第6卷），中国民主法制出版社2009年版，第1736页。

[3] 陈斯喜："新中国立法60年回顾与展望"，载《法治论丛》2010年第2期，第1~8页。

环境；通过检察权的调整，突出了检察机关的法律监督职能，明确了检察机关工作方式。但第一轮的司法改革的不足之处也非常明显，与同时期的以经济体制改革为核心的政治、社会、文化等方面的改革举措相比，这一时段的司法改革严重滞后，使得司法改革与我国的经济、政治、文化、社会现状存在大量矛盾、冲突，增加了后续司法改革的难度。[1]

二、第二轮司法体制改革（2003年至2012年）

该轮司法改革的着力点在于司法机构内部机制调整。2003年5月，成立中央司法体制改革领导小组，统一指导全国司法改革。2004年12月，中央司法体制改革领导小组《关于司法体制和工作机制改革的初步意见》详细规定了司法干部管理、律师制度、司法机关经费保障等。紧接着，最高人民法院于2005年颁布《人民法院第二个五年改革纲要（2004—2008）》，明确了公正与效率是法院的工作主题，同时强调维护司法权威，解决执行难。[2]2005年8月24日，最高人民检察院第十届检察委员会第三十八次会议通过了《关于进一步深化检察改革的三年实施意见》，明确了在2008年以前应当改革和完善对诉讼活动的法律监督制度、完善检察机关接受监督和内部制约的制度、创新检察工作机制和规范执法行为、完善检察机关组织体系、改革和完善检察干部管理体制、改革和完善检察机关经费保障体制等六个方面共36项具体的改革任务。[3]2007年，党的十七大报告进一步提出要"深化司法体制改革，优化司法职权配置，规范司法行为，建设公正高效权威的社会主义司法制度"，开始初步探索解决执行难问题，回应满足公众的诉求。2008年，中央正式提出优化职权配置、落实宽严相济、加强队伍建设和经费保障四项任务。2009年3月1日，最高人民检察院印发《关于深化检察改革2009—2012年工作规划》，提出了五个方面的要求：优化检察职权配置，完善法律监督的范围、程序和措施；健全对检察权行使的监督制约；完善检察工作中贯彻落实宽严相济刑事政策的制度和措施；改革完善检察组织体系和干部管理制度；

---

[1] 高一飞、陈恋："人民法院司法改革40年的回顾与思考"，载《中国应用法学》2019年第1期，第136~140页。

[2] 黄新根："新中国成立以来司法体制改革的演变、方向与路径"，载《大连干部学刊》2019年第9期，第24~28页。

[3] 刘洪林："我国检察制度改革研究"，武汉大学2013年博士学位论文，第161页。

改革和完善政法经费保障体制。最高人民法院于 2009 年 3 月 17 日印发并实施了《人民法院第三个五年改革纲要（2009—2013）》其内容包括优化人民法院职权配置、落实宽严相济的刑事政策、加强人民法院队伍建设、加强人民法院经费保障、健全司法为民工作机制五个方面的改革任务，涵盖了人民法院审判、执行、人事管理、经费保障等各个层面。

该轮司法改革在提高办案效率、促进审判公开、强化司法统一、加强司法监督、优化司法职权配置、推进司法职业化、健全法官检察官职业保障机制、保障司法机关经费及改善司法机关办公条件等方面取得了明显的进步，进一步推动了司法体制改革的发展。但同时也应该注意到，由于这一阶段的司法体制改革主要停留在司法系统内部，并没有全面向司法体制之外铺开，所以立案难、审判难、执行难的问题依然存在，打官司难的问题没有得到根本解决。但这一阶段的司法体制改革仍然取得了明显进步，大幅提升了审判效率，为 2012 年以后开启的全面深化司法体制改革奠定了坚实的基础，积累了宝贵的经验。[1]

三、第三轮司法体制改革（2013 年至今）

2013 年 11 月 12 日，党的十八届三中全会通过的《中共中央关于全面深化改革若干重大问题的决定》强调"深化司法体制改革，加快建设公正高效权威的社会主义司法制度，维护人民权益，让人民群众在每一个司法案件中都感受到公平正义"。[2] 十八届三中全会对司法改革提出了新要求，标志着我国第三轮司法改革的全面启动。这一轮是司法体制改革，又可以分为两个阶段：第一个阶段主要是构建司法体制改革的"四梁八柱"；第二个阶段主要是配套性改革。实际上，在党的十九大后司法体制改革重点进行的配套性改革，很多都在十九大之前进行并开展了试点工作，因此虽然我们在行文上将其表述为两个阶段，但实际上构建"四梁八柱"阶段和配套性改革两个阶段之间并没有一个明显的时间界分点。

（一）构建司法体制改革的"四梁八柱"

《中共中央关于全面推进依法治国若干重大问题的决定》在"保证公正司

---

[1] 高一飞、陈恋："人民法院司法改革 40 年的回顾与思考"，载《中国应用法学》2019 年第 1 期，第 136~140 页。

[2]《中共中央关于全面深化改革若干重大问题的决定》（2013 年 11 月 12 日）。

法，提高司法公信力"的要求下，提出了完善确保依法独立公正行使审判权和检察权的制度、优化司法职权配置、推进严格司法、保障人民群众参与司法、加强人权司法保障、加强对司法活动的监督这些具体任务。[1]党中央对司法改革的重视达到了前所未有的程度。最高人民法院于2015年2月4日印发《关于全面深化人民法院改革的意见——人民法院第四个五年改革纲要（2014—2018）》，强调让人民群众在每一个司法案件中感受到公平正义的目标，解决影响司法公正和制约司法能力的深层次问题，确保人民法院依法独立公正行使审判权。最高人民检察院于2015年2月15日印发《关于深化检察改革的意见（2013—2017年工作规划）》（2015年修订版），明确了人民检察院应当完善保障依法独立公正行使检察权的体制机制；建立符合职业特点的检察人员管理制度；健全检察权运行机制；健全反腐败法律监督机制；强化法律监督职能；强化对检察权运行的监督制约这六个方面的改革任务。具体而言，这一阶段的司法体制改革以司法责任制为核心：2016年，司法责任制改革在全国司法改革试点法院全面推开，实行办案质量终身负责制和错案责任倒查问责制；健全司法人员职业保障机制；2016年7月21日，中共中央办公厅、国务院办公厅施行的《保护司法人员依法履行法定职责规定》明确了法官、检察官依法办理案件不受行政机关、社会团体和个人的干涉，依法履行法定职责受法律保护等相关权利；推动省以下地方法院、检察院人财物进行统一管理；从根源上解决了法院、检察院对本级政府的依赖，保障了法院、检察院依法行使职权的独立性；完善确保依法独立公正行使审判权和检察权的制度。中央政法委员会于2015年3月29日起施行的《司法机关内部人员过问案件的记录和责任追究规定》，旨在防止司法机关内部人员干预办案，确保公正廉洁司法。中共中央办公厅、国务院办公厅于2015年3月18日实施了《领导干部干预司法活动、插手具体案件处理的记录、通报和责任追究规定》，防止领导干部插手、干预司法活动。随后，最高人民检察院和最高人民法院都出台了相应的实施办法。

这一阶段的司法体制改革构建了改革的"四梁八柱"，总体上呈现良好发展趋势。但也暴露了相应的问题：司法理念、司法能力、司法工作机制等仍然滞后于新时代的发展形势，与人民群众需求仍然存在差距，改革措施不能

―――――――――

[1]《中共中央关于全面推进依法治国若干重大问题的决定》（2014年10月23日）。

同步推进，系统性、整体性、协同性不足，监督机制尚不健全等。

（二）深化司法体制综合配套改革

党的十九大报告明确指出："深化司法体制综合配套改革，全面落实司法责任制，努力让人民群众在每一个司法案件中感受到公平正义。"这是综合配套改革在司法领域的首次权威表述。深化司法体制综合配套改革的主要目的是以试点地区为载体，把改革和发展有机结合起来，把解决本地实际问题与攻克面上共性难题结合起来，以实现重点突破与整体创新，进而为全国其他地区深化司法体制改革起到示范作用。围绕着司法体制改革的精细化推进，主要进行了以下的综合配套改革：

第一，优化职权配置，变立案审查制为立案登记制。最高人民法院于2015年5月1日实施的《关于人民法院推行立案登记制改革的意见》要求坚持有案必立、有诉必理。

第二，内设机构改革。2016年，检察系统就开始进行内设机构改革试点工作，通过合理的内设机构设置，使得检察机关的办案机制变得更加科学合理。2018年5月，中央机构编制委员会办公室、最高人民法院联合下发并实施了《关于积极推进省以下人民法院内设机构改革工作的通知》（法发〔2018〕8号），法院开始进行内设机构的改革。

第三，严格实行非法证据排除规则。"两高三部"于2017年6月27日实施的《关于办理刑事案件严格排除非法证据若干问题的规定》进一步明确了刑事诉讼各环节非法证据的认定标准和排除程序，明确了非法证据排除规则适用的对象，明确了非法获取的证人证言、被害人陈述以及实物证据的排除规则和当庭裁决原则。[1]随后，最高人民法院于2018年1月1日实施了《人民法院办理刑事案件排除非法证据规程（试行）》。该规程针对非法证据排除程序适用中存在的启动难、证明难、认定难、排除难等问题，明确了人民法院审查和排除非法证据的具体规则和程序。[2]

第四，完善法律援助制度等。2017年10月，最高人民法院、司法部实施

---

[1] "《中国人权法治化保障的新进展》白皮书（全文）"，载 http://www.scio.gov.cn/zfbps/32832/Document/1613514/1613514.htm，最后访问时间：2022年6月25日。

[2] "最高人民法院——关于印发《人民法院办理刑事案件庭前会议规程（试行）》""中华人民共和国最高人民法院公报"，载 http://gongbao.court.gov.cn/Details/ee6a5b1d20140c38c800c91c728d63.html，最后访问时间：2022年月6月25日。

《关于开展刑事案件律师辩护全覆盖试点工作的办法》，扩大了案件的适用范围，细化了法律援助机构与法院之间的衔接程序，加强了对援助律师的权利保障，完善了对全覆盖援助的保障措施。

第五，以审判为中心的刑事诉讼制度改革。"两高三部"在2016年7月实施了《关于推进以审判为中心的刑事诉讼制度改革的意见》，在不断完善的基础上，于2018年1月修订并实施了新的三项规程（《人民法院办理刑事案件庭前会议规程（试行）》《人民法院办理刑事案件排除非法证据规程（试行）》和《人民法院办理刑事案件第一审普通程序法庭调查规程（试行）》），有助于解决庭审虚化、非法证据排除难、疑罪从无难等问题，有助于提高刑事审判的质量、效率和公信力。

第六，保障人民群众参与司法。主要有：完善人民陪审员制度，通过充分的试点工作探索，2018年4月27日，第十三届全国人民代表大会常务委员会第二次会议正式通过《人民陪审员法》。

第七，实施捕诉合一。2018年7月25日，最高人民检察院时任检察长张军在大检察官研讨班开幕时提出："要以检察机关内设机构改革为突破口，通过重组办案机构，要以案件类别划分、实行捕诉合一。"经试点后，现已在全国范围全面铺开。

第八，推进"繁简分流程序，刑事速裁程序和认罪认罚制度"。在试点工作积累经验的基础上，2018年10月26日修正的《刑事诉讼法》增加了"刑事速裁程序"和"认罪认罚从宽"的内容，把改革的成果用立法的形式固定下来。

第九，少捕慎诉慎押。随着改革开放和新一轮司法改革的推进，我国的犯罪的生态和结构发生变化。与此同时，司法政策必须与时俱进。"以往那种构罪即捕、有罪必诉、一押到底的简单、机械办案模式已不适应时代发展和社会进步。"[1]2021年4月，党中央将少捕慎诉慎押正式确立为我国刑事司法政策，写入了中央全面依法治国委员会2021年工作要点。2021年下半年最高人民检察院部署开展了全国检察机关羁押必要性审查专项活动，加强对捕后犯罪嫌疑人、被告人羁押必要性的审查。

这些重大政策调整，对逮捕、起诉、羁押必要性的从严把握，正是在

---

[1] 蒋安杰："检察变革四年间"，载《检察日报》2022年3月8日。

"捕诉一体"办案机制下完成的,是数据、是事实、是变化,彻底打消了外界对"捕诉一体"有可能不利于人权保障的担忧。

司法体制综合配套改革,涉及司法体制的各个方面,是整体性的、全方位的改革,不仅涉及公安、检察、法院,而且与其他机关部门有着千丝万缕的联系。"这既需要中央顶层设计,更需要考虑全国各地的特殊情况。因此,深化司法体制综合配套改革面临比过去更为艰巨的任务。"[1]

第二节 我国司法体制改革的道路选择

一、世界各国没有完全相同的司法制度

世界各国没有完全相同的司法制度。以民众参与司法的体制来看,英美国家实施的是陪审团制度,而欧洲大陆国家则多采用参审制,日本则采用裁判员制度。大家都熟悉英美国家的陪审团制度,在英美陪审团制度下,各种案件的事实问题不归专职法官判定,而是归陪审团判定。但英美两个国家的陪审团制度也不尽相同。"英国早期的陪审团集证人、起诉与审判职能为一身。起初陪审团作为一种调查手段被运用于行政管理领域,然后才向司法职能转化。"[2]一直到12世纪,陪审团的团体证人色彩淡化而转向司法职能。刑事陪审制确立之初,大陪审团既负责起诉,又负责事实问题的裁断。14世纪初,公众日趋反感起诉陪审团身兼控审两职,法律于是禁止起诉陪审团参与反叛和重罪案件的裁决,初步实现了控审分离。1352年爱德华三世颁布法令,明确禁止起诉陪审团参与案件审理,控审分离原则由此确立;审判陪审团从原先的大陪审团中分离出来,被称为小陪审团。[3]到14世纪后期,大陪审团由23人组成,小陪审团由12人组成成为定制。美国历史上陪审团的人数是12人,后经改革组成人数可以根据各州的情况由6人至12人组成。另外,在陪审团裁决原则上,传统的陪审团裁决是全体一致通过原则,而改革后

---

[1] "本轮司法体制改革进入第二阶段",载 https://pacq.gov.cn/zhxw/2017/1106/77410.html,最后访问时间:2022年6月25日。

[2] 汪栋:"英美陪审制度及其程序价值考论",载《东南大学学报(哲学社会科学版)》2016年第4期,第118页。

[3] 转引自汪栋:"英美陪审制度及其程序价值考论",载《东南大学学报(哲学社会科学版)》2016年第4期,第118页。

的美国陪审团则应用多数主义。[1]

同样是为了司法民主、防止专权价值，德国不同于英美法系采用陪审团制度，而是采用参审制，是实行参审制的代表性国家。参审制是一种混合审判庭模式，也被称为混合陪审制，有些类似于我国的陪审员制度。德国的参审制是对英美法系国家陪审团制度加以改造的结果。与陪审制不同，参审制下参审员和职业法官在经合议后共同决定定罪及量刑。当前，德国的参审制度适用于刑事案件，根据具体的参审方式有两种法庭形式：第一种是5人法庭，由3名职业法官和2名非职业法官组成，负责审理严重的刑事案件，又称"大刑庭"；第二种是3人法庭，由1名职业法官和2名非职业法官组成，负责审理较轻的刑事犯罪和由独任法官审理案件的上诉案件，又称"小刑庭"。

日本在体现国民参与司法方面则是适用裁判员制度。在裁判员选任方面，它吸收了英美法系国家陪审团制度的经验。日本的裁判员制度既不同于大陆法系的参审制，也有别于英美法系的陪审制。它是按照规定的条件和程序，从普通国民中随机选任裁判员，让其与法官共同参与刑事诉讼程序，对特定范围的刑事案件进行审理和裁判的国民参与司法制度。在审理案件范围上，日本裁判员制度适用于审理一审重大刑事案件。具体包括：被判处死刑或者无期徒刑的案件；因故意犯罪导致被害人死亡的被处以1年以上刑罚的案件。实行裁判员参与审理案件，通常由3名法官和6名裁判员（3+6型）共同组成合议庭审理，其中1名法官担任合议庭的审判长。[2]

二、各国的司法制度都在不断改革完善之中

司法体制改革是世界各国的共通特点。

美国司法改革从来没有停止过。在民事司法领域，作为诉讼超级大国的美国主要面临诉讼案件数量大幅度增加和诉讼费用高昂两大问题。1990年12月，美国国会通过《民事司法改革法》，对法院进行了一定程度的改革。[3] 1992年，美国制定了司法长期规划，后来每5年便发布一份《司法发展战

---

[1] 谭兴亮："论美国陪审团制度对中国陪审制度改革的借鉴作用"，载《法制与经济（下旬刊）》2009年第7期，第43～44页。
[2] 参见胡夏冰："日本：刑事审判中的'裁判员'制度"，载《人民法院报》2016年12月2日。
[3] 宋冰编：《读本：美国与德国的司法制度及诉讼程序》，中国政法大学出版社1998年版，第12页。

略》,将各种司法改革措施纳入其中。1998年10月,美国通过了世界第一部专门的替代争议解决方式(ADR)立法——《替代性纠纷解决法》,规定联邦地区法院应当允许在所有案件中使用ADR。特别值得一提的是,在刑事司法领域,"当前世界各国的司法改革总体上体现出从传统的注重打击犯罪到现代的注重保障犯罪嫌疑人和被告人基本人权的目标转向"。[1]美国政府在"9·11"事件后,为了有效地打击和遏制本土的恐怖犯罪活动,在刑事诉讼领域进行了较大的变革,基本方向是扩大联邦政府的刑事侦查权力,进而改变社会安全与人权保护之间一贯的平衡关系,同时也影响了司法权与行政权之间的基本宪制结构。尤其是2001年9月美国国会通过的《爱国者法》,几乎赋予了行政执法部门无限的羁押外国人的权力;扩展了联邦执法部门在刑事侦查活动中的权力范围,使刑侦手段更加灵活多样、更加富有效率。[2]

一直以来,德国民事司法改革亟待解决的问题是如何以有限的资源投入在较合理的时间内处理好不断增加的诉讼案件。《德国民事诉讼法》自1877年颁行以来已经进行了近百次修改。最近几次大的修改,其核心内容主要是简化程序、加快诉讼的进程、加大审理的集中程度。如1976年12月3日的《简化与加快诉讼程序的法律》、1990年12月17日的《简化司法程序法》以及2001年对《德国民事诉讼法》的修改。[3]

自20世纪90年代的"伍尔夫改革"[4]后,英国司法改革一直在路上,1998年公布了新《民事诉讼规则》,并于1999年4月26日正式施行。截至2008年6月30日,该规则共进行了46次修改。2010年成立"最高法院",建立"法官遴选委员会",提倡"法官来源多样化",司法工作向"服务化"转型,这些都是英国司法改革的标志性举措。

日本的司法改革一直在进行中。1999年,日本官方终于下定决心将全面统一的司法改革纳入官方途径,正式启动司法改革。1999年,日本国会通过

---

〔1〕 齐树洁:"论外国司法改革经验之借鉴",载《江苏行政学院学报》2009年第1期,第123页。
〔2〕 秦策:"9·11事件后美国刑事诉讼与人权保护",载《江苏警官学院学报》2003年第6期,第53页。
〔3〕 齐树洁:"德国民事司法改革的新动向",载《人民法院报》2002年10月22日。
〔4〕 英格兰和威尔士前首席大法官沃尔夫勋爵从1994年开始主导英国民事司法改革,在英国司法界乃至世界范围内产生了重要影响。1994年,英国司法大臣沃尔夫勋爵对诉讼制度进行调查研究,启动了以"接近正义"为主题的民事司法改革,促使英国于1998年出台了《民事诉讼规则》,明确要求当事人协助法院推进基本目标的实现。

《司法制度改革审议会设置法》，通过法律的形式确立了通盘考虑日本司法制度改革的智囊班子。日本司法制度改革审议会自1999年7月启动以来，已召开了60多次会议，并于2001年6月向内阁提出了《最终报告》，即《日本司法改革审议会意见书》。该意见书勾画了日本新世纪司法制度改革的基本框架和各司法领域中制度改革的基本设想。日本于2004年5月正式通过了《裁判员参加刑事裁判的法律》，之后又于2007年7月通过了《裁判员参加刑事裁判的规则》。[1]

三、中国司法体制改革要有"道路自信"

世界上根本没有完全相同的司法制度，即使社会制度相同的国家，也存在着差异。"橘生淮南则为橘，生于淮北则为枳。""那种动辄以西方国家的司法理念、司法模式来对我国司法制度说三道四，盲目主张照抄照搬西方国家司法制度的观点，是糊涂的、错误的，实际上也根本行不通。"[2]

中国历史中有很多优秀的司法理念与司法传统，比如把礼治、德治、"法治"结合，把天理、国法、人情融合，注重裁判的社会效果，坚持和为贵、息诉、少讼等，但往往为大家所忽视。又如，谈到陪审制度，大家首先想到的就是英美国家的陪审团制度。其实，我国在1931年苏维埃政府时期，就已经有人民陪审的规定。革命根据地期间，人民陪审制更是作为新中国区别于旧中国的司法经验而被推广。马锡五同志认为，人民陪审"不仅可以吸收群众参加国家管理，提供人民群众的主人翁思想和政治责任感，而且可以使审判工作置于人民群众监督之下，不断提高质量，以防止错判"。[3]再比如，谈到刑事和解制度，曾经一个时期，中国学者认为该制度滥觞于西方，[4]但其实我国早在明清时期，对于轻微的刑事纠纷就可以进行调解处理。特别是在

---

〔1〕 参见褚红军："走有中国特色的司法独立之路"，载《西南政法大学学报》2002年第3期，第37~42页。

〔2〕 张军："中国社会主义司法制度的优越性"，载《法制资讯》2009年第5期，第1页。

〔3〕 周蔚文、黎建辉："英美陪审制度的功能比较与借鉴"，载《法律适用》2006年第7期，第31页。

〔4〕 目前普遍认为该制度起源于1974年加拿大安大略的一次被害人与加害人和解尝试方案。当时安大略基奇纳的一名年轻法官说服两名犯罪人同22名被害人见面，并让双方商定赔偿数额，最终达成协议，3个月后犯罪人按和解协议内容履行。此后，该方案在加拿大的其他地区推广开来，并于1978年引入美国，自此和解制度迅速传到欧美国家。

抗日战争革命根据地时期，相继制定实施了《陕甘宁边区民刑事件调解条例》《冀南区民刑调解条例》等法规。林伯渠同志在 1994 年陕甘宁边区政府委员会第四次会议上的工作报告中将调解范围概括为："刑事除汉奸、反革命罪外，大部分也可适用调解。"同年下半年《陕甘宁边区司法纪要》则提出："刑事案件在双方自愿的原则下，彼此息争止诉，受害的一方即可得到实益，加害的一方亦可免于处罚，不致耽搁家里的生活事宜，而无形中便能增进社会的和平。"[1]这些都表明刑事和解制度是我们自己的本土资源。中国特色社会主义司法制度有其独特的优越性，在司法制度改革的路径选择上，我们一定要有道路自信，坚定地走自己的路。

第一，始终坚持党对司法的绝对领导。党的十九大报告将"坚持党的领导、人民当家作主、依法治国有机统一"作为发展社会主义民主政治的首要战略任务。习近平总书记明确指出：我们强调坚持党的领导、人民当家作主、依法治国有机统一，最根本的是坚持党的领导。在三者有机统一的关系中，党的领导是人民当家作主和依法治国的根本保证，这是因为依法治国是我们党提出来的，同时党带领人民在实践中不断推进依法治国。党既领导人民制定宪法法律、执行宪法法律，又自觉在宪法法律范围内活动，做到党领导立法、保证执法、带头守法。实践充分证明，党的领导和社会主义法治是一致的，只有坚持党的领导，依法治国才有可靠的政治保证，我们的司法才能在研究和解决中国问题上有所作为。党的领导是司法改革实现根本性变革的保障。司法改革需要宏观性、全局性的顶层设计，需要与政治体制、经济体制以及社会体制等"配套"进行。在当今世界，大凡有影响的重大司法改革，都是由执政党和政治领袖所领导和推动的。我们数十年的法治建设也充分证明，无论如何努力推行司法的技术性改革皆无法改变司法公正不足、司法公信低下、司法权威失落的现实，更难以实现司法作为社会正义最后一道防线的核心价值。中国共产党的领导，是我国司法改革的政治优势，也是本轮司法改革蹄疾步稳的重要经验。

第二，始终贯彻司法为民的改革理念。司法改革必须为了人民群众。司法为民是中国特色社会主义司法的根本目的和本质特征，党的十八届四中全

---

[1] 付小容："质疑与回应：'赔钱减刑'的正当性论辩"，载《西南大学学报（社会科学版）》2016 年第 2 期，第 51 页。

会《中共中央关于全面推进依法治国若干重大问题的决定》明确提出，坚持人民司法为人民，依靠人民推进公正司法，通过公正司法维护人民权益。因此，我国司法改革必须始终坚持人民主体地位，坚持人民司法为人民，着力解决人民群众反映强烈的问题，把人民群众满不满意作为评价改革成效的标准。十八大以来的改革正是以民为本，从价值取向层面、回应人民群众期盼层面、保障重点层面准确把握司法改革的方向重点，以人民群众在每一件案件中感受公平正义为根本目标，充分重视人权保障，把人权保障作为构建中国特色社会主义司法制度的重要任务。

司法为民不是一句空洞的口号，而是要落实到每一个案件中。比如这样一个实际的案例：犯罪嫌疑人在一学校的女生宿舍猥亵一被害人，在具体犯罪情节的认定环节，司法工作人员对"学生宿舍"是否为公共场所产生了分歧，而根据《刑法》第237条第1款的规定，强制猥亵、侮辱罪的基本法定刑是5年以下有期徒刑或者拘役，而如果是在公共场所当众猥亵他人，则法定刑升格为5年以上有期徒刑。学生宿舍一方面有多人，另一方面又相对隔离，现有的司法解释没有明确学生的宿舍是否为公共场所，更不可能具体到多大规模的宿舍可以算得上是公共场所，在司法处理上，这似乎是一个盲点。有的司法工作人员提出"存疑有利于被告人"，但如果我们时刻心怀司法为民，该案件该怎么处理就会非常明了。

再比如，2018年发生了几起引起全国关注的"正当防卫"案件。"昆山反杀案"[1]"于欢故意伤害案"[2]等，值得我们深思，为什么关于正当防卫的立法没有改变，以往很少有的"正当防卫"判例，现在就突然多了起来？

---

[1] 2018年"昆山反杀案"：2018年8月27日晚，江苏省昆山市开发区刘某龙醉酒驾驶宝马轿车与正常骑自行车的于某明险些碰擦，双方遂发生争执。刘某龙下车推搡、踢打于某明，后返回宝马轿车取出一把砍刀连续用刀击打于某明颈部、腰部、腿部。击打中砍刀甩脱，于某明抢到砍刀，并在争夺中捅刺刘某龙腹部、臀部，砍击右胸、左肩、左肘，刘某龙逃离后，倒在距宝马轿车东北侧30余米处的绿化带内，后经送医抢救无效于当日死亡，死因为失血性休克。2018年9月1日，江苏省昆山市公安局对"昆山市震川路于某明致刘某龙死亡案"发布通报。通报称，于某明的行为属于正当防卫，不负刑事责任，公安机关依法撤销于某明案件。2019年最高人民检察院工作报告发布，"昆山反杀案"被写入最高人民检察院工作报告，入选《最高人民检察院第十二批指导性案例》。

[2] "于欢故意伤害案"：2016年4月，因欠高利贷未如约还款，于欢和母亲苏某霞遭遇十余人登门催债，于欢持尖刀捅刺，最终致杜某浩等人一死三伤。一审法院以故意伤害罪判处欢无期徒刑。2017年6月23日，山东省高级人民法院二审宣判，认定于欢属防卫过当，以故意伤害罪改判有期徒刑5年，维持原判附带民事部分。

这一方面与司法机关的担当有关，但笔者个人认为更多的还是司法实践真正回应人民群众"公平正义"关切的体现。

第三，始终要以中国国情为改革的出发点和落脚点。张军在北京大学专题报告中讲道："世界上没有最好的司法制度，只有适合本国国情的司法制度。""一个国家实行什么样的司法制度，归根结底是由这个国家的国情决定的，是由该国经济、政治、历史、文化等诸多因素综合决定的。"合理的司法配置和司法改革必须在尊重司法规律和本国国情的立场原则下进行。西方法学理论在西方法治文明的进程以及政治法律制度的构建、法治实践的发展等方面发挥了重要的思想启蒙和理论先导作用，很多理论成果体现着现代法治文明的一般规律，属于人类文明的共同成果。这些成果也是中国特色社会主义法治理论的重要资源，要用国际视野予以借鉴和汲取。同时，我们必须清醒地认识到，西方法学理论产生和发展有其特定的社会历史背景，而且其自身也是一个不断接受批判的完善过程。我们必须坚决抵制与批判这样一种极端倾向，即西方法学理论的"天然权威定势"，奉西方法律思想为圭臬，进而以其为标准来评判中国特色社会主义法治，割裂时空与社会历史，用西方的法学理论甚至法律规定来评判、解决中国本土问题。全面依法治国是一场广泛而深刻的社会变革，也是宏大而独特的实践创新，我们只有投身这场伟大的社会变革之中，站在中国的立场上真正关心全面推进依法治国中出现的新问题、真问题，我们的司法体制改革才能开出鲜艳的花朵。[1]

---

[1] 贾宇、王东明："法治人才培养的时代使命与路径探索"，载《河南警察学院学报》2020年第5期，第5~20页。

第二章 "以审判为中心"诉讼制度的检察视角解读

十八届四中全会通过了《中共中央关于全面推进依法治国若干重大问题的决定》（以下简称《决定》）。《决定》明确提出要"推进以审判为中心的诉讼制度改革，确保侦查、审查起诉的案件事实证据经得起法律的检验。全面贯彻证据裁判规则，严格依法收集、固定、保存、审查、运用证据，完善证人、鉴定人出庭制度，保证庭审在查明事实、认定证据、保护诉权、公正裁判中发挥决定性作用"。

习近平总书记在关于《决定》的说明中指出："全会决定提出推进以审判为中心的诉讼制度改革，目的是促使办案人员树立办案必须经得起法律检验的理念，确保侦查、审查起诉的案件事实证据经得起法律检验，保证庭审在查明事实、认定证据、保护诉权、公正裁判中发挥决定性作用。这项改革有利于促使办案人员增强责任意识，通过法庭审判的程序公正实现案件裁判的实体公正，有效防范冤假错案产生。"[1]

推进"以审判为中心"的诉讼制度改革已成为既定决策。因此，相应的制度调整与实践举措必然跟进。《决定》出台后，公、检、法、司各部门以及社会各界，对以审判为中心的认识、理解众说纷纭。本章将站在检察院的视角解读和探讨"以审判为中心"的诉讼制度改革。

---

[1] 习近平："关于《中共中央关于全面推进依法治国若干重大问题的决定》的说明"，载 https://news.12371.cn/2014/10/28/ARTI1414494606182591.shtml，最后访问时间：2020年1月8日。

第二章 "以审判为中心"诉讼制度的检察视角解读

第一节 "以审判为中心"的提出背景

我国的刑事诉讼是由侦查、起诉、审判等阶段组成的惩治犯罪的过程，侦查、起诉、审判三阶段由公安、检察院和法院分别实施，受"分工负责、互相配合、互相制约"原则的影响，长期以来刑事诉讼中地位平等的公、检、法三机关在诉讼活动中呈现出了"侦查中心主义"的特征。

一、"侦查中心主义"概述

与审判中心主义相对应的概念是"侦查中心主义"。侦查中心主义是学者对我国刑事诉讼现状的一种理论描述，也是对我国刑事诉讼领域现实情况的高度概括。侦查中心主义的直接表现是"案卷笔录中心主义"。在侦查中心主义的诉讼制度中，侦查是刑事诉讼的中心，审判中的定罪量刑往往依据的不是法庭上直接调查的证据，而是侦查阶段形成的案卷材料；侦查阶段形成的案卷材料对于审判具有决定作用。因此，在以侦查中心主义为背景的诉讼制度中，审判对侦查和审查起诉的制约功能十分有限，案件的最终结论往往在侦查阶段便已基本定调，侦查的结果往往预示着审判的结果，审判活动在一定程度上仅仅是对先前侦查活动的认可，被告人有罪的结果在审判阶段几乎没有悬念。

据新近的统计数据，中国无罪率持续趋零（0.07%）。[1]基于此，我国刑事诉讼的结构到了必须调整重塑的关键时刻。受"侦查中心主义"的影响，庭审形式化十分严重，表现为"卷宗中心主义"导致庭审程序虚化：一方面，伴随刑事诉讼法卷宗移送制度的恢复，法官对案件的审理偏重于庭外阅卷以及以卷宗讨论为核心的向上级法院及院长、庭长的请示、审批等活动，先定后审的情况较为多见，审判的重心偏离了庭审活动；另一方面，庭审活动过分依赖侦查卷宗，证人、鉴定人很少出庭，辩护律师的作用难以有效发挥，缺乏对控方证据实质性的质证和辩论，非法证据不能及时有效地排除，法庭对于案件事实及证据的认定基本上维持侦控机关的结论，庭审活动流于形式，缺乏真正意义上的审判。

---

[1] 孙长永：《侦查程序与人权——比较法考察》，中国方正出版社2000年版，第5页。

公、检、法三机关之间存在配合有余、制约不足的问题，特别是审判程序难以有效发挥对其他诉讼程序的制约作用。主要表现在：有的办案人员对审判重视不够，常常出现一些关键证据该收集而没有收集，不依法进行收集，或者收集后不依法移送，导致进入庭审的案件不符合"案件事实清楚、证据确实充分"的法定要求，其中有的案件还是性质、后果严重，涉及重刑乃至死刑适用的重大案件，审判机关受理此类案件后，往往会陷入"定放两难"的境地。强行下判，不仅不符合法律规定，还有可能造成冤假错案；依法放人，又难以承受来自社会各方的巨大压力。《决定》提出推进以审判为中心的诉讼制度改革，目的就是要切实发挥审判程序应有的制约、把关作用，形成一种倒逼机制，促使公、检、法三机关办案人员树立案件必须经得起法律检验、庭审检验的理念，严格依法规范侦查和起诉活动，既要从源头防止案件"带病"进入审判程序，来更加有效地防范冤假错案，又要有效避免因人为失误、失职甚至渎职，导致有罪者未能受到法律的应有制裁，造成客观上放纵犯罪或者打击不力的现象发生。

二、"侦查中心主义"的客观表现

在"侦查中心主义"模式下，刑事审判或庭审的虚化成为必然。所谓"庭审虚化"，就是说，法官对证据的认定和对案件事实的认定主要不是通过法庭调查来完成的，而是通过庭审之前或之后对案卷的审查来完成的。或者说，法院的判决主要不是由主持庭审的法官作出的，而是由"法官背后的法官"作出的。即庭审在刑事诉讼过程中没有起到实质性作用，法院不经过庭审程序也照样可以作出判决。概言之，庭审虚化系法庭审理对法官裁决的决定力的缺失。

（一）法庭审判走过场

自2009年起，笔者以问卷调查、座谈访谈、旁听审判和网上查阅等方式就我国刑事庭审的现状和问题进行了实证研究，发现庭审虚化在刑事诉讼中具有相当的普遍性。这主要表现在以下几个方面：首先，举证虚化。公诉方在刑事诉讼中负担主要的举证责任，但其举证的基本形式是案卷材料，在法庭上宣读笔录只是走个形式而已。其次，质证虚化。由于公诉方的证人和鉴定人几乎都不出庭，辩护方的质证只能是针对这些"纸面证据"发表不同意见，质证缺乏实质意义。再次，认证虚化。对定罪量刑起关键作用的证据依然是庭前供述和书面证人证言。当庭认证的都是控辩双方没有争议的证据，可有可无。庭后认证主要依赖于案卷中的笔录，似与庭审无关。最后，裁判虚化。这又有三种表现。第一是承办人独自裁判，合议庭徒有虚名；第二是审委会越俎代庖，合议庭形同虚设；第三是政法委未审先判，合议庭枉担虚名。

（二）无罪判决率低

我国法院的无罪判决率一直是非常低的，而近年更有持续下降的趋势。据最高人民法院研究室马剑先生撰写的《人民法院审理宣告无罪案件的分析报告》统计：2008年至2012年，全国法院共判处各类刑事案件被告人 5 239 739人，其中宣告无罪5196人，无罪判决率为0.10%。其中，公诉案件无罪判决率为0.05%，自诉案件无罪判决率为5.59%。2012年，人民法院共宣告无罪727人，比2008年下降了47.05%，5年来年均下降14.70%。其中公诉案件宣告无罪人数年均下降15.26%，自诉案件年均下降14.17%。[1]梳理最高人民法院数据可以发现：2017年至2021年这5年间，我国无罪人数和无罪率分别是4874人、0.08%；819人、0.06%；1388人、0.08%；1040人、0.07%；511人、0.05%。2021年的无罪判决率更是达到了新低。有关资料显示：大陆法系国家或地区的无罪判决率一般在5%左右，英美法系国家或地区的无罪判决通常高达20%。相比之下，我国法院的无罪判决率确实是"极低"的。由于主客观条件的限制，检察机关的起诉很难做到"百发百中"。因此，在检察机关提起公诉的案件中，有一部分经法庭审判而被法院宣告无罪，这是极其正常的现象。倘若我国侦查和公诉的水平极高，已经达至令诸多欧美国家可望而不可即的程度，那么这"超低"的无罪判决率倒也可以成为我国司法机关的功绩。但是，这些年相继披露的冤错案件却提供了恰恰相反的证明。诚然，我国无罪判决率超低的原因是多方面的，其中也包括许多本应由法院判无罪的案件却经由检察院撤诉而被消化。在此需要指出，法院的无罪判决率可以在一定程度上反映庭审的虚实。侦查者认定有罪的案件，公诉者就要起诉；公诉者决定起诉的案件，审判者就要定罪。在这种诉讼模式下，侦查是中心环节。[2]

---

[1] 马剑："人民法院审理宣告无罪案件的分析报告——关于人民法院贯彻无罪推定原则的实证分析"，载《法制资讯》2014年第1期，第19页。

[2] 何家弘："从侦查中心转向审判中心——中国刑事诉讼制度的改良"，载《中国高校社会科学》2015年第2期，第133页。

三、"侦查中心主义"的现实影响

由侦查中心主义模式导致的庭审虚化,既危害司法的程序公正,也危害司法的实体公正。在许多刑事错案的背后,人们都可以看到庭审虚化的阴影。虽然错案的发生不能完全归咎于庭审虚化,但是庭审虚化具有不可推卸的责任。譬如,那些通过刑讯等非法手段获取的虚假证据能够在法庭上被采信,就反映出了庭审虚化的弊端。要想改变庭审虚化这种状况,我们必须认真研究庭审虚化的原因。

(一)"以侦查为中心"的流水线诉讼模式导致庭审虚化

我国《刑事诉讼法》第7条规定:"人民法院、人民检察院和公安机关进行刑事诉讼,应当分工负责,互相配合,互相制约,以保证准确有效地执行法律。"按照这一规定,公、检、法之间的关系犹如"流水线"作业:公安局负责侦查;检察院负责起诉;法院负责审判。三家各管一段,而审判结果就是这条"流水线"的最终"产品"。于是,作为第一道"工序"的侦查自然就是刑事诉讼的中心环节。或者说,就是认定案件事实的实质性环节,而起诉和审判在认定案件事实上的作用就容易被虚化,成了对"上游工序"的检验或复核。而各级"政法委"的介入更为这种模式作了背书。在实践中,一些地方政法委的领导往往过分强调"互相配合"的重要性。特别是在面临重大疑难案件时,政法委经常牵头组织公、检、法三家"联合办案",通过诸如"三长会"的形式决定案件中的疑难问题或争议问题。三家联合办案,就要强调"协同作战"和"统一指挥",在公安局已经侦查终结的情况下,检察院只能提起公诉,法院也只能作出有罪判决。于是,政法委出面协调的结果往往就是检、法两家配合公安。此外,在实践中,有些检察官在侦查机关的起诉意见书上进行一些修改就作为起诉书,而法官又在起诉书上进行一些修改就作为判决书。法院的判决书与侦查机关的起诉意见书在主体内容上大同小异的状况屡见不鲜。在电子计算机广泛使用的时代,检察官和法官都可以因此而减少工作量,但是刑事司法系统的"产品质量"将很难得到保障。另外,在侦查为中心的流水线模式下,公安机关拥有超强的决定权、自主权,这不仅使审判机关的制约难以实现,检察机关固有的检察监督的作用也难以发挥。这种状况导致一些非法证据排除制度在审判阶段无法真正实现,使得法院无法发挥其超越行政的独立性作用,而是盲目地配合公安机关打击犯罪,丧失了司法权威。

（二）"以案卷为中心"的法官审理模式导致庭审虚化

在"以侦查为中心的流水线"诉讼模式下，法官审理案件自然是"以案卷为中心"，因为在这个"流水线"上传送的就是包括各种证据材料的案卷。侦查机关制作的案卷既是检察官提起公诉的主要依据，也是法官作出判决的主要依据。在案卷中，笔录是各种证据的基本形态。于是，法官对证据的审查也就成了对各种笔录的审查，如询问笔录、讯问笔录、勘验笔录、检查笔录、搜查笔录、辨认笔录等。一方面，我国刑事法官普遍通过阅读笔录来开展庭前准备活动，对案卷笔录的证据能力也不做任何实质性审查；对于证人证言、被害人陈述、被告人供述等言词证据，普遍通过宣读审前笔录的方式进行法庭调查，控辩双方无法充分立证、问证和辩论。就审查案卷中的各种笔录而言，开庭审判没有太大意义，而且在法庭上的审查效率会低于在办公室里的审查效率，因为法官坐在办公室里审读案卷可以更加专心细致，可以不受他人的干扰。这在很大程度上违背了法官应当亲自接触和审查证据，在直接听取控辩双方意见的基础上作出裁判的要求，偏离了审判亲历性与直接性的本质。另一方面，笔录本身属于一种"传闻"，其所直接证明的不是案件事实本身，而是当事人和诉讼参与人在审前阶段作过关于案件事实的某种陈述。根据英美法系传闻证据规则，传闻证据一般不具有证据能力，其本身是不可采的。按照我国《刑事诉讼法》关于证据的规定，除"勘验检查"被明确为笔录外，其他法定证据都不以笔录为基本表现形式。就这一点而言，将询问笔录、讯问笔录等所谓的"笔录证据"作为证据的种类实乃缺乏合法性。[1]由此可见，侦查程序通过案件笔录对审判程序施以绝对影响，"以案卷为中心"的法官审理模式也是庭审虚化的原因。

（三）"下级服从上级"的行政决策模式导致庭审虚化

行政决策是服务于行政管理的，因此要遵循行政管理的基本原则，如领导掌控决策和下级服从上级。司法裁判不同于行政决策，它的任务主要有二：其一是根据已知证据认定案件事实；其二是把有关法律规定适用于认定的案件事实。庭审要解决的主要问题是前者。司法人员通过证据对案件事实的认

---

[1] 步洋洋：《刑事庭审虚化的若干成因分析》，载《暨南学报（哲学社会科学版）》2016年第6期，第84~65页。

定是一种专业认知活动，属于逆向思维的范畴，即根据现在知悉的证据对发生在过去的案件事实进行认知。这不同于行政决策，因为后者多属于顺向思维的范畴，是对未来行为的选择。行政决策往往要考虑各方利益关系和各种社会影响。司法人员在认定案件事实的时候不需要考虑或平衡与案件事实无关的利益关系和社会影响，但是在适用法律的时候可以加入这方面的考量。因此，司法裁判主要应遵循专业认知的规律和原则，无须遵循领导掌控和下级服从上级等行政决策的原则。然而，在我国的司法实践中却存在着"司法裁判行政化"的做法。究其原因，用行政管理的模式来管理司法活动的做法难辞其咎。各级法院的审委会犹如"行政决策中心"，法院领导必须协调和控制"司法决策"的过程和结果。于是，下级服从上级，重大案件要领导"拍板"，这种行政管理的原则就成为司法裁判的"潜规则"，也就成了庭审虚化的"潜原因"。

　　法庭审判本应是把守司法公正的最后一道关口，却被虚化到可有可无的境地，这就容易导致冤错案件的发生。正如有学者指出："目前我国法院实行的是独任制、合议制、审判委员会制。合议制和审判委员会制均属于'民主集中制'的决策方式，实际上就是采取行政管理模式对案件作出决定。审理案件时，主审法官要向庭长汇报案情并做请示，裁判文书要报庭长、主管副院长审批；主管副院长不同意合议庭意见的，可以退回要求合议庭重新合议或提交审判委员会讨论决定；审判委员会认为没把握的，则要请示上级法院。对上级法院或审判委员会的决定，合议庭必须执行。无论是检察院还是法院，这种层层汇报、层层审批的行政化做法，是一种典型的行政管理模式，其直接后果就是案件承办者作为真正了解案件情况的人却无法对案件的处理结果享有决定权，庭审成为走过场，一切不正当的干预拥有了一条合法的通道，严重威胁司法的公正性，在无形中增加了错案的风险。"[1]因此，要想提升刑事司法制度预防冤错案件的能力，就必须让案件审理者成为真正的裁判者，必须让法庭审判真正成为刑事诉讼的中心环节。[2]

　　在我国，"审判中心主义"的缺失危害极其严重，在"侦查中心主义"

---

[1] 刘品新主编：《刑事错案的原因与对策》，中国法制出版社2009年版，第43页。

[2] 何家弘："从侦查中心转向审判中心——中国刑事诉讼制度的改良"，载《中国高校社会科学》2015年第2期，第133~135页。

模式下，控制犯罪是刑事诉讼的首要目的，无论是对罪与刑的判定还是强制性措施的采取，法官均主要承袭侦查机关的认定结论或直接由侦查机关作出决定，使得被追诉人无法在中立司法机构的主持下充分行使权利。

在刑事诉讼过程中，法庭审判本应是中心环节，是决定诉讼结果的关键环节，但是在当下中国的刑事诉讼中，法庭审判不是"中心"。因此，确立法庭审判在刑事诉讼过程的"中心地位"是我国刑事诉讼制度改革的当务之急。

第二节 "以审判为中心"的内涵实质

为了解决司法实践中的侦查中心主义、庭审虚化问题，最高人民法院在第六次全国刑事审判工作会议（以下简称"六刑会"）提出，审判案件应当以庭审为中心，事实证据调查在法庭，定罪量刑辩论在法庭，裁判结果形成于法庭，要求全面落实直接言词原则、严格执行非法证据排除制度。在"六刑会"前后最高人民法院制定的《关于建立健全防范刑事冤假错案工作机制的意见》《关于加强新时期人民法院刑事审判工作的意见》两份文件逐步明确了庭审中心主义的内涵。[1]以庭审为中心的具体要求体现在如下三方面：第一，所有定罪量刑的证据都必须在法庭上进行调查，不能仅仅通过庭下阅卷的方式进行裁判，没有在法庭上进行调查的证据不能被作为定罪量刑的依据；第二，必须充分保障辩方的举证、质证和辩论权；第三，裁判结果必须形成于法庭，确保案件裁判不受法庭外因素的影响。

一、"以审判为中心"应以审判活动为中心

笔者认为，以审判为中心，应被理解为以审判活动为中心，而不是以审判权、法官或者以审判阶段为中心。审判活动即是在中立的法官主持下，在控辩双方及其他诉讼参与人的参加下，通过庭审的举证、质证及认证等环节认定案件事实、判定被告人的实体权益及重大程序争议等问题的活动。审判活动是一个多方参与的有机整体，有其特定的性质、内容和形式要求。如果强调以审判权或法官为中心论，则会片面地理解审判活动，忽略控辩双方的

---

[1] 陈卫东："以审判为中心：当代中国刑事司法改革的基点"，载《法学家》2016 年第 4 期，第 2 页。

参与和权利，甚至会淡化"庭审中心"的要求，有悖于审判中心主义的主旨；如果强调"审判阶段"中心论，则会限缩审判中心主义的适用范围，将审前程序中关涉被追诉人基本权利的一系列强制性措施排除在司法审查之外，不利于对侦查权的限制、打破"侦查垄断"的强势格局。可见，"以审判为中心"应被理解为以审判活动为中心，解读审判中心主义应紧紧把握住审判的性质、内容和形式的要求，正是上述三大要素合成了审判活动这一有机整体。

第一，审判的性质是对侦控机关活动进行司法审查，发挥审判职能对侦查、起诉的审查把关作用以及对案件的最终处理功能，为被追诉人提供司法保障。与其说审判是一种权力，不如说是被追诉人要求公正审判的权利。在以往的程序设计中，审判是继侦查起诉程序之后的程序安排，其目的无外乎完成国家对犯罪的追诉，是发现犯罪、揭露犯罪、惩罚犯罪的又一道工序，导致在人们的传统观念中审判权无异于刑罚权。直至今天，还有一些法官将打击犯罪、惩罚犯罪视为自己的天职，甚至对检察机关没有提起公诉的犯罪事实还要积极地深挖"余罪"。在倡导和践行刑事法治的今天，我们不禁要问：审判真的仅仅是一种权力吗？如果审判的目的仅在于对被告人定罪量刑，那么在侦查、起诉之后果真还需要这道"多余"的工序吗？如果真的如此，那么为什么还总会有一些犯罪嫌疑人期待着这"末日审判"的到来？

第二，"以审判为中心"应强调以证据为核心。任何裁决的作出均应以事实为根据，以证据为支撑，证据构成审判的灵魂。故刑事诉讼中证据的收集、固定、保存、审查、运用必须依法进行，且必须经过庭审调查程序的检验，控辩双方经过充分的举证、质证和辩论，法庭对证据的证据能力及证明力进行实质审查后方可认定进而作为裁判的根据。克服庭审证明形式化的弊端，实现证明的实质化转向，最为关键的是严格贯彻证据裁判原则。证据裁判原则有其特定的涵义和要求：首先，证据必须符合法定证据形式，且具备证据能力。对案件事实的认定必须建立在符合法定证据形式的证据之上，防止在缺乏证据的情况下仅凭主观猜测、预断、妄想等定案。同时，证据必须具有证据能力。证据能力是对证据的法律要求，解决的是证据的法律资格和容许性问题，即依据法律对证据进行取舍，确定证据的准入范围。其次，证据必须经过法庭调查才能成为认定事实的根据。依学者林钰雄的主张，法定的证据调查程序是使证据获得证据能力的积极条件，也是终局条件。证据的证据能力及证明力只有经过庭审程序依法定调查程序进行严格审查方可完成才能作为裁判的依据。最后，证据应达到法定的证明标准：一方面，只有达到法定的最高证明标准，才能作出有罪的裁决；另一方面，如果既有证据没有达到上述证明标准，法官也不得拒绝裁判，而是应依证明责任的分配原则，作出疑罪从无的无罪判决。同时，证据裁判原则必须依靠严格证明的方法才能得以实现。[1]

第三，不能把以审判为中心简单地理解为以法院为中心。以审判为中心，是就侦查、审查起诉和审判这三个诉讼程序之间的相互关系而言的，而不是就公、检、法三机关之间的相互关系而言的。以审判为中心强调的是刑事公诉案件办理中侦查职能、起诉职能和审判职能三种职能的关系定位，而不是机关部门的地位。审判是在法庭主持下，由控辩双方和其他诉讼参与人共同参与的诉讼活动，每一个案件的审判都是独立存在的，从某种意义上讲，没有起诉指控就没有法庭和审判。案件裁判的结果虽然是由法庭作出，但裁判的基础取决于控辩双方的质证和辩论情况。因此，把以审判为中心简单地理解为以法院为中心是对相关改革措施的一种误读。

二、庭审实质化

侦查中心主义得以实现的一个重要途径是庭审虚化，因此以审判为中心的诉讼制度要重点落实到庭审的实质化建设上。《决定》提出，要完善证人、鉴定人出庭制度，保证庭审在查明事实、认定证据、保护诉权、公正裁判中发挥决定性作用。庭审是审判的关键环节、主要方式，只有坚持以庭审为中心，切实发挥庭审的决定性作用，才能推动建立以审判为中心的诉讼制度。以庭审为中心的本质要求是通过法庭审理发现疑点、理清事实、查明真相，因此必须力戒形式主义，保证庭审在查明事实、认定证据、保护诉权、公正裁判中发挥决定性作用。当前，卷宗中心主义是我国庭审实质化建设的最大阻碍，卷宗进入法庭的方便性以及作为证据的随意性导致庭审的存在可有可无。庭审形式化问题在刑事诉讼中具有一定的普遍性，法官对证据的审查和对案件事实的认定主要不是通过法庭调查，而是通过庭审之前或者之后对案卷的审查来完成的。庭审在刑事诉讼中未能发挥实质性作用，可有可无。实

---

[1] 闵春雷："以审判为中心：内涵解读及实现路径"，载《法律科学（西北政法大学学报）》2015年第3期，第37页。

践证明,庭审如果不能实现实质化,其他所有的诉讼程序运转都会成为毫无意义的"空转",程序正义也就无从谈起,严重者势必酿成冤假错案。反之,如能重视发挥庭审的实质作用,真正做到事实证据调查在法庭,定罪量刑辩论在法庭,裁判结果形成于法庭,就能够为公正裁判奠定可靠基础。在这方面,"念斌投放危险物质案"不予核准死刑发回重审后的二审庭审可谓庭审实质化的标杆。该案件二审的两次公开开庭审理,12位诉讼参与人,31人次出庭作证或说明,6天5夜60小时的庭审,每位出庭人员平均接受交叉询问近一个小时,针锋相对地激烈辩论,辩方对证据进行刨根究底式的追问,双方专业人员对检验结论进行了深入分析解读,使法庭真正成了审理案件的中心。正是通过这场高质量的庭审,才进一步证实了案件存在的疑点,最终作出了符合事实和法律的判决。

此外,法官的庭外证据调查核实行为和证据调查的形式化问题对庭审实质化建设也具有重要意义。首先,法官庭外调查核实证据问题。实践中,一些法官宁愿相信庭外的证据调查,也不愿相信法庭上的证据调查。这使得庭审变得没有意义。对此,应当明确原则上不应允许法官庭外进行证据调查。在例外情形下,虽然允许法官进行证据调查,但也应当按照正当的程序进行,至少要确保控辩双方的参与权、质证权。其次,证据调查的形式化问题。我国的证据调查机制缺乏对抗性、科学性,主要表现为举证方式的形式化与质证的形式化。前者如批量举证、概括举证等举证方式,后者如批量认证、概括认证等。这样的举证、质证对于查明事实、避免错误追诉意义甚微。落实以审判为中心,必须改革这种举证、质证方式,在有争议的案件中,原则上应一证一举、一证一质,不能批量举证、质证。[1]

三、要落实证人、鉴定人出庭作证制度

证人和鉴定人出庭难的问题一直是刑事诉讼中的难题,由于各种原因导致证人不愿出庭,证人在刑事诉讼中的出庭率极低,实践中必要证人出庭率仅为25%左右。[2]庭审流于形式与证人、鉴定人出庭难不无关系。证人、鉴

---

〔1〕 陈卫东:"以审判为中心:当代中国刑事司法改革的基点",载《法学家》2016年第4期,第11~12页。

〔2〕 易延友:"证人出庭与刑事被告人对质权的保障",载《中国社会科学》2010年第2期,第170页。

定人不出庭,直接言词原则就无法贯彻,就不可能实现从"审卷"到"审人"的转变,庭审走过场将难以扭转。现行《刑事诉讼法》虽然对证人、鉴定人出庭作证作了专门规定,但由于种种原因,目前尚未能根本扭转司法实践中证人、鉴定人出庭难的问题。推进庭审的实质化,必须高度重视解决这一问题,着力提升证人、鉴定人出庭率。对于"人民法院认为有必要出庭"的证人、鉴定人出庭要件判断宜形式化,只要控辩双方提出申请,原则上应当通知证人、鉴定人出庭。"以审判为中心"强调证人、鉴定人出庭是因为书面的证人证言和鉴定意见无法保证完全真实有效性,出庭作证可以观察其表情、动作、行为等与所陈述的情况是否一致,相互印证,遵循直接言词原则方式来实现控辩对抗。因此,"以审判为中心"对证人、鉴定人提出了要求,要保障证人、鉴定人出庭,使其权利义务关系趋于平衡,为审判人员在查明案件事实、整理诉辩争点、形成内心确信的过程中创造有利条件。

四、要健全落实非法证据排除法律制度

《决定》明确提出,要健全落实非法证据排除法律原则的法律制度。刑讯逼供、非法取证是冤假错案的罪魁祸首。只有在刑事诉讼特别是审判程序中依法排除非法证据才能倒逼侦查机关按照审判程序的要求规范取证行为,有效防范冤假错案。《刑事诉讼法》用"五条八款(《刑事诉讼法》第56条至第60条)"对非法证据排除程序作了全面规定,初步奠定了非法证据排除制度基础。然而,非法证据排除制度的实践效果却不尽如人意,关键是缺乏非法证据的明确、统一标准和排除非法证据的程序细则。

非法证据排除规则,即《刑事诉讼法》第56条所严格限定的排除非法收集的犯罪嫌疑人、被告人供述,证人证言及被害人陈述,以及非法获取的物证、书证。2010年"两高三部"发布《关于办理刑事案件排除非法证据若干问题的规定》,在我国刑事诉讼中初步建立了非法证据排除规则。2012年《刑事诉讼法》修改,从立法上确认了非法证据排除并进一步完善了实体性规范与程序规范。2017年"两高三部"发布《关于办理刑事案件严格排除非法证据若干问题的规定》,全面地规定了排除非法证据的规则,进一步明确了非法证据的认定标准,完善了排除非法证据的相关程序,对侦查、审查起诉、审判等工作提出了更高的要求。随后,2017年最高人民法院发布《人民法院办理刑事案件排除非法证据规程(试行)》、2019年最高人民检察院发布

《人民检察院刑事诉讼规则》，明确了排除非法证据的形式和方法，以及调查核实程序等内容。非法证据排除规则在我国刑事诉讼中的建立，对提高公安、司法人员的证据规范意识，保障人权和完善法治发挥了积极作用。但这项规则的实际执行遭遇了诸多难题，突出表现在以下方面：其一，规则不完善，排除范围标准不明。对非法证据的内涵规定不全面，如对"肉刑或者变相肉刑、被告人违背意愿之供述"缺乏明确的判断标准；对于非法证据获取的方式，如"威胁、引诱、欺骗"等未在法律上明确具体的标准，无法正确与侦查机关的讯问、询问技巧进行区分；对于实物证据物证、书证的排除，"不符合法定程序"缺乏更加具体化的规定；对非法取证产生的派生证据（"毒树之果"）等常见问题，司法解释也未作规定，导致实践中排除规则难以适用。此外，2013年最高人民法院颁布《关于建立健全防范刑事冤假错案工作机制的意见》，规定"除情况紧急必须现场讯问以外，在规定的办案场所外讯问取得的供述，未依法对讯问进行全程录音录像取得的供述，以及不能排除以非法方法取得的供述，应当排除"。由此扩大了排除范围，但实践中争议较大，尤其是受到了检察机关的抵制，因此执行不易。其二，排除非法证据与主导性司法理念以及现行司法体制有一定冲突，大大增加了规则实施难度。我国刑事司法长期存在的"重实体轻程序""重打击轻保护"等传统司法理念，目前仍在相当程度上主导刑事程序运行。刑事司法的"一体化"体制使排除非法证据的制度基础不足，从而导致非法证据排除规则的象征意义大于实际功用。其三，排除非法证据程序启动困难，司法机关权威不够。在司法实践中，侦查机关、检察机关、审判机关主动发现排除非法证据存在阻力。侦查机关以打击犯罪为主要目的且有时就是非法证据的取得主体，难以主动排除；检察机关在审查起诉阶段不易发现案件中存在的非法证据；审判机关受"侦查中心主义"的影响，在公、检、法权力体系中处于相对弱势，对于非法证据的排除，法官会考虑到与侦诉机关的关系问题，担心会出现否定侦查及检察机关工作的后果。此外，由于司法权威的不足，法院在排除非法证据时相当谨慎，其依据只能基于法律的条文，并且申请人必须掌握有侦查机关刑讯逼供等严重违法取证行为的证据。针对上述三方面问题，需要观念更新、规则完善以及体制、机制改善同步推进，从而切实增强非法证据排除规则的实效性。

除非法证据排除以外的证据禁止，还有所谓的由"证据基本要素欠缺"引起的证据禁止。如犯罪嫌疑人、证人在笔录上未签字确认，又如鉴定意见的出具人不具备合法鉴定资格等。此外，瑕疵证据不能有效补正与合理解释，亦应禁止其被用于证明案件事实。保证审判质量，对此类证据资格问题应当注意两点：一是因证据基本要素欠缺引起的证据禁止应当趋于严格。所谓"证据基本要素"，即形成证据材料的证据能力不可或缺的要素。一旦缺少，证据的真实性将不能保证。因此，如果证据材料欠缺基本要素，该证据材料就不能作为证据进入诉讼，更不能作为定案依据。二是瑕疵证据的补正与合理解释应当进一步限制。证据非基本要素欠缺，即所谓"证据瑕疵"，通过补正或合理解释后可以作为证据使用。但是，从司法实践来看，普遍容忍证据瑕疵容易导致证据规范流于形式，不利于程序法的严格执行以及取证行为的规范化，而且在"补正"与"合理解释"过程中，容易产生"弄虚作假""强词夺理"等不当证据行为。因此，随着司法规范化的推进，应当进一步限制"补正"与"合理解释"。尤其是对证据的"补正"，因证据材料已经形成，取证过程已成历史，而后的"补充"与"更正"容易涉嫌弄虚作假，因此应当限制更严。司法解释可以仅规定特定的、不影响证据真实性的补正方式，禁止随意适用补正方法。

五、以审判为中心需要遵循的两项基本原则

以审判为中心是对以侦查为中心的否定。因此，实现以审判为中心，首先需要审判人员在庭审中直接审查证据，而非审查侦查阶段形成的案卷材料，这就需要遵循直接言词原则。审判人员严格依据证据进行裁判，这就需要遵循证据裁判原则。以审判为中心需要遵循直接言词原则和证据裁判原则，也体现在《决定》和《关于全面深化人民法院改革的意见——人民法院第四个五年改革纲要（2014—2018）》中。《决定》在提出"推进以审判为中心的诉讼制度"时，明确要求"全面贯彻证据裁判规则"和"完善证人、鉴定人出庭制度"。后者在一定程度上体现了直接言词原则。《关于全面深化人民法院改革的意见——人民法院第四个五年改革纲要（2014—2018）》也明确要求"落实直接言词原则"和"全面贯彻证据裁判原则"。

（一）直接言词原则

直接言词原则由直接原则和言词原则构成。直接原则包括直接审理原则和直接采证原则。直接审理原则，又称"在场原则"，要求各诉讼主体都必须在开庭时亲自到场，在精神和体力上均有能力参与诉讼的情况下参与诉讼。

直接采证原则要求审判人员必须亲自直接从事法庭调查，直接接触证据、审查证据和采纳证据；未直接采证的审判人员无权裁判案件；证据只有经过审判人员以直接采证方式获得才能被作为定案的根据。根据直接采证原则，物证必须经过当庭辨认和质证，人证必须经过当庭询问或讯问。言词原则也被称作口头原则或者言词辩论原则，是指法庭审判活动应当以言词陈述的方式进行。即一切刑事诉讼程序，包括对于犯罪嫌疑人或被告之讯问、证据之采取、检察官或自诉人之攻击、被告及其辩护人之防御、法院审理与判决之宣示等，均必须以口头陈述之方式为之。只有诉讼主体在法庭以言词陈述之方式提出者，方能作为裁判之依据；一切未在法院审理中以言词陈述之方式提出者，视同未曾发生或不存在，故不可作为裁判之基础。

只有在例外的情况下才可以不适用直接言词原则，在审判中宣读庭前笔录。例如，《德国刑事诉讼法》第251条规定，只有在证人、鉴定人或共犯因死亡或其他原因在可预见的期间内无法到庭接受询问时，经控辩双方同意，才允许。[1]其次，以审判为中心需要宣读他们所做的与财产损失有关的庭前笔录；只有在证人、鉴定人或共犯因疾病、体弱或其他不可克服的困难在相当长或不确定的期间内无法出庭时，经控辩双方同意，才可以宣读庭前法官对他们进行询问时所做的笔录；在证人或鉴定人距离遥远时，考虑到证言的重要性不大，经控辩双方同意，也可以宣读庭前法官对他们进行询问时所做的笔录。

直接言词原则有助于实现审判在刑事诉讼程序中的中心地位。直接言词原则所体现的一项重要诉讼功能即确保法官直接接触证据的原始形态，法官需要亲力亲为、根据当庭调查的证据作出法庭裁判依据，不得假借证据的替代形式进行断案。根据直接言词原则，案卷材料不能作为审判阶段认定案件事实的根据，只有经过审判人员以直接采证方式获得的证据才能作为定案的

---

[1]《德国刑事诉讼法》第251条规定："【宣读记录】（一）有下列情形之一的，可以用宣读法官先前对证人、鉴定人、共同被告人的询问的笔录代替询问：1. 证人、鉴定人、共同被告人已经死亡或患精神病，或者不能确定其行踪；2. 证人、鉴定人、共同被告人因疾病、身体虚弱或者其他不能克服的障碍在较长时间内或者无限地不能出席审判；3. 因路途遥远，考虑到证人、鉴定人、共同被告人之陈述的重要性，不能预期他们出席审判；4. 检察官、辩护人和被告人同意宣读。（二）被告人有辩护人时，经检察官、辩护人和被告人同意，对证人、鉴定人或共同被告人的询问，可以用宣读另一次询问的笔录或者包含他所作的书面陈述的证书代替。在其他情况下，只有当证人、鉴定人或共同被告人死亡或者法院在可预见的时间内不能进行询问时，才可以宣读。"

根据。直接言词原则使庭审不能依赖侦查和审查起诉阶段形成的案卷材料，否定案卷材料对审判的预决效力，使审判阶段成为刑事诉讼中认定案件事实的中心。直接言词原则的价值在于通过审判法官对证据身体力行的直接的言词审查，以确认证据的可采性与可靠性，并以此确保案件实体真实。就其结果而言，在直接言词原则控制范围下构建的庭审程序是一种"事实调查在法庭、证据展示在法庭、控诉辩护在法庭、裁判说理在法庭"的实质化庭审，这与审判中心主义的要求不谋而合。只有贯彻直接言词原则才能够做到"事实调查在法庭、证据展示在法庭、控诉辩护在法庭、裁判说理在法庭"，才能够"保证庭审在查明事实、认定证据、保护诉权、公正裁判中发挥决定性作用"。

（二）证据裁判原则

证据裁判原则，又称证据裁判主义，是指审判人员对案件事实的认定必须以证据为根据，没有证据不能认定案件事实。证据裁判原则是现代证据法的基本原则之一。虽然只有少数国家和地区的刑事诉讼法明确规定了证据裁判原则，但是绝大多数国家和地区的证据制度均体现了证据裁判原则的精神。证据裁判原则对审判活动具有如下三方面的要求：第一，作为裁判依据的证据必须具有证据能力。我国证据理论认为，一项材料只有具有客观性、关联性和合法性，才具有证据能力。客观性要求证据必须查证属实；关联性要求证据必须对裁判事实具有实质性证明作用；合法性要求证据在表现形式、取证主体和取证程序上必须符合《刑事诉讼法》的规定。第二，作为定案依据的证据必须按法定程序进行审查判断。为了发现案件真实和保障诉讼权利，作为裁判依据的证据必须在法庭上公开出示，并经过控辩双方的充分质证。第三，所有证据经过综合审查判断后达到法定的证明标准，才能够认定被告人有罪。换言之，对于没有达到法定证明标准的案件，必须宣告被告人无罪。依据证据裁判原则，法庭必须按法定程序对证据进行审查判断，只有具有证据能力的证据达到法定的证明标准才能够认定被告人有罪。证据裁判原则通过上述要求，使侦查和审查起诉阶段认定的案件事实在审判阶段获得实质性审查，避免了依据侦查和审查起诉阶段认定的案件事实进行裁判。可以说，证据裁判是审判对侦查和审查起诉的强有力的约束机制。[1]

---

[1] 张吉喜："论以审判为中心的诉讼制度"，载《法律科学（西北政法大学学报）》2015年第3期，第48页。

六、保障律师辩护权的有效行使

在"以审判为中心"的逻辑下,控、辩、审三方构成了相对稳定的三角构造。在庭审过程中,律师的辩护权应当受到重视。"以审判为中心"不仅仅是侦、诉、审相互协作的过程,也是对辩护权保障的过程。辩护权的保障需要侦诉审机关给予辩护人尊重,辩护人在刑事诉讼中不是检察机关的"敌人",而是共同完成诉讼的伙伴。辩护人的参与可以使法官更加全面地了解案件情况,降低对卷宗、书面证据的依赖度,促进庭审实质化。"以审判为中心"需要辩护律师的参与,尤其针对被告人不认罪不认罚和重大疑难复杂案件辩护律师要提供高质量的辩护。从辩护律师自身来说,辩护律师应当履职尽责,谨慎行使辩护权,侦查阶段为犯罪嫌疑人提供法律帮助。在庭审阶段,辩护律师应当加强庭审说理,服从法庭指挥,以事实和证据说服法官接受自己的意见。现代科技的发展也使有效辩护发生了变化。在司法实务中,司法机关信息化建设形成了无纸化办案、电子化卷宗,侦诉审在案件信息系统内可以实现共享,而辩护律师无法共享系统,这给有效辩护带来了挑战。因此,司法机关应当对辩护律师的权利给予保障,方便辩护律师调查取证。辩护律师是实现"以审判为中心"的重要主体,有效辩护可以防止起诉机关对被告人进行压迫,在庭审中实现对抗博弈的效果。[1]

第三节 "以审判为中心"的检察应对

司法体制改革进一步完善了检察机关的职能。从刑事检察职能来看,虽然"两反转隶"后,一部分由检察机关自侦的案件转由监察机关调查,但目前检察机关仍然保留有在诉讼活动法律监督中发现司法工作人员利用职权实施的侵犯公民权利、损害司法公正的犯罪的侦查权。因此,检察机关的刑事检察职能仍然以侦查和公诉为主。

一、要转变对自侦案件的侦查模式与方法

以审判为中心的诉讼制度改革,必然要改革自侦案件的侦查模式和方法,

---

[1] 洪刚:"基于'以审判为中心'的侦诉审关系论析",载《昆明理工大学学报(社会科学版)》2022年第3期,第35页。

以适应以审判为中心之需要。检察机关必须进一步转变观念，加快实现从"由供到证"到"由证到供""以证促供""供证结合"的模式转变，弱化口供对案件侦查的决定作用，更加重视在侦查活动中以客观证据为核心。与"由供到证"式侦查模式只需要在室内对犯罪嫌疑人进行讯问相比，"由证到供"模式会涉及更广泛的侦查空间和复杂的侦查操作，因而也就需要各方面的司法投入。

检察机关应当加强对侦查人员的思想教育和业务培训，切实转变执法观念，不断优化侦查队伍的专业结构，并应坚持科技强检，增加侦查工作的技术含量，强化秘密侦查措施和技术侦查手段的规范运用，充分发挥科技手段在职务犯罪侦查工作中的作用，利用新的技术装备及时发现、收集、固定各种证据，摆脱对口供的过分依赖。只有这样才能实现《决定》提出的"确保案件处理经得起法律和历史的检验"的目标。[1]

（一）从偏重实体的公正观转向实体和程序并重的公正观

实体公正和程序公正是司法公正的两个重要方面。实体公正，即要求司法的结果体现公平正义的精神。程序公正，即要求司法机关在刑事诉讼过程中坚持正当公平的原则。前者的要旨在于结果的正确性，后者的要旨在于过程的正当性。二者虽相辅相成，但又有相互区别的价值标准，在有些情况下甚至会出现冲突。中国具有过度强调司法实体公正的文化传统，但是实践经验证明，片面追求实体公正不仅会导致漠视甚至践踏诉讼参与者的正当权利，而且也会导致司法公正观念的扭曲。因此，司法人员应当确立实体和程序并重的司法公正观。从一定意义上讲，以侦查为中心的诉讼模式也是忽视程序公正的结果，而重视程序公正的价值观有助于确立法庭审判在刑事诉讼过程中的中心地位。

（二）从查明事实的办案观转向证明事实的办案观

在司法活动中，查明与证明是一对很容易混淆的概念。所谓查明，就是通过调查研究，明确有关事项的真伪。所谓证明，就是用证据来明确或表明。用通俗的话讲，查明是让自己明白，证明是让他人明白；自己明白才能让他人明白，但自己明白并不等于他人也明白。在司法活动中，"查明"是"证明"的前提或基础，"证明"是"查明"的目的或动因。例如，办案人员已经

---

[1] 王守安："以审判为中心的诉讼制度改革带来深刻影响"，载《检察日报》2014年11月10日。

查清了案件事实,但是他们若想让其他有关人员都相信这确实是事实,就要靠法律所认可的证据来证明。毫无疑问,证明比查明的难度更大,要求更高,但这是司法走向法治的进步。在犯罪侦查阶段强调证明事实的办案观,有利于提高侦查人员的证据意识和办案质量。这一观念的转变反映了以审判为中心的诉讼制度对犯罪侦查工作的基本要求。

（三）夯实侦查基础工作

《决定》明确提出,要全面贯彻证据裁判原则,严格依法收集、固定、保存、审查、运用证据。侦查是刑事诉讼的第一道工序,也是刑事诉讼中收集固定证据的关键环节。公正始于侦查,如果侦查机关在搜集、固定证据时偏离了公正要求,案件就不会有公正的结果。强化侦查基础工作,按照审判程序的法定定案标准全面规范收集证据,避免案件"带病"进入审查起诉和审判阶段是构建以审判为中心的诉讼制度的关键所系、根基所在。应当切实转变侦查办案方式,坚持以收集证据为侦查活动的中心,以为起诉、审判提供证据作为侦查活动的基本要求,在证据规格和标准上把"破案"与"庭审"的要求结合起来,切实实现侦查办案由"抓人破案"向"证据定案"的目标转变。

（四）从倚赖人证的证明观转向重视物证的证明观

就司法证明方法而言,人类社会曾经有过两次重大的转变:第一次是从以"神证"为主的证明方法向以"人证"为主的证明方法的转变,第二次是从以"人证"为主的证明方法向以"物证"或"科学证据"为主的证明方法的转变。当前,人类的司法证明已经进入了以物证为主要内容的"科学证据"时代,我国的司法人员也必须"与时俱进"、转变观念,从以人证为主的司法证明转变为以科学证据为主的司法证明。然而,目前一些司法人员还习惯于倚赖人证（特别是口供）的证明方法,或者说在内心深处还残留着"口供情结"。在办案过程中,他们只知道"从嫌疑人嘴里要证据",却不重视对各种物证的发现、提取和保全。从倚赖人证的证明观转向重视科学证据的证明观,就是要注重提高执法的科技水平,重视物证的收集和运用,摈弃"口供情结",养成科学办案的行为习惯和思维习惯。这一观念的转变可以使侦查人员和公诉人员更好地适应以审判为中心的诉讼模式。[1]

---

[1] 何家弘:"从侦查中心转向审判中心——中国刑事诉讼制度的改良",载《中国高校社会科学》2015年第2期,第136~137页。

二、构建公检交流机制，加大侦查监督力度

以审判为中心可以被视为对实践中"以侦查为中心"现象的反思与革新，它意味着审判阶段是诉讼活动的中心环节，是审前活动的终极目的，控辩双方的对抗在审判阶段会更为激烈，承担追诉责任的侦查、起诉一方只有更为紧密地结合，才能形成合力，有效查明案件、打击犯罪。面对"以审判为中心"的诉讼制度，要全面推行公诉引导侦查机制。检察机关要逐步构建新型的侦诉关系，强化公诉对侦查的引导和规制功能。公诉人应根据庭审证明需要，以客观公正的视角，从应对法庭质疑和律师挑战的角度有针对性地引导侦查人员收集、补充证据，更加注重证据的真实性、合法性和证据链条的完整性，从整体上提高诉讼质量。

（一）与公安机关搭建交流平台，引导侦查机关规范取证

可以邀请侦查人员旁听庭审活动，使其了解证据质证、辩论的过程，了解法官对证据的采纳程度，使侦查人员理解侦查取证的重要性，保证诉讼效率和质量。

（二）完善同步录音录像制度

《刑事诉讼法》第 123 条规定，对于重大犯罪案件，应当对讯问过程进行录音或者录像。这一规定加大了对侦查行为的监督，有效避免了刑讯逼供的发生，同时录音录像也可以作为证据合法性的重要依据。对于非重大案件，立法虽然没有作出强制性规定，仅规定为"可以录音或者录像"，但对于有条件的公安机关，应尽量在所有案件中都同步录音录像。

（三）加大纠正违法执行力度，赋予纠正违法通知书强制执行效力

《人民检察院刑事诉讼规则》第 567 条第 1 项规定，侦查监督主要发现和纠正采取刑讯逼供及其他非法方法收集犯罪嫌疑人供述的违法行为。但该规却是检察系统的内部规定，对公安机关没有强制约束力，应以法律形式确认纠正违法通知书效力，确保刑讯逼供纠正违法的执行力。

（四）把牢批准逮捕权

在审查逮捕时，检察机关要根据案件事实、证据及嫌疑人的具体情况决定是否逮捕犯罪嫌疑人。在依法讯问犯罪嫌疑人后，对于能证明其实施了犯罪行为，需要追究刑事责任，采取取保候审等措施不足以防止社会危害性发生的，决定批准逮捕。对于犯罪行为可能不是嫌疑人实施的、嫌疑人没有作

案时间的、侦查机关可能存在刑讯逼供的、采取取保候审能够防止社会危害性发生的,就采取取保候审、监视居住等非监禁性强制措施。通过行使逮捕权,保障犯罪的侦查、起诉、审判顺利进行,通过行使不逮捕权,促使侦查机关补充证据,对于不构成犯罪的,要求做撤案处理,避免冤错案件的发生。

(五)适当增加依法作出不起诉决定的力度

"以审判为中心"的诉讼制度改革必然要求扩大检察机关的起诉裁量权。检察机关拥有不起诉权,要根据案件的证据情况,依法适用不起诉。目前,不起诉的适用比例很小,还要经过检察委员会讨论决定。在"以审判为中心"的诉讼制度下,检察机关要根据案件的事实、证据情况,提升相对不起诉、存疑不起诉的适用比例,做到在审前分流案件。[1] 有效发挥检察机关的起诉权、不起诉权和监督权,杜绝案件在侦查阶段就基本定调的不良现象。

三、检察机关公诉人员要不断提高自身的质证能力

以审判为中心对控辩双方参与诉讼以及证据的运用都提出了更高的要求。具体表现在:其一,需要不断提高证据出示、质证能力。实现证据出示、辨认、认证各个环节的直接性、言词性,严格限制书面审理的传统做法。证人、鉴定人出庭作证从根本上改变了对书面证言和鉴定结论质证的传统方法与做法。其二,律师辩护的实质化应当引起公诉机关的高度重视。其三,证明标准中的"均经法定程序查证属实"要求一切以庭审为标准。其四,正确处理"在卷证据"与"在案证据"的关系,要从"在卷证据"转向"在案证据"。以庭审为中心,倒逼检察机关对证据进行正确审查与运用。

以审判为中心意味着庭审中控辩对抗的加强和证据规则的完善,"庭审成为定罪量刑的主要和决定性阶段",审判者的一切心证均应当来自法庭审理活动。这对公诉检察官的公诉能力提出了更高的要求。

第一,发挥审前过滤功能,提升庭审指控能力。公诉检察官应该更加重视庭前的证据审查工作,对证据的客观真实性、与案件的关联性、取得证据的合法性进行全面、细致、严格审查,认真把好事实关、证据关、程序关和适用法律关。对于有问题的证据在审前进行过滤,不让其出现在法庭上,从

---

[1] 栾明璐、张俊涛:"检察机关应对'以审判为中心'改革的新挑战、新举措",载《中国检察官》2018年第9期,第60页。

而避免其对案件的审查认定产生不利影响。充分考虑证人出庭作证可能引起的证据变化和对案件定罪量刑产生的影响，围绕案件焦点做好出庭应对准备。同时，公诉检察官必须不断提高交叉讯问能力和当庭应变能力，真正通过扎实的证据和严密的论辩履行好对犯罪的追诉职能。

具体而言，审查范围要从"在卷证据"扩大到"在案证据"，只审查书面证据已经不符合实际需要；审查方式要从"书面审查"转向"亲历性"审查；要倒逼公诉机关紧紧抓住证据的合法性，深入审查排除非法证据。

第二，强化主导作用，推进办案模式转变。要切实强化检察机关在审前程序中的主导作用，坚持推进执法办案工作转变模式、转型发展，完善受理或立案前的审查、初查程序，全面落实新《刑事诉讼法》赋予检察机关的职能，传导诉讼压力，充分发挥提前介入的积极作用，对于一些重大疑难复杂或者社会关注度高的案件，公诉人可在适当的时候介入侦查活动。要从源头防止事实不清、证据不足的案件或违反法律程序的案件"带病"进入庭审环节，严把起诉标准，确保案件立得住、诉得出、判得了，经得起法律检验。

第三，要评估起诉风险，增强出庭预案针对性。《刑事诉讼法》新增了证人、鉴定人、专家证人出庭作证制度，公诉机关如果涉及案件有争议的地方需要以上人员出庭作证，则要制定合理的预案，积极协调，针对以上情况与法院、公安或者当事人之间积极配合，完成此工作。因此，要开展针对公诉人的实战培训，妥善处理庭审调查中证人证言、证据发生的各种变化，全面提高掌控庭审局面的能力，要充分考虑被告人翻供导致的诉讼风险，细化证据种类，并针对证据合法性等功效作出解答。注意对被告人罪轻、无罪证据的客观收集，加大对鉴定意见的审查力度，通过相关专门性知识来解答辩护方可能提出的疑问，做好证人证言与其他证据之间的矛盾排除与使用，如针对辩护人提出的当庭有请证人出庭作证，增强出庭预案针对性。[1]

---

[1] 肖波、肖之云："论以审判为中心的制度下的公诉工作"，载《中国检察官》2015年第3期，第5页。

第三章 "认罪认罚从宽制度"下检察机关的量刑建议

CHAPTER 03

"认罪认罚从宽制度"自 2016 年试点工作启动以来，不断得到完善。从检察视角来考量，检察机关的量刑建议（特别是精准化量刑）是该制度运行的重点和难点。本章也将重点围绕"认罪认罚从宽制度"下检察机关精准量刑所面临的问题展开。

第一节 "认罪认罚从宽制度"的改革历程及问题的提出

一、"认罪认罚从宽制度"司法改革的历程

2005 年 12 月，全国政法工作会议首次提出"宽严相济"的刑事政策。2006 年党的十六届六中全会通过的《中共中央关于构建社会主义和谐社会若干重大问题的决定》正式明确将该项政策贯彻于司法实践。为了更好地贯彻落实宽严相济的刑事政策，我国自 2010 年开始在全国法院试行量刑规范化改革。2012 年《刑事诉讼法》修正，全面完善证据制度，更加突出保障人权，增设了刑事和解等特别程序。宽严相济刑事政策逐渐深化落实，为认罪认罚从宽制度提供了刑事政策基础。

2014 年，党的十八届四中全会审议通过的《决定》首次提出"完善刑事诉讼中认罪认罚从宽制度"，成为认罪认罚从宽制度在刑事司法改革实践中广泛开展的开端。最高人民法院于 2015 年发布的《关于全面深化人民法院改革的意见——人民法院第四个五年改革纲要（2014—2018）》也提出要"完善刑事诉讼中认罪认罚从宽制度。明确被告人自愿认罪、自愿接受处罚、积极

退赃退赔案件的诉讼程序、处罚标准和处理方式，构建被告人认罪案件和不认罪案件的分流机制，优化配置司法资源"。同年，最高人民检察院在《关于深化检察改革的意见（2013—2017年工作规划）（2015年修订版）》中也指明将"推动完善认罪认罚从宽制度，健全认罪案件和不认罪案件分流机制"。作为宽严相济刑事政策的具体化延展，认罪认罚从宽制度丰富了宽严相济刑事政策的程序法内涵，但认罪认罚从宽制度的可行性亟须刑事司法实践的验证。2016年9月3日，第十二届全国人大常委会第二十二次会议表决通过了《关于授权最高人民法院、最高人民检察院在部分地区开展刑事案件认罪认罚从宽制度试点工作的决定》。拟在京津沪等18个城市试点，试点期限为两年。2016年11月11日，最高人民法院、最高人民检察院、公安部、国家安全部、司法部（以下简称"两高三部"）还联合发布了《关于在部分地区开展刑事案件认罪认罚从宽制度试点工作的办法》以保证试点工作顺利开展。截至2018年10月，试点地区适用认罪认罚从宽制度起诉的案件数占同期起诉刑事案件总数的50%左右，其中绝大部分是检察机关建议适用，审查起诉平均用时缩短至26天；适用速裁程序审结的占70%左右，其中当庭宣判率达95%；适用简易程序审结的占25%左右，当庭宣判率为79.8%。2018年第十三届全国人大常委会第六次会议通过了《关于修改〈中华人民共和国刑事诉讼法〉的决定》，在总结认罪认罚从宽制度试点工作经验的基础上对其作出了相应的法律规定，这标志着该制度正式确立。2019年10月11日，"两高三部"共同发布《关于适用认罪认罚从宽制度的指导意见》。该指导意见对认罪认罚从宽制度的基本原则、适用范围和条件、从宽幅度、审前程序、量刑建议、审判程序、律师参与、当事人权益保障等作出了具体规定。此外，自2021年3月1日起最高人民法院施行的《关于适用〈中华人民共和国刑事诉讼法〉的解释》第十二章还对认罪认罚从宽制度特别进行了专章规定。最高人民法院、最高人民检察院还联合发布了《关于常见犯罪的量刑指导意见（试行）》，并于2021年7月1日实施，该意见进一步规定了认罪认罚"从宽"的具体幅度，为实践划清了标准。2022年3月最高人民检察院施行的《人民检察院办理认罪认罚案件听取意见同步录音录像规定》对检察机关办理认罪认罚案件听取意见同步录音录像工作作出明确规范，使认罪认罚从宽与同步录音录两项制度正式接轨，深入推进了认罪认罚从宽制度实施，依法规范办理认罪认罚案件，这是对进入实质化庭审后代理律师独立辩护权以及法庭最终判断的尊重，也是认罪认罚案件接受司法监督的内在要求。

二、检察机关量刑建议精准化视角下的问题提出

2016年11月，认罪认罚从宽制度试点工作启动。2018年10月，"认罪认罚从宽制度"正式被以法律的形式写入了新修正的《刑事诉讼法》。从《刑事诉讼法》修改后的司法实践来看，认罪认罚案件中检察机关的量刑建议仍然是该制度运行的一个难点，影响检察机关精准量刑的因素仍然颇多。2019年10月，"两高三部"针对司法实践中出现的问题以及理论聚焦，共同发布了《关于适用认罪认罚从宽制度的指导意见》（以下简称《认罪认罚从宽意见》），对司法实践中凸显的相关问题给予了回应并实操化。但从《认罪认罚从宽意见》的内容上看，很多问题并没有从根本上予以解决。

《认罪认罚从宽意见》第9条第2款关于"认罪认罚与自首、坦白不作重复评价"的规定并没有从理论上和规范上解决"认罪认罚从宽制度"与自首、坦白的关系，对此问题的认识偏差直接影响到了检察机关量刑建议精准操作。对于检察机关提出量刑建议的过程，从全国人大常委会最初的《关于授权最高人民法院、最高人民检察院在部分地区开展刑事案件认罪认罚从宽制度试点工作的决定》到"两高三部"发布的《关于在部分地区开展刑事案件认罪认罚从宽制度试点工作的办法》，以及修改后的《刑事诉讼法》，均没有涉及"协商"的表述，但"两高三部"发布的《认罪认罚从宽意见》第33条开始明确表述为"协商"。但当前职权主导模式下，值班律师参与的主动性与积极性以及实际权限等，都没为真正的协商创造基本条件。《认罪认罚从宽意见》在值班律师是否具有阅卷权的问题上，一改之前的相关规定，明确提出值班律师可以查阅案件材料，同时规定人民法院和人民检察院应当提供便利。但基于律师职业价值追求，《认罪认罚从宽意见》缺乏具体的程序要求以及物质保障后盾，值班律师的作用实效仍然不可期。《认罪认罚从宽意见》对具体的减让幅度仍然只是提出了宏观性的指导意见，并没有具体的操作量度。

2021年7月1日，"两高"联合发布的《关于常见犯罪的量刑指导意见（试行）》（以下简称《量刑指导意见（试行）》）开始实施，《量刑指导意见（试行）》对《认罪认罚从宽意见》实施以来总结的问题作出了回应，新增了具体的减让幅度，弥补了《认罪认罚从宽意见》留下的空白，让司法实践具有更强的可操作性。遗憾的是，在"认罪认罚从宽制度"与自首、坦白

的关系方面,《量刑指导意见(试行)》第三部分第(十四)项将仅认罪认罚同认罪认罚且具有自首、坦白等情节的从宽幅度做了界分,并再次强调"认罪认罚与自首、坦白不作重复评价",但对于如何理解"重复",该规定依然没有直接作出回答。从近些年的司法实践来看,认罪认罚与自首、坦白不作重复评价仍是个难题。不仅如此,由于《量刑指导意见(试行)》是首次对认罪认罚的从宽幅度进行分层设计,所以具体幅度的合理度还存在进一步结合实践研究的改进空间。对于"协商"、律师阅卷权及物质保障等问题,诸如2020年《法律援助值班律师工作办法》、2021年《法律援助法》、2022年《人民检察院办理认罪认罚案件听取意见同步录音录像规定》等规定都进行了新的回应,但如何进一步创造协商条件、如何对认罪认罚案件的值班律师给予合理的物质报酬、如何对值班律师的履职情形和帮助效果进行系统的评估等似乎还缺乏有力的规定。

第二节 检察机关量刑建议精准化的影响因素

一、"认罪认罚从宽"与"自首、坦白"的关系界定影响量刑精准化

关于"认罪认罚从宽"与自首、坦白的关系存在不同的意见纷争。顾永忠教授认为,认罪认罚从宽制度当然包含刑法中的自首、坦白等制度。其认为认罪处罚从宽制度虽是由十八届四中全会首次提出的,但体现认罪认罚从宽精神的刑事政策、法律制度和法律实践在我国早已存在。具体表现有:我国一直奉行的"坦白从宽"和"宽严相济"的刑事政策;《刑法》第67条关于自首、坦白的规定;《刑法》对贪污罪、行贿罪的特定情形从宽处理规定;适用当事人和解制度的条件规定等。正因为此,十八届四中全会《决定》在涉及"认罪认罚"的内容时,强调的是"完善"这一制度,而非"建立"。因此,"认罪认罚从宽制度是一个由一系列具体法律制度、诉讼程序组成的,集实体法与程序法于一体的综合性法律制度"。[1] 卞建林教授认为,认罪认罚从宽制度是推动坦白从宽的进一步制度化措施。[2] 学者苗生明、周颖认为,

---

[1] 顾永忠:"关于'完善认罪认罚从宽制度'的几个理论问题",载《当代法学》2016年第6期。
[2] "卞建林:认罪认罚从宽制度赋予量刑建议全新内容",载 http://www.360doc.com/content/19/0729/18/542605,最后访问时间:2021年1月24日。

依据《认罪认罚从宽意见》第9条第2款"认罪认罚与自首、坦白不作重复评价"的规定，认罪认罚是独立的量刑情节。[1]樊崇义教授也认为"认罪认罚是自首、坦白、当庭认罪之外的新的独立量刑情节"，并提出对于认罪认罚独立量刑情节的属性，要通过修改《刑法》进行明确。[2]当然，对于《认罪认罚从宽意见》的这一规定，陈卫东教授却得出了相反的结论，他认为《认罪认罚从宽意见》第9条第2款的规定昭示着认罪认罚从宽制度涵盖了自首、坦白制度。[3]还有学者一方面认为我国《刑法》中的自首、坦白等规定确实体现了认罪认罚从宽制度的精神内涵，但同时又认为因为自首、坦白等制度不是认罪认罚从宽制度改革的产物，因而要将自首、坦白严格限定在刑法领域，而将认罪认罚从宽严格限定在刑事诉讼领域。[4]最高人民法院刑一庭课题组则一方面认为认罪认罚从宽制度是对坦白从宽制度的系统化，同时又认为实践中认罪认罚可以表现为自首、坦白，也可以是当庭自愿认罪。其认为认罪认罚从宽不是单一的法律制度，而是自首、坦白、速裁程序、和解程序等法律制度和诉讼程序的集合。由此，认罪认罚也不是单一的量刑情节，要分别适用自首、坦白、当庭自愿认罪、真诚悔罪认罚、取得谅解等法定酌定情节。[5]

　　关于"认罪认罚从宽"与自首、坦白的关系存在不同的实践方案。如"李某职务侵占案"的刑事判决书载明："由于本院已经对其具有自首情节进行从轻处罚，因此不再对其认罪认罚进行重复评价。本院认为该量刑建议（有期徒刑10个月）与李某的罪责不相适应，建议公诉机关对上述量刑建议进行调整，公诉机关在法庭上明确表示对该量刑建议没有进行调整。本院对该量刑建议不予采纳。"最终法院判处了李某有期徒刑1年。在该案中，检察院认为认罪认罚且自首量刑应当更轻，法院却对于量刑建议不认可。再如，"张某危险驾驶案"的刑事判决书载明："被告人张某具有自首情节，同时认

---

〔1〕 苗生明、周颖："认罪认罚从宽制度适用的基本问题——《关于适用认罪认罚从宽制度的指导意见》的理解和适用"，载《中国刑事法杂志》2019年第6期。

〔2〕 樊崇义："认罪认罚是独立量刑情节"，载http：//www.360doc.com/content/19/0716/14/30326534_849140588.shtml，最后访问时间：2021年1月24日。

〔3〕 陈卫东："认罪认罚从宽制度的理论问题再探讨"，载《环球法律评论》2020年第2期。

〔4〕 何剑："认罪认罚从宽与刑事和解制度比较研究"，载《社会科学动态》2020年第10期。

〔5〕 最高人民法院刑一庭课题组，沈亮："刑事诉讼中认罪认罚从宽制度的适用"，载《人民司法（应用）》2018年第34期。

罪认罚，应当在法定刑幅度内给予相对更大的从宽幅度。公诉机关关于被告人张某的量刑建议（拘役三个月）不当，本院不予采纳。"最终法院对张某判处拘役2个月。在该案中，较之于检察院，法院认为认罪认罚且自首的量刑应当更轻。再如"吴某盗窃案"的二审刑事判决书载明："吴某具有认罪认罚从宽情节，依法可以从宽处理，但与坦白情节不作重复评价，原判重复评价不当，应予纠正。"最终撤销了原判的缓刑，判处了实刑。该案的一审法院认定坦白与认罪认罚一并适用，但是二审法院只认定了认罪认罚。又如，"张某危险驾驶案"的一审人民检察院抗诉认为：被告人张某认罪认罚，原审法院未对被告人适用认罪认罚从宽制度，未采纳人民检察院量刑建议，未对被告人依法从宽处理。辩护人的辩护意见：量刑方面张某具有自首情节，一审未予认定，二审应予纠正。二审法院认为原审只按当庭认罪对被告人从轻处罚的幅度较小，没有在法定刑幅度内给予相对更大的从宽幅度。因此，二审改判。也就是说，在此案中，一审法院没有对认罪认罚且自首作出更大的从宽幅度，二审予以纠正。

笔者认为，依照2019年10月"两高三部"《认罪认罚从宽意见》第6条和最高人民法院于2021年1月发布的《关于适用〈中华人民共和国刑事诉讼法〉的解释》第347条第1款的规定，认罪认罚从宽制度中的"认罪"，是指犯罪嫌疑人、被告人如实自愿如实供述自己的罪行，对指控的犯罪事实没有异议；依据《认罪认罚从宽意见》第7条，"认罚"是指犯罪嫌疑人、被告人真诚悔罪，愿意接受处罚。而根据我国《刑法》的规定，自首（含一般自首与准自首）与坦白的核心实质也是如实供述自己的罪行，只是供述罪行的类别不同而已。从这一点而言，《认罪认罚从宽意见》对认罪认罚的内涵界定，并不排除自首、坦白，认罪认罚从宽制度包括了上述实体以及程序法中已有的规定，但同时具有更新的特点和内容。《认罪认罚从宽意见》第9条以及《量刑指导意见（试行）》第三部分第（十四）项"认罪认罚与自首、坦白不作重复评价"的规定确实不能明确得出"认罪认罚"与自首、坦白的关系，上述不同学者以及司法实践中的不同主体对同一规定提出了截然不同的观点也说明了这一点。就与自首、坦白的关系而言，自首、坦白当然属于认罪认罚从宽体系中的从宽情节，但侦查环节缺少了自首、坦白，也不排除犯罪嫌疑人、被告人在后续的司法环节认罪认罚，同时侦查环节的自首、坦白也可以在后续的司法环节更加具体化、明确化。如果简单地认为认罪认罚是与自首、坦白完全并列的第三种量刑情节，则必然会出现对量刑建议畸轻，影响精准化的情形；如果简单地将自首、坦白等同于认罪认罚，则忽视了二者的不同点，从而会对所涉情节择一适用，导致难以发挥认罪认罚从宽制度的作用，同样会影响量刑的精准化。

二、值班律师作用不足，量刑协商异化，影响量刑建议精准化

正如前文所述，2019年"两高三部"《认罪认罚从宽意见》第33条在量刑建议的提出问题上，一改之前的规范性文件的表述，明确提出了"协商"一词。2020年《人民检察院办理认罪认罚案件监督管理办法》第5条规定："办理认罪认罚案件，检察官应当依法在权限范围内提出量刑建议。在确定和提出量刑建议前，应当充分听取犯罪嫌疑人、被告人、辩护人或者值班律师的意见，切实开展量刑协商工作，保证量刑建议依法体现从宽、适当，并在协商一致后由犯罪嫌疑人签署认罪认罚具结书。"无论是理论界还是实务界，无不认为量刑协商是认罪认罚从宽制度的核心，协商是否充分直接影响认罪认罚从宽制度当事人的自愿性和量刑建议的科学性以及精准性。量刑协商必须是建立在对犯罪事实明确认定、合理考量被追诉人包括认罪认罚在内的其他全部情节、在正确适用法律的前提下，在法律允许的量刑幅度内的"协商"。实践中，被追诉人因缺乏专业法律知识，往往不具备与检察机关进行协商的能力，这就使得律师的参与具有了重大的意义。首先，律师参与可以维护控辩双方的平等地位。缺失律师的辩护，被追诉人自身的权利很难得到保障。其次，律师的参与能保障认罪认罚案件当事人与司法部门达成合意的理性基础。这是因为，律师及时介入认罪认罚案件，能够帮助犯罪嫌疑人尽早认识到自己的行为在法律上的意义，尽早了解包括认罪认罚从宽在内的相关政策法律规定，从而有助于犯罪嫌疑人在理性认识的基础上作出理性选择，从而保障认罪认罚从宽制度所要求的自愿性、真实性和合法性。目前，实务界"认罪认罚案件中，量刑建议系在控辩双方经过充分的量刑沟通与协商并达成一致的基础上由检察机关提出"。[1]但实践中并非如此，值班律师作用不足，异化了量刑协商。

---

〔1〕 蒋安杰："认罪认罚从宽制度若干争议问题解析（上）——专访最高人民检察院副检察长陈国庆"，载《法制日报》2020年4月29日。

首先，制度设计使得值班律师作用难以发挥。律师参与认罪认罚从宽制度及其身份定位与作用一直是一个颇具争议性的问题，很多理论研究者认为应该明确值班律师的辩护人身份。[1]但《刑事诉讼法》明确否认了值班律师的辩护人身份，[2]2019年"两高三部"《认罪认罚从宽意见》及后续的法律文件同样没有明确值班律师辩护人的身份，导致值班律师的辩护人身份在目前的司法实践中无法实现。

根据《刑事诉讼法》《法律援助值班律师工作办法》等规定，值班律师主要在两个环节起作用：一是认罪量刑协商环节，即控辩双方在形成量刑建议，签署《认罪认罚具结书》之前的协商环节；二是《认罪认罚具结书》的签署环节，该环节是认罪认罚从宽制度适用的重要标志，必然需要值班律师的在场。[3]但从当前各地开展认罪认罚的实际操作规则来看，检察机关在前期的受案环节和审查环节基本上都是独立地完成认罪认罚的前期工作，即在犯罪嫌疑人具有接受认罪认罚从宽的意愿后，当场告知适用的量刑优惠幅度，在犯罪嫌疑人接受检察机关的优惠幅度后，安排签署具结书的时间。在这一切工作都完成后才会涉及通知值班律师，这等于将上述两个环节的工作高度浓缩到了一个环节来完成。同时，值班律师的上述浓缩环节还经常被要求集中行使，即在短时间内对多个被追诉人集中释法，集中见证签署《认罪认罚具结书》。如从《广州市南沙区人民检察院刑事案件认罪认罚从宽制度操作规范手册（试行）》的规定来看，针对认罪认罚案件，在检察机关独立完成受案环节和审查环节（该两个环节并没有提到值班律师）后，进入到具结签署环节时，采用的是由值班检察官连同司法行政机关指派的值班律师到看守所进行集中告权、签署。犯罪嫌疑人被分批带到认罪认罚签署工作区，在值班律师的见证下被集中告权，在值班律师的见证下向犯罪嫌疑人出示具结书和证据开示清单，视犯罪嫌疑人的发问由值班律师进行解释。犯罪嫌疑人签署后，由值班律师进行复核并签字确认。从值班律师参与认罪认罚案件的规则

---

[1] 姚莉："认罪认罚程序中值班律师的角色与功能"，载《法商研究》2017年第6期。

[2] 《刑事诉讼法》第36条规定值班律师的作用和职责是"为犯罪嫌疑人、被告人提供法律咨询、程序选择建议、申请变更强制措施、对案件处理提出意见等法律帮助"。结合《刑事诉讼法（修正案草案）》一审稿、二审稿的变化，二审稿删去了值班律师可以代理申诉、控告的职能，并将"等辩护"修改为"等法律帮助"可知最高立法机关明确否认了值班律师的辩护人身份。

[3] 周新："认罪认罚从宽制度立法化的重点问题研究"，载《中国法学》2018年第6期。

设计以及司法实践来看,"作为协商性司法的中国方案,认罪认罚从宽制度保留了既往的强职权主义色彩……受制于信息不对称和地位不平等的制度语境,检察官在与犯罪嫌疑人达成具结书的构成中掌握着绝对的话语权"。[1]

其次,保障缺失与律师职业现实追求相悖离,导致值班律师参与积极性不够。《刑事诉讼法》《法律援助法》等规定,值班律师的主要职责除了解答法律咨询外,还包括程序性帮助,如为犯罪嫌疑人申请变更强制措施、对非法取证和刑讯逼供等行为代为申诉控告等,但无论是最高人民检察院的报告,还是相关实务部门领导的报告,都可以看到适用认罪认罚从宽的案件比、精准量刑的适用率以及量刑建议的采纳率、认罪认罚案件的上诉率等数字,但却没有值班律师申请变更强制措施、代为申述控告等情形的相关信息。这从一个侧面反映出了值班律师的履职心态。从内在原因分析,当前的律师队伍所追求的基本价值仍然是经济利益,"拿人钱财,替人消灾"在一些律所的接待大厅以及一些律师的名片中依旧赫然在目。可以大胆地说,当前我国律师队伍还不能将公平、正义、公正放到职业追求的前位。当前对于值班律师的经济补贴,远远不符合律师队伍的价值追求现状,根本不足以激发值班律师在认罪认罚案件中主动发挥作用。此外,从制度设计的价值追求上来看,认罪认罚从宽制度所追求的是司法效率,因而司法工作人员不希望律师在认罪认罚案件的办理过程中太过认真,而律师基于其职业特征,也不可能在一个认罪认罚的案件中与司法工作人员的关系弄僵。如此一来,值班律师与其说是犯罪嫌疑人的帮助者,还不如说是司法工作人员顺利办理认罪认罚案件的帮助者。

《认罪认罚从宽意见》在值班律师是否具有阅卷权的问题上,一改之前的相关规定,明确提出值班律师可以查阅案件材料,同时规定人民法院和人民检察院应当提供便利。但在采用环节浓缩、集中告权签署的现实下,这种所谓的阅卷要求以及阅卷服务实际上根本没有时间保障,值班律师查阅卷宗的时间被安排在见证认罪认罚具结过程的当时,而不是具结之前,更是凸显出了值班律师的"站台"作用,最终导致值班律师的作用矮化为站台律师或者见证律师,无法对量刑的协商起到实质性的作用,无助于量刑精准化。

---

[1] 郭烁:"认罪认罚背景下屈从型自愿的防范——以确立供述失权规则为例",载《法商研究》2020年第6期。

犯罪嫌疑人专业知识不够，值班律师参与不足，一方面导致"协商"存在信息不对称、资源不对等特征，形成了认罪认罚从宽制度的"结构性风险";[1]另一方面则导致检察官的权力滥用，无法保障量刑协商的平等性，进而影响到实质的自愿性。从形式上看，犯罪嫌疑人是自愿的，但在信息不对称、地位不平等的状态下，大部分被追诉人选择认罪认罚是在办案机关的单方叙事下进行的，从一开始，这些犯罪嫌疑人实质上就只有一个选项，即选择认罪认罚。这种自愿有可能是一种对法律适用的深层误解且完全不可能自知之下的所谓自愿，即便犯罪嫌疑人对法律有所知悉，在作出选择时，与其说是"自愿性选择"，不如说是面对量刑优惠的"明智性"选择。2020年10月，最高人民检察院就十三届全国人大常委会对检察机关适用认罪认罚从宽制度情况报告的审议意见提出了28条贯彻落实意见。其中第10条就指出要注意甄别真诚认罪悔罪与虚假认罪认罚，特别是对累犯、惯犯，要加强对其认罪悔罪真实性的审查。这也表明，对自愿性的实质进行把握是关键的，一旦形式的"自愿"沦为"明智之选"，"认罪认罚从宽制度也就可能异化为一种制度欺骗"。[2]值班律师的见证并不能见证犯罪嫌疑人认罪认罚的自愿性，只是见证了检察机关为适用认罪认罚所做的工作。

三、检法两院对"量刑权"长期存在认识分歧，造成量刑建议与宣告刑的差异化

长期以来检察机关在审查起诉以及出庭公诉履行检察职能中，所关注的重点在于案件的定性，即犯罪嫌疑人行为是否构成犯罪、触犯哪个罪名，在构成犯罪的基础上会进一步关注一罪与数罪等问题，整体上以犯罪事实、行为的罪质指控为工作重心，以定罪为主要公诉模式。就量刑而言，在司法实践中，检察机关往往只是简单地根据案件的从重、从轻、减轻等情节笼统地提出量刑的大致幅度。一方面，缺少具体的、相对精准的量刑建议;另一方面，对所提出的量刑幅度也不做相应的演绎论证，量刑的绝对决定权在法院，只有在宣告刑畸轻畸重时才可能会引起抗诉。因此，检察机关在以往给出量

---

[1] 龙宗智:"完善认罪认罚从宽制度的关键是控辩平衡"，载《环球法律评论》2020年第2期。

[2] 郭烁:"认罪认罚从宽背景下屈从型自愿的防范——以确立供述失权规则为例"，载《法商研究》2020年第6期。

刑建议时相对缺少追求精准的态度与考量，在量刑方法和经验上较审判机关而言存在较多的不足。在当前认罪认罚从宽制度下，《刑事诉讼法》明确规定法院对认罪认罚案件作出判决时，一般应当采纳检察院的量刑建议。意味着检察院的量刑建议在法院进行最终判决时具有相当程度的约束和确定意义，这就要求检察机关必须提高量刑建议的准确性以提高量刑建议的被采纳率。2020年《人民检察院办理认罪认罚案件监督管理办法》第6条也指出："检察官提出量刑建议，应当与审判机关对同一类型、情节相当案件的判罚尺度保持基本均衡……"这从另一个侧面表明，如果检察机关工作人员仍然固守传统的概括性、粗放型量刑建议的"心态"，不及时跟进司法改革的要求更新角色意识，必然会造成不利于量刑建议精准化的结果。

即使上述《人民检察院办理认罪认罚案件监督管理办法》已经对检察官量刑建议同审判机关判罚尺度靠拢提出了要求，但在实践中，就法院（特别是基层法院）的工作人员而言：一方面，基于裁判权是法院的法定职权的固有思维，认为《刑事诉讼法》规定法院"一般应当"采纳检察院量刑建议是对法院法定量刑职权的一种侵犯。另一方面，法院（特别是基层法院）工作人员对当前在以"以审判为中心"的司法制度改革背景下展开的"认罪认罚从宽"的政策本质认识不够，不能正确地认识到"以审判为中心"的核心实质是以庭审为中心、以证据为中心。甚至有部分法官仍然简单地认为"以审判为中心"就是以法院、以法官为中心。由于对"认罪认罚从宽"制度规定与"以审判为中心"关系没有厘清，这些法官不能认识到"认罪认罚从宽"是对案件进行繁简分流，以便将司法力量和精力集中在复杂重大案件中更好地贯彻"以审判为中心"，反而认为"认罪认罚从宽"是对"以审判为中心"的冲击和违反。在量刑工作上，法院系统从2013年开始连续数次发布完善《关于常见犯罪的量刑指导意见》，对刑法总则的一些主要量刑情节、分则中常见犯罪的量刑情节有着比较细化的可操作性规定。相应地，检察机关虽然也颁布有《人民检察院开展量刑建议工作的指导意见（试行）》，"两高三部"也共同颁布了《关于规范量刑程序若干问题的意见》，但对量刑建议只是作了指导性规定，直到2021年施行的《量刑指导意见（试行）》才规定了具体的从宽幅度。基于上述种种原因，长期以来，法院（特别是基层法院）工作人员往往对量刑有天然的优势感，对于检察机关的量刑建议以及对于《刑事诉讼法》对认罪认罚案件作出判决时，一般应当采纳检察院的量刑建议的规定存在内心的抵触。根据笔者搜集到的关于北京、福建、西安等地办理认罪认罚案件的资料，以及对杭州市富阳区、萧山区、嘉兴市南湖区，河南省平顶山市、洛阳市等地的调研，实践中，检法两院对"一般应当采纳"认识不一。基于裁判权是法院的法定职权，法院会作出超出检察院提出的量刑建议的宣告刑。这些因素"在实质或者形式层面影响了检察机关量刑建议的精准性"。[1]而这样的处理模式，与其说是对量刑是否精准的一种不同认识，还不如说是对量刑权受到"侵蚀"的一种情绪宣泄。

第三节　量刑建议精准化的完善路径

一、合理界定"认罪认罚"与自首、坦白的关系，调整从宽幅度分层设计

如前文所述，认罪认罚从宽制度中的认罪与自首、坦白在内涵上具有质的趋同性。同时，自首、坦白也当然包含了"认罚"的初步意愿，只不过此时的"认罚"只是笼统的"愿意接受法律制裁"。但根据《认罪认罚从宽意见》第6条、《最高人民法院关于〈中华人民共和国刑事诉讼法〉的解释》第347条规定以及实务部门对该条的解读，"认罪认罚"中的认罪要求既认犯罪事实，又认罪名，如果对司法机关提出的罪名最终不予认可，则不能被认定为"认罪认罚从宽制度"下的"认罪"。相应地，对于认罚，不仅需要侦查阶段的"愿意接受刑罚处罚"，同时还有在后续阶段同意检察机关的量刑建议。[2]据此，"认罪认罚从宽制度"与自首、坦白的关系既有包含，又有并列。具体而言，如果自首、坦白后对司法机关最终认定的罪名以及量刑建议

---

[1] 之所以说是在"实质上或者形式上影响了检察机关量刑的精准性"，是指有些情况确实是属于检察机关量刑不精准，而有些情况只是表现为量刑建议与宣告刑"不契合"而已，很难说是检察机关的量刑建议不精准还是法院的宣告刑不精准。在笔者与法官的非正式交谈中，个别法官（朋友）直言不讳地说："凭什么你检察院来量刑让法官来遵守？我管你量刑建议合适不合适，你建议有期徒刑1年至14个月，我非给你判个有期徒刑11个月或者15个月！"从该角度来看，对"量刑精准"的理解应该从两个层面进行：一是从犯罪事实、法律适用的客观层面来看，检察机关的量刑建议是否准确；二是从检察机关的量刑建议是否被法院采纳的层面来看。如果检察机关的量刑建议客观精准，同时又被法院采纳，这当然是最好的结果。但如果二者不能一致，从求真的角度来看，当然要追求第一个层面。如果确实没有达到第一个层面的精准要求而没有被法院采纳，是应该进行量刑调整或者法院直接判决的问题；如果达到了第一个层面的精准要求而没有被法院采纳，那是应该抗诉的问题。

[2] 蒋安杰："认罪认罚从宽制度若干争议问题解析（上）——专访最高人民检察院副检察长陈国庆"，载《法制日报》2020年4月29日。

没有异议，则整体而言就是"认罪认罚"且有"自首、坦白"情节。如果行为人自首、坦白，如实供述犯罪事实，但最终并不认可司法机关的罪名，或者虽表示愿意接受刑罚处罚，但并不认可司法机关量刑建议，则此自首、坦白并不属"认罪认罚"，在具体量刑适用上应直接按照《刑法》中的自首、坦白进行从宽处理。

2015年最高人民法院、最高人民检察院、公安部、司法部《刑事案件速裁程序试点工作座谈会纪要（二）》规定了认罪认罚"从宽"的具体幅度为基准刑的10%～30%，但最高人民法院、最高人民检察院的认罪认罚试点工作中期报告却没有涉及从宽幅度问题。2018年最新的《刑事诉讼法》以及2019年"两高三部"《认罪认罚从宽意见》也没有关于"从宽幅度"的具体规定，后者只是规定了从宽的把握原则。从笔者的实地调查以及搜集到的相关资料看，试点期间各试点单位的实际操作方案差别较大：有的地方适用"321"阶梯式从宽量刑机制，即对在侦查、审查起诉、审判阶段开始认罪认罚的行为人进行从宽量刑时，采取逐级递减的从宽量刑，分别减少基准刑的30%、20%、10%给予从宽量刑。

浙江省人民检察院于2019年3月4日面向全省各市、县（市、区）人民检察院、杭州铁路运输检察院印发了《浙江省人民检察院关于全面实施认罪认罚从宽制度的意见》，从相对宏观的层面强调要切实提高思想站位、正确领会精神实质、准确把握制度内涵、加强组织推进，同时将相对具体的操作性方案部署给各级院完善落实。从杭州市最早开始试点的四个区的情况看：在试点期间，杭州市中级人民法院出台的《刑事案件认罪认罚从宽制度试点工作量刑指引》对"从宽"的幅度予以明确，在侦查阶段认罪认罚的，根据犯罪嫌疑人的具体认罪认罚表现，可以评为"好""较好""一般"三个评价等级；在审查起诉阶段认罪认罚的，可以评为"一般"或者"较好"两个等级；在审理阶段认罪认罚的，通常评"一般"。认罪认罚从宽最高可依法减少基准刑的30%。根据调研材料，杭州市萧山区人民检察院采用的幅度模式为：嫌疑人在侦查阶段被采取强制措施前认罪认罚且后续阶段没有反复的，给予30%的量刑折扣；被采取强制措施后侦查终结前认罪认罚的，给予20%～25%的量刑折扣；侦查终结移送检察院之前认罪认罚的，给予15%～20%的量刑折扣；依次递减，审查起诉阶段、审判阶段分别给予10%～15%的量刑折扣和最高不超过5%的量刑折扣。2019年11月山东省发布的《关于适用认罪认罚从宽制度办理刑事案件的实施细则（试行）》则原则性地规定，在认罪认罚但没有其他法定量刑情节的情形下，可以减少基准刑的30%以下提出量刑建议；如果尚有其他法定从宽情节，可以减少基准刑的60%以下提出量刑建议，罪行较轻的，可以减少基准刑的60%以上提出量刑建议。《广州市南沙区人民检察院刑事案件认罪认罚从宽制度操作规范手册（试行）》则根据在侦查阶段、审查起诉阶段、庭审开庭前这三个认罪认罚的时间节点，分别在确定基准刑的基础上额外减轻30%、20%、10%以下刑罚。

自2013年至2021年，最高人民法院发布数次《关于常见犯罪的量刑指导意见》，其中关于自首、坦白等相关从宽情节的从宽幅度保持稳定，始终没有变化。[1]直到2021年施行的《量刑指导意见（试行）》第三部分第（十四）项才首次规定："对于被告人认罪认罚的，综合考虑犯罪的性质、罪行的轻重、认罪认罚的阶段、程度、价值、悔罪表现等情况，可以减少基准刑的30%以下；具有自首、重大坦白、退赃退赔、赔偿谅解、刑事和解等情节的，可以减少基准刑的60%以下，犯罪较轻的，可以减少基准刑的60%以上或者依法免除处罚。认罪认罚与自首、坦白、当庭自愿认罪、退赃退赔、赔偿谅解、刑事和解、羁押期间表现好等量刑情节不作重复评价。"这是检法两院共同制定的量刑指导意见，也是首次对从宽幅度进行的具体分层设计，已为检法两院所参考适用。但如前文所分析，认罪认罚从宽制度本身与自首、坦白等情节有重合或者交叉，在此问题上"两高"最新的量刑指导意见并没有作出明确的界分和解释。此外，《量刑指导意见（试行）》还存在部分从宽幅度较大、不能完全适应精准量刑建议的要求等问题。因此，对于认罪认罚从宽的层级幅度还需要进一步调整，要兼顾报应情节与预防情节，同时要防止对交叉情节的重复评价，并且还要注意对认罪认罚的"悔罪性"进行考量。

《量刑指导意见（试行）》虽然将认罪认罚与同时具有其他情节的从宽幅度进行了分别规定，但笔者认为，应当结合认罪认罚所处不同诉讼环节凸

---

[1] 根据《量刑指导意见（试行）》的规定，对于自首情节，可以减少基准刑的40%以下，犯罪较轻的，可以减少基准刑的40%以上或者依法免除处罚；对于坦白情节，可以减少基准刑的20%以下；对于当庭自愿认罪的，可以减少基准刑的10%以下，但依法认定自首、坦白的除外；对于退赃、退赔的，可以减少基准刑的30%以下；对于积极赔偿被害人经济损失的，可以减少基准刑的30%以下；对于取得被害人或其家属谅解的，综合考虑犯罪的性质、罪行轻重、谅解的原因以及认罪悔罪的程度等情况，可以减少基准刑的20%以下。

显量刑建议差异化。"如实供述自己的罪行"是自首与坦白成立的基本条件，因而自首、坦白情节本身就包含行为人认罪认罚的主观意愿，在这个环节的认罪认罚属于概括的认罪认罚，即承认自己的行为构成犯罪，并愿意接受概括的刑罚惩罚（因为在侦查阶段，无法也不能展开具体的认罪协商，因此该阶段的认罚只能是概括的愿意接受刑罚处罚的意思表示）。另外，对"退赃退赔""赔偿被害人损失""取得被害人谅解"等情节要做慎重考虑。从行为意义的角度考量，自首、坦白的主要价值在于节约司法资源，而"退赃退赔""赔偿被害人损失""取得被害人谅解"等的主要价值在于社会修复。设置认罪认罚从宽制度的初衷，在价值趋向上，无外乎在节约司法资源与有利于社会修复的基础上，使得犯罪嫌疑人（被告人）获得司法处理上的优惠。因而"认罪认罚"必须考量是否以悔罪为基础，而是否具有主观"悔罪"是需要通过客观见之于主观的。犯罪嫌疑人（被告人）缺乏自首、坦白等情节，而且具有违法所得和/或存在具体被害人，但没有退赃或者赔偿被害人损失的具体行为表现，也没有取得被害人谅解，仅有认罪认罚的表示的，可推定为该认罪认罚表示仅仅是为了换取从宽处理但并不悔罪，不应适用认罪认罚从宽制度。当然，司法实践中还要区分是确有意愿退赃、赔偿被害人而没有能力赔偿，还是本身就没有赔偿的真实意愿。基于此，结合上述几种情形，可对从宽幅度分层设计做如下调整：

第一，具有自首、坦白情节，或者具有退赃退赔、赔偿被害人、取得被害人谅解等情节，但在审查起诉环节对于检察机关所确定的罪名以及具体刑种、具体量刑幅度等不予认可的，不宜适用认罪认罚从宽，但应当适用《量刑指导意见（试行）》中已有的自首、坦白、退赃、退赔、取得被害人谅解等从宽幅度规定。

第二，具有自首或坦白情节，同时具有退赃退赔、赔偿被害人、取得被害人谅解等情节，在审查起诉环节对于检察机关所确定的罪名以及具体刑种、具体量刑幅度等予以认可、同意适用相应的裁决程序并签署具结书的，具体的减让幅度应当充分参照《量刑指导意见（试行）》中的从宽幅度，并在之后的修订过程中延续《〈关于认罪认罚从宽制度指导意见〉的理解与适用》的意见，规定"不做重复评价"的含义是对认罪认罚与自首、坦白相交叉和叠加的"认罪"部分不作重复评价。这里主要考虑到"认罪"因素在自首、坦白情节、退赃退赔、赔偿被害人、取得被害人谅解等情节中已经被考量，

《量刑指导意见（试行）》减少基准刑的60%以下的从宽幅度主要是对具体的"认罚"的司法优惠，符合"不做重复评价"的精神。但如上文所述，在实践中，法院、检察院、辩护人对此规定的理解并不统一，若能在"两高"继续修订的量刑指导意见中加上对"重复"的解释，也能降低司法实务中各方操作方案不一致的可能性，进一步提高量刑精确化的推进效果。

第三，具有自首或坦白情节，案件本身存在具体被害人、存在需要退赃赔偿情形，但行为人实际上没有退赃、赔偿，同时在审查起诉环节对于检察机关所确定的罪名以及具体刑种、具体量刑幅度等予以认可的，应当进一步区分甄别是确有意愿退赃、赔偿被害人而没有能力赔偿，还是本身就没有赔偿的真实意愿。如果是前者，可以参照《量刑指导意见（试行）》的操作标准，但应更加严格适用。如果是后者，笔者建议从宽幅度应该控制在减少基准刑的35%以下。

第四，不存在自首情节，案件本身不存在具体被害人或者不存在需要退赃赔偿情形，或者案件本身存在具体被害人、存在需要退赃赔偿情形，行为人确有意愿退赃、赔偿被害人但因没有能力赔偿而实际上没有退赃、赔偿的，如果在侦查环节就表示认罪认罚，且审查起诉环节对于检察机关所确定的罪名以及具体刑种、具体量刑幅度等予以认可并同意适用相应的裁决程序并签署具结书，后续环节没有反复的，可以在法定刑的幅度内减少基准刑的50%以下；如果是在后续的诉讼环节认罪认罚，则给予的量刑优惠依次递减，具体而言，在审查起诉阶段、审判阶段认罪认罚，可以分别在法定刑幅度内减少基准刑的45%以下、40%以下。

第五，不存在自首情节，案件本身存在具体被害人及需要退赃赔偿情形，行为人缺乏实际赔偿的意愿没有退赃、赔偿的，仅有认罪认罚的表示的，仅适用刑法中对于坦白的从宽规定即可，具体幅度参照《量刑指导意见（试行）》执行。

二、强化制度与程序保障，落实值班律师的物质权益，增强值班律师工作实效

在认罪认罚案件中，犯罪嫌疑人或者被告人认罪的自愿性、认罚的公正性等都影响着最终量刑建议的精确性。律师在认罪认罚案件中具有举足轻重的作用。但如前文所述，认罪认罚案件中值班律师不属于辩护人，无法全程

参与诉讼程序，为了保证认罪认罚从宽制度的公正性以及当事人的"自愿性"，应充分保障值班律师的参与度以及法定权利的行使。

首先，应当强化认罪认罚从宽制度选择的自愿性，要改变目前只有单一选项的情形。在当前以认罪认罚率作为关键的考核指标的情况下，检察机关往往一开始就将"可能的认罪认罚案件"朝着"认罪认罚"这一单一选项引导，由于只存在单一选项，而且不认罪认罚就意味着可能要适用"重"的刑罚，导致律师在认罪认罚案件中对当事人的帮助往往"投鼠忌器"，只能帮助当事人"认罪认罚"，而不能客观地帮助其"不认罪"或"不认罚"。因此，强化律师作用，首先应该强化认罪认罚从宽制度选择的自愿性。

其次，应当制定规范明确值班律师参与案件的诉讼节点、阅卷时间、发表律师意见的方式等细节，以保障律师在认罪认罚从宽制度中充分发挥作用。河南省在2022年颁发《关于适用认罪认罚从宽制度的实施细则》，该实施细则规定"在签署具结书前，值班律师没有提出查阅案卷材料要求的，人民检察院应当将起诉意见书等材料提供给值班律师，涉密材料除外"。既然对检察院主动提供材料提出了要求，那么也应当规定值班律师必须在犯罪嫌疑人签署具结书之前的一定时间内进行阅卷，提出相关意见，而不能在签署具结书的同时赋予所谓的阅卷权，更不能进行集中告权签署。

再次，要明确政府责任，保障值班律师的物质权益期待，从解决值班律师物质保障的角度破解值班律师制度的"瓶颈"问题。现代刑事诉讼制度普遍将为被追诉人进行法律援助视为国家责任。有意思的是，我国《法律援助条例》第4条规定"法律援助是政府的责任"，但第6条又将法律援助的义务归属于律师，最终异化为"政府责任律师义务"，在实践中表现为政府以命令形式将援助工作摊派给律师，同时由政府提供给律师"补偿"，补偿的多少律师没有发言权，决定权完全在于政府。对此，可以探索采用政府购买的方式予以解决。《法律援助值班律师工作办法》和《法律援助法》都提到了政府购买，但主要针对的是律师资源短缺的地区。笔者认为，对政府购买的适用可拓宽思路，即由政府直接与律协签署购买服务协议，具体的值班律师不直接从司法行政部门领取报酬，而是由所在的律所参照一般代理的标准，根据具体服务质量给予物质报酬。

最后，对值班律师履职情形以及帮助质量不能由检察机关给予评价"考核"，而是应当结合被帮助对象的反馈。《法律援助法》第59条"法律援助机构应当综合运用庭审旁听、案卷检查、征询司法机关意见和回访受援人等措施,督促法律援助人员提升服务质量"的规定也体现了司法机关、法律援助机构、被帮助对象、社会多方考核的必要性。此外,若能由值班律师所在律所参照一般代理、辩护的质量标准进行考核,也可以避免值班律师对案件当事人的帮助最终异化为对检察机关顺利推进认罪认罚的帮助,从而坚守值班律师制度设立的初衷和精神。

三、检法两院要加强沟通,及时更新司法理念,共同修订《量刑指导意见》

应当加强检法两院之间的沟通和工作协调,共同领会"以审判为中心"的司法制度改革以及认罪认罚从宽制度的内涵实质,角色观念要随着司法体制改革的推进而及时更新。一方面,检察机关要增强提出精准量刑建议的责任感,改变以往重定罪、轻量型的公诉观念。另一方面,法院要正确认识检察机关的量刑建议不是对法院"量刑权"的侵蚀,最终的量刑权仍然取决于法官的审判。同时,认罪认罚案件检察机关的量刑建议也不是对"以审判为中心"的异化。相反,是在对案件适度分流的前提下对"以审判为中心"的促进与加强。

要不断完善检察机关与法院系统统一适用的量刑标准。当前"两高"共同发布的《量刑指导意见(试行)》规定的量刑细则相对全面,并增添了具体的从宽幅度,较此前文件具有更强的参照意义。但目前"两高"的《量刑指导意见(试行)》也存在一定的问题,如上文所述的量刑规范规定的量刑幅度较大、不能完全适应精准量刑建议的要求等。基于这些原因,《量刑指导意见(试行)》也还存在诸多可改进之处。对此,检法两院应进行充分协商,针对常见的量刑情节、常见罪名等的刑期幅度、加减计算方法等,继续调整和修订统一适用的量刑标准和合理的从宽幅度,从而保证检察机关量刑建议的精准度和采纳率。在具体修订共同的量刑指导意见时,要注意做到以下几点:一是要尽量与原来"两高"首发的《量刑指导意见(试行)》相一致,在此基础上进行补充完善;二是在量刑指导意见中要处理好自首、坦白、退赃退赔、取得被害人谅解等从宽情节与认罪认罚之间的交叉重合关系,既要避免对从宽情节进行重复评价,又要避免简单地趋同化处理;三是要结合认罪认罚所处不同诉讼环节,凸显量刑建议差异化,体现"越早发生认罪认罚行为所反映的是被追诉人越小的人身危险性，利于及早理清案件事实，顺畅开展审讯工作，减少司法资源的占用，应给予越大的从宽优惠"[1]这一精神。

四、要积极总结经验，增强培训，探索智能精准量刑辅助系统

当前，各地检察机关也都在积极探索如何提出精准量刑建议，如杭州市西湖区人民检察院出台《认罪认罚案件审查起诉规则》、山东省淄博市人民检察院与法院、公安、司法局共同制定规范化量刑细则、制定"量刑清单"等，上海市人民检察院为了防止认罪认罚案件犯罪嫌疑人、被告人在判决后反悔上诉，在审查报告中明确认罪认罚情形下的量刑建议和不认罪认罚时的量刑建议，供犯罪嫌疑人作选择。在促进检察机关量刑建议精准化的工作中，检察机关需要在检察业务培训中增加量刑方面的培训量，对于量刑的工作经验要及时整理分析，总结量刑规律，同时也要借助当前科技手段，积极研发利用智能的量刑辅助系统。如杭州市西湖区人民检察院利用大数据，联合科技公司为量刑建议提供技术支持，效果显著；河北省保定市高新区人民检察院在保定检察机关部署应用了"检察量刑建议智能辅助系统"，在将近一年的时间里，高新区人民检察院共提起公诉案件123件152人，提出量刑建议数占提起公诉数的100%，通过该系统提出确定刑量刑建议117件135人，法院采纳率为90%，量刑建议精准率显著提升；河南省人民检察院也在2022年主动拥抱现代科技，引进智能量刑辅助系统并正式上线使用，用智能化手段为检察官办案服务。

---

[1] 唐张："完善认罪认罚从宽制度的三个方面"，载《人民检察》2016年第23期。

第四章 扫黑除恶的理论与实践

CHAPTER 04

"扫黑除恶"专项斗争是党中央、国务院的一项重要部署,事关政权特别是基层政权的稳定、事关国家的长治久安、事关人民群众的安居乐业。在为期三年的扫黑除恶专项斗争中,全国检察机关批准逮捕涉黑涉恶犯罪嫌疑人147 826人,提起公诉230 011人。为确保每一个案件都经得起法律和历史检验,检察机关严格遵循罪刑法定、证据裁判、程序公正等法治原则,坚决避免指标化办案、配合式司法,做到了"是黑恶犯罪一个不放过,不是黑恶犯罪一个不凑数",高质量查办涉黑恶案件[1]。

在扫黑除恶的实践中,虽然各地司法机关对相关法律法规的把握存在一定程度的偏差,难免在认定黑社会性质组织犯罪、恶势力团伙、恶势力犯罪集团的标准上存在拔高或者降低的情况。但是,从总体上讲,要充分肯定扫黑除恶对社会治理特别是基层社会治理的积极贡献,即其不但提升了治理体系和治理能力的现代化水平,也为国家和社会治理提供了一个稳定的社会环境。

我们要把扫黑除恶放在国家治理和社会治理的大背景下进行考察,在治理理念、治理模式和治理制度上提升扫黑除恶的治理现代化水平。治理体系和治理能力的现代化要求贯彻"法治"的理念,扫黑除恶也要贯彻"法治"的理念。法治扫黑除恶不但要求扫黑除恶在形式上要依法进行,做到有法可依,而且在实质上也要贯彻法治思维,重视程序原则和证据意识,做到不枉不纵、罚当其罪,法治思想要内化于司法机关每一个办案人员的内心。同时

---

[1] "全国检察机关强化法律监督高质量查办涉黑恶案件",载 https://www.spp.gov.cn/zdgz/202102/t20210208_508763.shtml,最后访问时间:2021年2月21日。

也要把握好刑法规制和刑事政策的内在统一，在扫黑除恶中更要注重宽严相济刑事政策的导向作用，深刻认识黑恶违法犯罪活动的法律性和政治性，使扫黑除恶做到政治效果、法律效果和社会效果的内在统一。[1]

第一节 积极主义刑法观视野下的黑恶犯罪治理

扫黑除恶专项斗争是对社会现实和民众需要的及时反应，无论是立法理念，还是法律条文；无论是立法、司法还是执行，都要对扫黑除恶的新形势、新变化、新情况作出积极的反馈，以现实需要为导向，以解决扫黑除恶中的实际问题为评价标准，不固守成规、不一味地遵守僵化的教条，同时也要坚守罪刑法定、罪责刑相一致、程序原则等最基本的刑事法治原则。上述要求实际上就是积极主义刑法观的基本要求，在扫黑除恶的治理中，我们应坚持积极主义刑法观，有所作为，也有所不为。

一、积极主义刑法观的理论内涵

（一）刑法观的争论

1. 刑法观的再分类

刑法观是如何处理刑法在定罪、量刑问题上和社会现实之间互动关系的观点，刑法观处理刑法如何介入社会生活，介入社会生活的深度、广度和强度的问题。在不同的历史阶段，不同的国家和地域，面对不同的社会现实和不同的社会治安状况，会衍生出不同的刑法观。因此，刑法观具有时代性和地域性，我们要用变化和发展的哲学思维看待刑法观，不存在一成不变的、放之四海而皆准的刑法观。通过历史的考察，我们可以发现存在各种各样的刑法观，例如古典自由主义刑法观、功利主义刑法观、常识刑法观、民生刑法观、预防性刑法观、功能主义刑法观、工具主义刑法观、象征主义刑法观、积极主义刑法观等，上述刑法观在一些核心议题上可谓众说纷纭、争论不休，在形式上有形成刑法观学派之争的趋势。[2]

---

[1] 参见罗新阳、彭新华："扫黑除恶刑事政策执行偏差与对策探析"，载《公安学刊（浙江警察学院学报）》2020年第5期，第62~66页。

[2] 参见付立庆："论积极主义刑法观"，载《政法论坛》2019年第1期，第99~111页。

笔者认为，和行为无价值和结果无价值论，以及形式解释和实质解释等成型的学派争论相比，刑法观的学派争论并没有独立成型。一方面，刑法观的争议并没有完全独立的争议问题，不像行为无价值和结果无价值那样是关于行为违法性的争论，形式解释和实质解释是关于法律条文、法律用语解释的争论。和上述两个学派的争论相比，关于刑法观的争论具有宏观性和综合性，关于刑法观的争论也涵盖了行为违法性和刑法解释的争论。因此，关于刑法观的争论是不纯粹的，很难支撑起独立的学派争论。另一方面，上述所列举的刑法观其实在核心内容上有重叠，其实理论界人为夸大了刑法观的分歧。[1]例如，功能主义刑法观和工具主义刑法观的核心观点都是强调刑法维护政治秩序和社会稳定的作用，和人权保障相比，更加注重安全和秩序的维护；积极主义刑法观和象征主义刑法观、预防性刑法观也有一定的相似性，它们都主张及时回应社会需求、将刑罚的触角前移、适度扩大犯罪圈，特别是在恐怖主义犯罪、网络犯罪、环境犯罪等非传统安全领域，要充分发挥刑法社会治理的作用，对刑法的谦抑性和最后保障法的性质进行实质解释。功利主义刑法观、常识刑法观、民生刑法观在核心观点上和积极主义刑法观其实区别也不大。因此，我们可以将上述刑法观进行归类和瘦身，去除在核心观点上重复的刑法观，最终将存在争论的刑法观分为古典自由主义刑法观和积极主义刑法观。

2. 古典自由主义刑法观

古典自由主义刑法观是和古典刑法学理论相配套的刑法观，其假设社会、立法者和行为人都是理性的，在功利主义的支配下，违法犯罪是行为人自由意志选择的结果，行为人是自由的；主张刑法的谦抑性和刑法最后保障法的性质，对刑法介入社会生活始终保持警惕和戒心，反对为了回应社会需求和舆论压力而轻易扩大犯罪圈，反对将刑法变成社会治理的主要工具，反对刑事立法的过度膨胀和社会的过度"刑法化"；在解释论上主张形式解释，对法律条文和法律用语的解释坚持字面语义和立法者意图标准，反对依据客观情势变化的扩大解释，特别是不利于被告人的入罪解释；对犯罪的认定坚持法益侵害标准，实害犯和结果犯是主要的犯罪类型，反对刑法的提前介入，反对危险犯和行为犯，特别是抽象危险犯；将刑罚的功能定位为报应和特殊预

---

[1] 参见郑玉双："法理学贡献于刑法学的方式：以刑法观为例"，载《中国法律评论》2018年第3期，第97~109页。

防，反对将人作为手段的一般预防，坚持人是目的，反对不均衡的过重刑罚；主张刑法和刑事政策要保持适当距离，即所谓的"李斯特鸿沟"，刑事政策不能突破刑法的界限。[1]

需要说明的是，各种刑法观并没有对错或者优劣之分，我们不能脱离社会实践来考察理论，每一种理论都是脱胎于它所生存于其中的现实，并从现实中汲取丰富的营养，因此现实也给理论烙上了深深的印记。基于此，适合现实的理论、能够解决现实棘手问题的理论就是好的理论、就是正确的理论。其实，每一种刑法观都有其合理的一面，也有不再适应现实的不合理的一面，其合理的一面可以被后人继承和发展，融入新的刑法观，而其不再适应现实的一面就会被历史抛弃。

（二）积极主义刑法观的理论内涵

积极主义刑法观是批判继承古典自由主义刑法观的产物，积极主义刑法观是和实证主义刑法学、犯罪社会学派相配套的。积极主义刑法观充分考虑到犯罪生成机制和原因的复杂性，不再以线性和单维的角度看待问题，而是以系统性、综合性和整体性的思维看待和解决犯罪问题。积极主义刑法观不再拘泥于一种僵化的标准，而是在具体问题具体分析的基础上追求真正的公平、正义和实际问题的解决，不再被形式所困，而是将自己融入有层次的系统，构建大安全和大治理格局。

1. 适度扩大犯罪圈

如何将犯罪圈限定在一个各方都能接受的合适范围一直是学者和立法者都试图解决的难题，但实际情况是很难达到让各方都满意的效果。例如，为了回应现实中出现的新情况，满足民众对某些具有严重社会危害性行为适用刑法打击的呼吁，立法机关在《刑法修正案（十一）》中将高空抛物、抢夺公共交通工具的方向盘等行为入罪，降低了刑事责任年龄等。《刑法修正案（十一）》是否不当扩大了犯罪圈？是否有过度依赖刑法治理之嫌？刑法最后保障法的定位是否需要维护？学界对此存在争议。有学者认为，《刑法修正案（十一）》不当扩大了犯罪圈，模糊了行政处罚和刑事处罚的界限，压缩了《治安管理处罚法》的适用空间，其背后反映出了立法者过度"刑法化"的立法喜好，和希望利用刑事手段一劳永逸地解决社会治理问题的懒惰心理，

---

[1] 参见周光权："积极刑法立法观在中国的确立"，载《法学研究》2016年第4期，第24~39页。

是一种象征性立法,是刑法工具主义的体现。[1]笔者以为,对《刑法修正案（十一）》的批评言过其实。《刑法修正案（十一）》对新罪名的设置和对刑法的修改是一种积极主义刑法观的体现,是合理的。再回到如何界定犯罪圈是否合理的问题上,笔者以为主要需要考察以下两个因素：

（1）现实存在的治安状况。我国古代就有"治乱世用重典"的法谚,这句法谚简明扼要地阐释了刑事法和社会治安状况特别是犯罪情势的关系。如果一段时期内,治安状况恶化、违法犯罪增多,立法机关就要扩大犯罪圈、对犯罪要依法严惩,我国历史上的历次"严打"就是党中央、国务院根据治安形势恶化的现实情况及时作出的部署,严厉打击了违法犯罪分子的嚣张气焰。此次扫黑除恶专项斗争是新时期的"严打"斗争,是对近年来黑恶势力、黑恶犯罪增多,在一些重点领域和行业严重危害政治安全、社会秩序和经济秩序,特别是基层政权安全和基层社会治理的现实情况作出的积极回应。如果在一段时间内,社会治安状况日趋好转,民众的治安体感良好,用刑法打击违法犯罪的紧迫感就会降低,立法者就会有意地限制犯罪圈的扩大,同时刑罚也会日益轻缓化。

（2）违法犯罪的治理模式。不同的国家有不同的犯罪治理模式,这是与一国的社会制度、法律和历史传统等相关的。例如,大陆法系国家中的日本将犯罪划分为重罪、轻罪和违警罪,在立法上,犯罪更多是一种定性分析,而不是定量分析,这就会出现在日本盗窃一张纸也是盗窃罪的法律后果,这在国人看来是不可思议的。出现上述情况的主要原因是,我国对犯罪的认定是定性和定量的结合,一个行为要符合某种犯罪的犯罪构成要件,不但在性质上符合刑法条文,还要在"量"上达到严重的社会危害性,如果在"量"上达不到标准也不是犯罪行为。刑法中的情节严重、数额较大等"量"的规定是从正面入罪,而《刑法》第13条"但书"的规定"情节显著轻微危害不大的,不认为是犯罪"是从反面出罪。违警罪在性质上更接近我国违反《治安管理处罚法》的违法行为。因此,和美国等国家过度犯罪化、犯罪圈过大的现实不同,我国目前还是需要进一步适度扩大犯罪圈,改变某些严重违法行为无法进入刑法调整视野的现状。在我国的劳动教养制度被废除之前,

---

[1] 参见刘艳红："积极预防性刑法观的中国实践发展——以《刑法修正案（十一）》为视角的分析",载《比较法研究》2021年第1期,第62~75页。

我国对违法犯罪的规制有三种模式：治安管理处罚；劳动教养；刑事处罚。在后劳动教养时代，调整为两种模式：治安管理处罚和刑事处罚。考虑到行政拘留的最长期限是 15 日，缺少了劳动教养作为衔接，治安管理处罚和刑事处罚存在"代沟"。因此，在治安管理处罚和刑事处罚的二元模式下，我国有必要将一部分原来用劳动教养处罚的违法行为犯罪化，用刑罚进行处罚，适度扩大犯罪圈。[1]

2. 正确理解刑法的谦抑性原则

刑法的谦抑性其实是一个非常抽象的概念，从字面意思理解，刑法的适用要保持谦虚性，要压抑优先用刑法治理社会的冲动。不可否认，刑法保持谦抑性有其一定的合理性，也符合我国违法犯罪的治理模式，即在一般情况下要遵循行政处罚到刑事处罚的演进。但是，刑法的谦抑性并不等于刑法的无所作为，如果民事或者行政的手段达不到预期的治理效果，就要积极尝试刑法介入。例如，醉酒驾驶问题，在醉驾入刑之前，酒驾和醉驾并没有明确的区分，我们可将其统称为饮酒后驾驶机动车，治理饮酒后驾驶机动车的手段只有行政处罚，[2]并没有直接针对饮酒后驾驶机动车行为本身的罪名设置。刑法的缺失产生了最直接的两个后果：第一，虽然交通警察部门付出了巨大的努力，但是由于违法成本过低，饮酒后驾驶机动车的行为并没有得到有效的遏制，民众没有形成"喝酒不开车"的规范意识；第二，由于饮酒后驾驶机动车造成的交通肇事和交通肇事罪数量居高不下，相较于饮酒后驾驶机动车的行为，后者是二次伤害和延伸伤害，如果在刑法上禁止醉驾行为，因为醉驾造成的交通肇事就会大大减少。醉驾入刑后，包括酒驾和醉驾在内的饮酒后驾驶机动车的行为大幅度减少。可能有学者并不承认醉驾入刑的预防（特别是一般预防）作用，认为醉驾和酒驾的减少主要是因为交警部门加大了查禁酒驾和醉驾的力度。我们不能否认行政机关采取的措施所发挥的积极作用，强化了酒驾、醉驾被处罚的确定性，但是在醉驾入刑前，我们不能否认

---

[1] 参见姜涛："比例原则与刑罚积极主义的克制"，载《学术界》2016 年第 8 期，第 89~102 页。

[2] 当然，在饮酒后驾驶机动车造成人员伤亡或者财产损失的情况下，有交通肇事罪和过失致人死亡罪等罪名存在的空间。但是，无论是交通肇事罪还是过失致人死亡罪都是过失犯和结果犯，对行为人的刑事处罚更多是针对危害结果的报应刑，对饮酒后驾驶机动车的一般预防效果其实并不明显。以危险驾驶罪追究醉驾行为的刑事责任将刑法的触角前提到行为阶段，即产生抽象危险的阶段，最大程度塑造"喝酒不开车、开车不喝酒"的刑法规范信仰。

交警部门查禁饮酒后驾驶机动车的力度一直很大，但是由于违法成本过低，效果并不理想。作为一个普通民众来讲，我们不但能感受到酒驾和醉驾的大幅度减少，而且在内心中也逐渐形成了规范意识。还有观点认为，醉驾入刑后，醉驾型的危险驾驶罪在有些省份已经取代盗窃罪成为发案率排名第一的罪名，这个实证数据足以说明醉驾入刑并没有达到预防醉驾行为的效果。笔者以为，醉驾型危险驾驶罪的发案率高并不能说明醉驾入刑是无效的，发案率高一方面是由于移动支付的兴起，传统盗窃罪的空间被大大挤压，盗窃罪的发案率呈下降趋势；另一方面，在醉驾入刑前，司法实务中根本就不存在醉驾型危险驾驶罪，在没有对比参照物的情况下，何来醉驾入刑治理无效之说？醉驾型危险驾驶罪的发案率目前还保持在一个相对比较高的位置，这恰恰说明在醉驾入刑前存在比较大的犯罪黑数，醉驾的犯罪饱和度比较高，用行政处罚和传统的交通肇事罪并不能解决上述问题。要解决醉驾型危险驾驶罪发案率、定罪率高的问题并不需要在立法上将醉驾型危险驾驶罪驱逐出犯罪圈，因为这是一种因噎废食的不愿意面对现实问题的"鸵鸟政策"，而是要在司法上发扬积极主义刑法观，要充分发挥司法机关的主观能动性降低醉驾型危险驾驶罪的定罪率，在不违反法律的情况下，制定相关司法文件，从严把握醉驾型危险驾驶罪的入罪标准，通过降低逮捕率和起诉率等手段降低醉驾型危险驾驶罪的定罪率。另外，可以通过源头治理、综合治理的途径降低醉驾型危险驾驶罪的发案率。但是，在立法上，醉驾型危险驾驶罪还要继续存在于刑法中，起到威慑酒驾和醉驾的作用，这和刑法的谦抑性并不矛盾。

坚守刑法的谦抑性原则，并不意味着不能扩大犯罪圈。犯罪圈是扩大、缩小还是保持现状，应该实事求是、具体问题具体分析，要有辩证唯物主义的态度，不唯上、不唯书、只唯实。犯罪圈并不是越大越好，也不是越小越好，而是越合适越好。在需要扩大犯罪圈的情况下，还固守谦抑的教条，这不是科学的态度，而是刑法上的教条主义。

刑法最后保障法的性质并不是刑法谦抑原则的唯一内涵，而且对"最后保障法"的表述也不能机械理解。刑法和民法、行政法等部门法的制定依据都是宪法，维护宪法权威是所有部门法的共同使命，在维护宪法权威上，刑法和其他部门法之间并没有先后之别。刑法最后保障法的性质是从一般意义、抽象意义上讲的，它反映了各种法律手段在违法犯罪治理领域里的一般顺序。由于刑事处罚一般比民事处罚、行政处罚要严厉，治理成本也会更高，从常识和功利的角度考虑，如果用民事和行政的手段可以解决问题，就不再诉诸刑事手段。但是，刑法最后保障法的性质并不排斥在一些特殊领域，刑事和行政手段可以同步进行、齐头并进、综合施策。例如，在扫黑除恶斗争中，我们就要延续"严打"的精神，对黑恶犯罪依法严惩，打早打小，绝不能等到黑恶势力坐大成势。为了预防恶势力团伙发展成为恶势力犯罪集团，恶势力犯罪集团发展成为黑社会性质组织，要积极发挥刑法在扫黑除恶中的治理作用，秉持积极主义刑法观。〔1〕

3. 实质解释的立场

由于语言和文字自身的模糊性，法律条文在适用过程中有被解释的必要性。在刑法解释领域有形式解释和实质解释之争，一般认为，形式解释是严格坚守罪刑法定原则的出罪解释，倾向于保障犯罪嫌疑人、被告人的合法权益；而实质解释是背离罪刑法定原则形式侧面的入罪解释，倾向于维护秩序和打击犯罪。笔者以为，上述观点是对实质解释的误读，实质解释不但是入罪解释，也是出罪解释，积极主义刑法观倡导的实质解释追求案件的真实面目和实质上的公平正义，实质解释并不背离罪刑法定原则的实质侧面，实质解释是对打击犯罪和保障人权刑法功能的兼顾，克服了形式解释自身的缺陷。"软暴力"是近年来黑恶势力常用的犯罪手段，如果还是坚持形式解释的原则，就很难将"软暴力"解释为和"硬暴力"同质的"黑社会性质组织行为特征"以及"恶势力"概念中的"其他手段"，也很难将"软暴力"解释为强迫交易罪中的"威胁"以及寻衅滋事罪中的"恐吓"。如果无法认定具有严重社会危害性的"软暴力"手段，就无法认定黑恶势力以及相关犯罪，也就无法实现真正的公平正义。〔2〕

4. 积极融入国家和社会治理体系

"治理"模式是对管理、管制模式的批判和发展，治理追求良法善治，在主体上追求治理主体的多元化，在理念上追求多元共治，在路径上追求双向流动。提升治理体系和治理能力的现代化是一项宏大的社会工程，要聚集全社会的力量为治理服务，要综合施策、标本兼治，要有全局观念，在治理现代化观念下，整体不再是局部的简单耦合，在系统思维的指导下，要形成共

---

〔1〕 参见刘凡："扫黑除恶的刑事法治原则及技术对策"，载《河南警察学院学报》2020年第2期，第12~18页。

〔2〕 参见何荣功："避免黑恶犯罪的过度拔高认定：问题、路径与方法"，载《法学》2019年第6期，第3~16页。

治合力，最终达到整体大于局部之和的效果。积极主义刑法观倡导刑法要积极、适度介入社会治理，刑法已经成为提升社会治理体系和治理能力现代化的重要主体，而不仅仅是社会治理的手段和工具。

刑法要主动融入国家和社会治理体系，在立法理念、司法模式上都要适应国家和社会治理现代化的要求。刑法不仅要解决传统的定罪和量刑问题，还要成为社会综合治理的重要部分，刑法要发挥保障国家安全、社会稳定、人民安居乐业的角色作用。刑法要有大视野、大格局，要跳出传统职能的圈子，站位要更高一些，要和民法、行政法、经济法等部门法协同经营国家和社会治理的大局。司法机关不但要做好惩罚犯罪的本职工作，还要积极参与社会综合治理，积极保障经济特别是民营经济的健康发展，为经济发展创造稳定有序的社会环境。司法机关还要做好源头治理，在依法打击犯罪的同时，要弄清楚违法犯罪行为产生的原因，标本兼治，从源头上降低发案率，真正做到政治效果、法律效果和社会效果的统一。

二、积极主义刑法观在黑恶犯罪治理中的展开

在黑恶犯罪治理中贯彻积极主义刑法观，不但体现在宽严相济的刑事政策中，也体现在相关的法律法规、司法解释以及司法文件中。积极主义刑法观主要在以下几个方面展开：

（一）宽严相济的刑事政策

依法严惩黑恶违法犯罪是我们必须坚持的扫黑除恶宏观政策，对"依法严惩"不能片面理解，"严惩"是指导思想，但是必须是在"依法"前提下的"严惩"，惩治黑恶犯罪不能突破刑法的限定。我们对黑恶犯罪不但要依法严惩，在针对黑恶犯罪的立法、司法过程中还要贯彻宽严相济刑事政策。不但要"打早打小"，还要"打准打实"，不人为拔高或者降低入罪标准，是黑恶势力坚决不放过，如果不是黑恶势力，也坚决不能凑数。要坚守程序原则和证据意识，做到宽严有据、罚当其罪，既从严惩处组织者、领导者、首要分子、积极参加者，也要对主观恶性不深、社会危害性不大的一般参加者、被蒙蔽或者被胁迫参加者从宽处理，从轻、减轻或者免除其刑事责任。最终达到区别对待，分化瓦解黑恶势力的目的。

宽严相济刑事政策要求刑法在黑恶犯罪治理中既有严的一面，也有宽的一面。宽严相济刑事政策在黑恶犯罪治理中有以下几个碎片化的体现：

1. 死刑的适用

我国还没有完全废除死刑,但是目前刑法中配置死刑的罪名和以前相比有大幅度的减少,死刑主要是集中在侵犯人身权利的罪名中。保留死刑,但是坚持少杀慎杀是我国现阶段的死刑政策。黑恶犯罪作为严重危害政治安全、社会秩序和经济秩序,侵犯普通民众人身权、财产权的恶劣犯罪,在符合判处死刑条件时,司法机关要敢于依法判处死刑。最高人民检察院在"郭明先参加黑社会性质组织、故意杀人、故意伤害案"的要旨中指出:"死刑依法只适用于罪行极其严重的犯罪分子。对故意杀人、故意伤害、绑架、爆炸等涉黑、涉恐、涉暴刑事案件中罪行极其严重,严重危害国家安全和公共安全、严重危害公民生命权,或者严重危害社会秩序的被告人,依法应当判处死刑,人民法院未判处死刑的,人民检察院应当依法提出抗诉。"[1]最高人民法院、最高人民检察院、公安部、司法部于 2019 年联合出台的《关于办理恶势力刑事案件若干问题的意见》(以下简称《办理恶势力案件意见》)指出:"对于恶势力的纠集者、恶势力犯罪集团的首要分子、重要成员以及恶势力、恶势力犯罪集团共同犯罪中罪责严重的主犯,要正确运用法律规定加大惩处力度,对依法应当判处重刑或死刑的,坚决判处重刑或死刑……"而且,要严格掌握取保候审、不起诉、缓刑、减刑、假释、保外就医等的适用条件,充分利用资格刑和财产刑。这些都体现出了对黑恶犯罪严的一面。

2. 整体把握从宽和从严情节

自首、立功、坦白、初犯是法定或酌定的从宽处罚情节,在一般情况下对具备上述情节的被告人都要从宽处罚。但是,在处理黑恶犯罪时要灵活处理、从整体上把握从宽和从严情节,不能机械地从宽或者从严,这是实质解释的要求,也是正确运用宽严相济刑事政策的要求。《办理恶势力案件意见》指出:"恶势力犯罪集团的首要分子……依法应认定为立功或者重大立功的,在决定是否从宽处罚、如何从宽处罚时,应当根据罪责刑相一致原则从严掌握。可能导致全案量刑明显失衡的,不予从宽处罚。"如果犯罪嫌疑人、被告人同时具有法定、酌定从宽处罚情节和法定、酌定从严处罚情节,也要从整体上进行把握,最终决定是总体从严还是总体从宽。出于逃避打击的目的,

---

[1] 最高人民检察院指导案例第 18 号:郭明先参加黑社会性质组织、故意杀人、故意伤害案,载 http://www.spp.gov.cn/xwfbh/wsfbh/201409/t20140915_ 80170_ 2.shtml,最后访问时间:2021 年 2 月 20 日。

有一些黑恶势力利用未成年人实施黑恶犯罪,针对上述情况,最高人民法院、最高人民检察院、公安部、司法部联合出台了《关于依法严惩利用未成年人实施黑恶势力犯罪的意见》(以下简称《未成年人意见》)。《未成年人意见》指出:"有胁迫、教唆、引诱等利用未成年人参加黑社会性质组织、恶势力犯罪集团、恶势力,或者实施黑恶势力犯罪的行为,虽然未成年人并没有加入黑社会性质组织、恶势力犯罪集团、恶势力,或者没有实际参与实施黑恶势力违法犯罪活动,对黑社会性质组织、恶势力犯罪集团、恶势力的首要分子、骨干成员、纠集者、主犯和直接利用的成员,即便有自首、立功、坦白等从轻减轻情节的,一般也不予从轻或者减轻处罚。"[1]

3. 认罪认罚从宽

认罪认罚从宽处理也体现了宽严相济刑事政策中宽的一面,也提高了诉讼效率。2020年涉黑恶案件适用认罪认罚从宽制度占起诉涉黑恶案件总数的70%左右,推动犯罪嫌疑人认罪伏法和退赃退赔,减少社会对抗面。[2]《办理恶势力案件意见》指出:"对于恶势力、恶势力犯罪集团的其他成员,在共同犯罪中罪责相对较小、人身危险性、主观恶性相对不大的,……认罪认罚或者仅参与实施少量的犯罪活动且只起次要、辅助作用,符合缓刑条件的,可以适用缓刑。"为了区别对待,体现出真正的公平正义,《办理恶势力案件意见》同时指出:"对于犯罪性质恶劣、犯罪手段残忍、社会危害严重的犯罪嫌疑人、被告人,虽然认罪认罚,但不足以从轻处罚的,不适用该制度。"

以上三点体现出在积极主义刑法观的指导下,刑法在黑恶犯罪治理中对区别对待、宽严有别刑事政策的遵守,也体现出了司法机关求真务实的态度,这对扫黑除恶专项斗争向纵深推进的健康发展意义重大。

(二)依法严惩、区别对待

1. 依法严惩

对黑恶犯罪依法从严惩处是由黑恶犯罪的性质和黑恶犯罪的社会危害性决定的,这也体现出了扫黑除恶中的积极主义刑法观,和"重重轻轻"的刑事政策。积极主义刑法观要求打通刑法和刑事政策之间的"李斯特鸿沟",提

---

[1] 参见高小明:"新时代扫黑除恶专项斗争的理论与实践逻辑",载《河南警察学院学报》2020年第5期,第11~16页。

[2] "决战扫黑除恶 全国检察机关强化法律监督高质量查办涉黑恶案件",载https://www.spp.gov.cn/zdgz/202102/t20210208_508763.shtml,最后访问时间:2021年2月19日。

升刑事政策在刑法适用中的影响。因此，依法严惩的扫黑除恶政策必定会在扫黑除恶中发挥积极影响。《办理恶势力案件意见》对黑社会性质组织成员累犯的认定，禁止从事相关职业的规定，限制减刑和不得假释的规定，没收个人全部财产等财产刑的适用，没收违法所得特别程序，都体现出了对涉黑犯罪依法严惩的态度。将黑恶势力非法拘禁他人累计时间在12小时以上的认定为非法拘禁罪，将农村"两委"人员纳入黑恶势力"保护伞"范围，这些也体现出了对黑恶势力的严厉打击。

2. 区别对待，分化瓦解

和普通刑事犯罪相比，黑恶犯罪是有组织性的犯罪，而且其组织结构的严密性从恶势力团伙、恶势力犯罪集团到黑社会性质组织是逐级递增的。黑恶犯罪的有组织性决定了侦破黑恶犯罪的难度更大，这就要求司法机关积极作为，对黑恶势力的不同主体区别对待，从内部进行分化瓦解，实现快速、有效处理黑恶犯罪的目标。最高人民法院、最高人民检察院、公安部、司法部联合出台的《关于依法严厉打击黑恶势力违法犯罪的通告》指出："黑恶势力犯罪人员到案后有检举、揭发他人犯罪经查证属实，以及提供侦破其他案件的重要线索并经查证属实，或者协助司法机关抓获其他犯罪嫌疑人的，可以依法从轻或者减轻处罚；有重大立功表现的，可以依法减轻或者免除处罚。"最高人民法院出台的《关于审理黑社会性质组织犯罪的案件具体应用法律若干问题的解释》第3条第2款指出："对于参加黑社会性质的组织，没有实施其他违法犯罪活动的，或者受蒙蔽、胁迫参加黑社会性质的组织，情节轻微的，可以不作为犯罪处理。"《未成年人意见》指出："被黑社会性质组织、恶势力犯罪集团、恶势力利用，偶尔参与黑恶势力犯罪活动的未成年人，按其所实施的具体犯罪行为定性，一般不认定为黑恶势力犯罪组织成员。"对黑恶势力成员的认定也持实质解释的立场，在黑恶势力经营的公司、企业中工作的人员，并不都是黑恶势力成员。例如，在黑恶势力经营的洗浴中心、娱乐中心工作的保安和保洁等日常事务性人员，如果他们没有参与涉黑恶违法犯罪活动，也不宜认定为黑恶势力成员。

（三）适度扩大黑恶犯罪的犯罪圈

出于现实需要的考量，适度扩大犯罪圈是积极主义刑法观的核心观点，为了达到除恶务尽，不放纵黑恶犯罪的目的，我们有必要通过合适的途径扩大黑恶犯罪的犯罪圈。从罪刑法定的标准来看，"黑"是一个规范的刑法概念,因为刑法中有组织、领导、参加黑社会性质组织犯罪,入境发展黑社会组织罪,包庇、纵容黑社会性质组织罪三个明确的罪名,而且刑法对认定黑社会性质组织的标准即组织特征、行为特征、经济特征、危害特征也作出了明确的规定。因此,扩充涉黑犯罪圈的空间并不是太大。扩大黑恶犯罪的犯罪圈目前有以下两种路径:

1. 将"软暴力"引入黑恶犯罪

在涉黑犯罪方面,可以通过引入"软暴力"概念,扩大"暴力"的内涵,将暴力解释为硬暴力和软暴力,其实将软暴力解释为软暴力是合理扩大解释,也是实质解释,将软暴力解释为暴力,为软暴力符合黑社会性质组织的行为特征扫除了障碍,无疑会扩大涉黑犯罪的犯罪圈。但是,司法文件并不是按照这个路径展开,而是将"暴力"和"软暴力"并列论述。最高人民法院、最高人民检察院、公安部、司法部联合出台的《关于办理实施"软暴力"的刑事案件若干问题的意见》(以下简称《软暴力意见》)指出:"'软暴力'手段属于《刑法》第二百九十四条第五款第(三)项'黑社会性质组织行为特征'以及《指导意见》第14条'恶势力'概念中的'其他手段'。"《刑法》将黑社会性质组织的行为特征描述为以暴力、威胁或者其他手段,有组织地多次进行违法犯罪活动,为非作恶,欺压、残害群众。最高人民法院、最高人民检察院、公安部、司法部(以下简称"两高两部")联合出台的《关于办理黑恶势力犯罪案件若干问题的指导意见》(以下简称《指导意见》)指出:"具有下列情形的组织,应当认定为'恶势力':经常纠集在一起,以暴力、威胁或者其他手段,在一定区域或者行业内多次实施违法犯罪活动,为非作恶,欺压百姓,扰乱经济、社会生活秩序,造成较为恶劣的社会影响,但尚未形成黑社会性质组织的违法犯罪组织。"笔者并不赞同司法文件处理"软暴力"法的方式和路径,将"软暴力"解释进"暴力"完全是合情、合理、合法的,并不是类推解释。"暴力"是指强制的力量,[1]可见暴力的核心内涵是"强制性",强制可以包括身体强制和心理强制,而《软暴力意见》指出:"'软暴力'是指行为人为谋取不法利益或形成非法影响,对他人或者在有关场所进行滋扰、纠缠、哄闹、聚众造势等,足以使他人产生恐惧、恐慌进而形成心理强制,……

---

[1] 中国社会科学院语言研究所词典编辑室编:《现代汉语词典》(第7版),商务印书馆2016年版,第51页。

的违法犯罪手段。"可见，完全可以通过实质解释的方法把"软暴力"解释进"暴力"，如果将"软暴力"认定为"其他手段"很难在逻辑上达到自洽。如果想通过认定为"其他手段"的路径认定"软暴力"，为了达到逻辑上的自洽和民众对"暴力"含义的一般理解，笔者建议不要使用"软暴力"的表述。

2. 扩充涉恶犯罪罪名体系

和"黑"相比，"恶"并不是一个规范的刑法概念，但是恶势力、恶势力犯罪集团、保护伞、套路贷、软暴力这些概念表述大量出现在相关法律文书中也是不争的客观事实，而且民众已经对其形成了较为统一和固定的理解，如果我们再以不是严格规范刑法概念为借口排斥使用，就不是一种务实的积极态度。与其排斥使用，不如通过合法的途径将上述概念规范化，进入刑法的视野。近年来，司法机关出台了大量相关司法解释和司法文件，这其实是上述概念迈向规范化的重要一步，上述概念已经达到了"准刑法"概念的程度。[1]

其实，上述概念更多是对类行为的概括。例如"保护伞"是对刑法中包庇、纵容黑社会性质组织犯罪的生活化概括；恶势力犯罪是对恶势力、恶势力犯罪集团主要犯罪和伴随犯罪，即"7+11"[2]的概括；"套路贷"也是对

---

[1] 参见张帆："扫黑除恶进程中的刑法介入限度研究"，载《安徽警官职业学院学报》2020年第1期，第51~56页。

[2] 《办理恶势力案件意见》对"7+11"进行了列举规定：7是指强迫交易、故意伤害、非法拘禁、敲诈勒索、故意毁坏财物、聚众斗殴、寻衅滋事；11是指开设赌场、组织卖淫、强迫卖淫、贩卖毒品、运输毒品、制造毒品、抢劫、抢夺、聚众扰乱社会秩序、聚众扰乱公共场所秩序、交通秩序以及聚众打砸抢。"7+11"是在扫黑除恶实践中对恶势力惯常触犯罪名的归纳和总结，具有非常鲜明的实践底色。恶势力和普通有组织违法犯罪团伙的最大区别是：恶势力兼具法律性和政治性，为非作恶、欺压百姓是其最核心的特征。为了在形式上和恶势力违法犯罪活动相似的违法犯罪活动区别开来，《办理恶势力案件意见》特别作出以下规定："单纯为牟取不法经济利益而是实施的'黄、赌、毒、盗、抢、骗'等违法犯罪活动，不具有为非作恶、欺压百姓特征的，或者因本人及近亲属的婚恋纠纷、家庭纠纷、邻里纠纷、劳动纠纷、合法债务纠纷而引发以及其他确属事出有因的违法犯罪活动，不应作为恶势力案件处理。"和"7+11"违法犯罪行为相比，恶势力、恶势力犯罪集团可能也会涉及其他违法犯罪行为，比如盗窃行为，但是盗窃行为是单纯的侵财型违法犯罪行为，它无法体现"恶"的性质，因此盗窃行为无法体现类型化的特征。"恶"是"黑"的雏形，根据类型思维，黑社会性质组织所实施的违法犯罪行为肯定和恶势力、恶势力犯罪集团实施的违法犯罪行为在类型上有交叉，因为黑社会性质组织的核心行为特征也是"为非作恶，欺压、残害群众"。但是，毕竟"恶"和"黑"在行为的危害程度上是存在差别的，故意杀人、绑架等严重恶性犯罪是黑社会性质组织常涉及的罪名，而恶势力和恶势力犯罪集团却鲜有涉及。恶势力、恶势力犯罪集团的行为特征是"欺压百姓"，黑社会性质组织的行为特征增加了"残害群众"的表述，在危害特征方面，恶势力、恶势力犯罪集团是"扰乱经济、社会生活秩序，造成较为恶劣的社会影响"，而黑社会性质组织是"形成非法控制或者重大影响，严重破坏经济、社会生活秩序"。

通过形式上的借贷行为实际上非法占有被害人财产违法犯罪行为的概括。比照刑法中的黑势力犯罪罪名体系，我们可以扩充恶势力犯罪的罪名体系，适度扩大黑恶犯罪的犯罪圈，将扫黑除恶专项斗争推向纵深，促进扫黑除恶的常态化运行。涉黑犯罪和涉恶犯罪在类型上具有相似性，特别是纯正的涉黑和涉恶犯罪，[1]二者的差别主要是社会害性，这就为比照涉黑犯罪完善涉恶犯罪的罪名体系提供了现实基础。我国目前的《刑法》还没有纯正的涉恶犯罪，可以增设两个纯正的涉恶犯罪。

（1）组织、领导、参加恶势力犯罪集团罪。恶势力犯罪集团也是从恶势力（或者说恶势力团伙，恶势团伙和恶势力犯罪集团都是恶势力的子系统，用"恶势力团伙"的表述在逻辑上更自洽，也和恶势力犯罪集团的表述相呼应）发展起来的，而恶势力犯罪集团是还没有发展成为黑社会性质组织的犯罪组织。基于打早打小的预防性刑事立法政策，有必要对组织、领导、参加恶势力犯罪集团的行为进行刑法规制，只是在量刑上整体上要轻于组织、领导、参加黑社会性质组织犯罪。鉴于恶势力团伙的组织结构相对来说比较松散，虽然纠集者和骨干成员相对比较固定，但是一般参加者的耦合性还较强，在性质上还不能被定义为传统的犯罪组织，因此欠缺用刑法手段治理组织、领导、参加恶势力团伙这种抽象危险行为的合理性，只处理恶势力团伙的具体犯罪行为就能达到治理目的。组织、领导、参加恶势力犯罪集团罪可参照纯正涉黑犯罪的立法模式，在刑法条文中具体列举构成恶势力犯罪集团需要具备的组织、行为、危害等特征。

（2）包庇、纵容恶势力犯罪集团罪。"保护伞"是包庇黑社会性质的组织、纵容黑社会性质组织进行违法犯罪活动的"准刑法"表述，这就会给人"保护伞"只存在于涉黑犯罪中的错觉。实际上，"保护伞"并不是涉黑犯罪的专利，涉恶犯罪中同样存在"保护伞"的问题，恶势力团伙特别是恶势力

---

[1] 纯正的涉黑和涉恶犯罪是指狭义上的涉黑和涉恶犯罪，广义上的涉黑和涉恶犯罪的范围是比较广泛的，例如，"7+11"罪名都是广义上的涉恶犯罪，涉黑犯罪中的组织、领导、参加黑社会性质组织犯罪，入境发展黑社会组织罪，包庇、纵容黑社会性质组织罪都是狭义上的涉黑犯罪。因此，纯正的涉黑和涉恶犯罪是指罪名描述中有"黑社会性质组织""恶势力"这样的文字表述。纯正的涉黑、涉恶犯罪和纯正的恐怖活动犯罪的界定方式有相通之处。关于纯正恐怖活动犯罪的界定可以参照王林："恐怖活动犯罪的目的犯性质探究——以宣扬恐怖主义罪、非法持有宣扬恐怖主义物品罪为例"，载《铁道警察学院学报》2020年第4期，第48~53页。

犯罪集团利用国家工作人员[1]的包庇或者纵容,造成较为恶劣的社会影响在实践中也很常见,因此也有打击"保护伞"的需要。《指导意见》指出要依法严惩"保护伞",坚决深挖黑恶势力"保护伞"。要把扫黑除恶和反腐结合起来,公安机关、人民检察院、人民法院对办理黑恶势力犯罪案件中发现的涉嫌包庇、纵容黑社会性质组织犯罪、收受贿赂、渎职侵权等违法犯罪线索,应当及时移送有关主管部门和其他相关部门,坚决依法严惩充当黑恶势力"保护伞"法的职务犯罪。而且,司法文件还降低了"保护伞"相关犯罪的入罪标准。例如,认定包庇、纵容黑社会性质组织罪中的"包庇"行为,不要求相关国家机关工作人员利用职务便利,利用职务便利成了从重处罚的酌定情节。而且,将充当"保护伞"的国家机关工作人员扩充到农村"两委"等人员。农村"两委"人员从身份来看,并不是国家工作人员,[2]更不是国家机关工作人员。在扫黑除恶专项斗争中,要依法严惩农村"两委"等人员放纵、包庇"村霸"和宗族恶势力,致使其坐大成患,或者收受贿赂、徇私舞弊,为"村霸"和宗族恶势力充当"保护伞"的犯罪。《刑法》中只有包庇、纵容黑社会性质组织犯罪,导致无法用刑事手段惩处包庇、纵容恶势力特别是恶势力犯罪集团的行为,只能追究行为人贪污、受贿、挪用特定款物等犯罪的刑事责任,无法做到罪行均衡,因此有必要设置纵容、包庇恶势力犯罪集团罪。笔者建议只设立包庇、纵容恶势力犯罪集团罪而不设立包庇、纵容恶势力团伙罪:一方面是考虑到社会危害程度的差别;另一方面也是考虑到司法实践的可行性。犯罪集团是一个规范的刑法概念,即三人以上为共同实施犯罪而组成的较为固定的犯罪组织,对犯罪集团的认定有法可依。严格来讲,团伙并不是一个规范的刑法概念,团伙不是狭义上的犯罪组织,团

---

[1] 此处需要注意《刑法》的区别规定,《刑法》将包庇、纵容黑社会性质组织罪的主体限定为"国家机关工作人员",而在论述黑社会性质组织的危害特征时又用了"或者利用国家工作人员的包庇或者纵容"。国家工作人员比国家机关工作人员的范围要广,这意味着"利用国家工作人员的包庇或者纵容,称霸一方,在一定区域或者行业内,形成非法控制或者重大影响,严重破坏经济、社会生活秩序的"就符合黑社会性质组织的危害特征。但是,要追究行为人"包庇、纵容黑社会性质组织罪"的刑事责任,犯罪主体必须是国家机关工作人员,这无疑限缩了包庇、纵容黑社会性质组织罪的成立范围,却相对扩大了黑社会性质组织的成立范围。

[2] 全国人民代表大会常务委员《关于〈中华人民共和国刑法〉第九十三条第二款的解释》对"国家工作人员"作出了立法解释:村民委员会等村基层组织人员协助人民政府从事特定的行政管理工作时,属于其他依照法律从事公务的人员,即国家工作人员。

伙犯罪也不是狭义上的有组织犯罪。[1]

《刑法》中的纯正涉黑犯罪还有入境发展黑社会组织罪，即境外的黑社会组织的人员到我国境内发展组织成员的犯罪行为。"境外的黑社会组织"是指被中国大陆地区以外的国家和地区确定为黑社会的组织，既包括外国的黑社会组织，也包括我国台湾、香港、澳门地区的黑社会组织。[2]需要特别注意的是，本罪名的表述使用了"黑社会组织"而没有使用"黑社会性质组织"，主要是因为"黑社会性质组织"是符合目前涉恶犯罪的基本情况的，而中国大陆地区以外的国家和地区并没有"黑社会性质组织"这样的表述，而只有"黑社会组织"这样的表述，这也符合有组织犯罪的实际情况。考虑到"入境发展黑社会组织罪"的犯罪构成的客观方面是"境外的黑社会组织的人员到中华人民共和国境内发展组织成员"，而不是到我国境内发展黑社会组织，因此罪名的表述和犯罪的客观方面不符，笔者建议将罪名修改为"入境发展黑社会组织成员罪"。

通常认为，一方面，黑社会组织和我国的国体、政体不符，人民民主专政的社会主义制度不能为黑社会组织的滋生和发展提供条件和土壤。因为，政治性是黑社会组织的一个重要特征，黑社会组织凭借其强大的经济实力，通过扶植政治代理人等方式施加其政治影响，而我国不被利益集团操纵的政治体制设计就为黑社会性质组织进入政治领域设置了防火墙。另一方面，新中国成立后，随着对旧社会黑社会组织的严厉打击，黑社会作为一种犯罪组织形态已经在历史上消亡。但是，随着历史的变迁，出现了黑恶势力利用"保护伞"获取利益、扩大影响的情况，甚至出现了黑恶势力成员进入政治领域特别是基层政权组织的恶劣情形，黑社会性质组织在政治性上出现了新的突变，开始出现了黑社会组织的萌芽。

司法机关也注意到了上述变化。《指导意见》指出："各级人民法院、人民检察院、公安机关和司法行政机关应聚焦黑恶势力犯罪突出的重点地区、重点行业和重点领域，重点打击威胁政治安全特别是政权安全、制度安全以及向政治领域渗透的黑恶势力；把持基层政权、操纵破坏基层换届选举、垄

---

[1] 参见何荣功："准确认定黑恶犯罪的方法论思考"，载《武汉大学学报（哲学社会科学版）》2020年第2期，第145~152页。

[2] 何帆编著：《刑法注释书》，中国民主法制出版社2019年版，第726页。

断农村资源、侵吞集体资产的黑恶势力;……"考虑到上述新情况、新变化,可以考虑将来在《刑法》中增设"组织、领导、参加黑社会组织罪",以积极回应现实的新变化。

(四)积极回应黑恶犯罪新情况

黑恶犯罪是一个严重的社会问题,其表现形式、存在形态等都会随着社会的发展变化而变化。积极回应社会现实的新变化、新情况,完善刑法治理,也是贯彻积极主义刑法观的要求。

1. 信息网络黑恶犯罪治理

网络"套路贷"、跨境"裸聊"敲诈、恶意索赔犯罪频发。公安部2020年12月24日在京召开新闻发布会,通报全国公安机关打击整治利用信息网络实施黑恶势力犯罪专项行动有关情况,并公布实施网络黑恶势力犯罪十大典型案例。笔者引述一例典型案例来说明信息网络黑恶犯罪:

2019年,浙江杭州公安机关成功打掉尚某庄负面舆情敲诈团伙,先后抓获嫌疑人15名,破获案件20余起,查获涉案财产1300余万元。经查,2011年4月至2019年1月期间,尚某庄以中华工商时报浙江记者站为依托,假借媒体监督之名,借助传统纸媒和微博、微信公众号等网络平台,肆意编造不实信息、散播网络谣言,在网络空间蛊惑网民,以曝光负面新闻相威胁,以"宣传费""广告费""论坛费"等名义向多家企业勒索现金280余万元;强迫曝光对象采购其推销的商品,销售金额上千万元,严重破坏市场经济秩序。2020年8月,杭州市江干区人民法院对该案作出一审判决,主犯尚某庄犯敲诈勒索罪、寻衅滋事罪、强迫交易罪等9项罪名,被判处有期徒刑16年。

可见,上述案例的犯罪工具主要是传统纸媒和微博、微信公众号等网络平台;犯罪手段是假借媒体监督之名,编造不实信息、散播网络谣言,在网络空间蛊惑网民,以曝光负面新闻相威胁,进行敲诈勒索;主要触犯了敲诈勒索、寻衅滋事、强迫交易等罪名。信息网络黑恶犯罪是随着信息技术、网络、自媒体等出现的黑恶犯罪新形态,刑法要积极回应黑恶犯罪出现的新变化,通过实质解释的手段将其定性为黑恶犯罪。《指导意见》在论述司法机关应当聚焦黑恶势力犯罪突出的重点地区、重点行业和重点领域时指出重点打击组织或雇佣"水军"在网络上威胁、恐吓、侮辱、诽谤、滋扰的黑恶势力。为了解决利用信息网络实施黑恶势力犯罪治理中的争议,"两高两部"联合出台了《关于办理利用信息网络实施黑恶势力犯罪刑事案件若干问题的意见》,

对办理信息网络黑恶犯罪案件的总体要求、罪名认定、黑恶势力认定、案件管辖四个方面作出了明确的规定。

（1）总体要求。和传统的黑恶犯罪一样，治理信息网络黑恶犯罪也要坚持积极主义刑法观，坚持宽严相济刑事政策，坚持打早打小和打准打实，坚持实现政治效果、法律效果和社会效果的统一，坚持司法机关互相配合和互相制约，坚持积极营造线上线下社会综合治理新格局。

（2）罪名认定。由于信息网络犯罪手段的特殊性和制约性，信息网络黑恶犯罪的罪名主要集中在强迫交易罪、敲诈勒索罪、寻衅滋事罪等这些可以通过非线下接触的手段完成的犯罪，而故意杀人、故意伤害、抢劫、抢夺等罪名很难在信息网络黑恶犯罪中出现，这也是传统黑恶犯罪和信息网络黑恶犯罪的一个区别。

（3）黑恶势力认定。认定信息网络黑社会性质组织要严格遵守《刑法》对黑社会性质组织四个特征的规定，不能人为拔高或者降低认定标准。一方面，针对四个特征不一定每一个特征都非常明显的情况，对四个特征要综合把握、总体研判。考虑到黑恶势力组织成员之间一般通过即时通信工具、通信群组、电子邮件、网盘等信息网络方式联络，对部分组织成员通过信息网络方式联络实施黑恶势力违法犯罪活动，即使相互未见面、彼此不熟识，也不影响对组织特征的认定。对信息网络黑恶犯罪危害特征的认定要符合信息网络的特殊性，即使危害行为发生地、危害的行业比较分散，但只要涉案组织利用信息网络多次实施强迫交易、寻衅滋事、敲诈勒索等违法犯罪活动，在网络空间和现实社会造成重大影响，严重破坏经济、社会生活秩序，便应当认定为"在一定区域或者行业，形成非法控制或者重大影响"。需要注意的是，对信息网络黑恶犯罪影响力的判断，不但要考察在网络空间的影响，也要考察对现实社会的影响，二者缺一不可。对信息网络黑社会性质组织的认定，要把握好"为非作恶、欺压残害群众"的特征，如果是单纯通过线上方式实施的违法犯罪活动，不具备为非作恶、欺压残害群众特征是构成信息网络黑势力犯罪的出罪事由。

对信息网络恶势力团伙和犯罪集团的认定要严格依照《办理恶势力案件意见》的规定，如果通过信息网络对他人进行滋扰、纠缠等，足以使他人产生恐惧、恐慌进而形成心理强制，或者足以影响、限制人身自由、危及人身财产安全，影响正常生活、工作、生产、经营的，可以将其认定为"软暴

2. 依法严惩利用未成年人实施黑恶犯罪

2017年2月,谢某某刑满释放后,纠集刑满释放和社会闲散人员詹某某、陈某某等人,先后拉拢、招募、吸收18名未成年人(其中15名在校学生),在福建省宁德市蕉城区城南镇古溪村实施寻衅滋事、敲诈勒索等违法犯罪活动,逐步形成了以谢某某为组织、领导者,詹某某等人为骨干成员,陈某某和翁某某(未成年人)、余某某(未成年人),以及16名未满16周岁的未成年人为参加者的黑社会性质组织。谢某某利用犯罪组织势力,对古溪赌场进行敲诈勒索、安排组织成员在贷款公司上班获取经济利益,支持组织活动。该组织实施寻衅滋事、聚众斗殴、敲诈勒索、开设赌场、故意伤害等一系列违法犯罪活动,欺压、残害群众,为非作恶,称霸一方,在古溪区域内形成了重大影响,严重破坏了经济和社会生活秩序。2018年12月20日,福建省宁德市蕉城区人民法院依法判处谢某某犯组织、领导黑社会性质组织罪、寻衅滋事罪、聚众斗殴罪、敲诈勒索罪、开设赌场罪、故意伤害罪,数罪并罚,决定执行有期徒刑13年6个月,并处没收个人全部财产。16名未被追究刑事责任的未成年人经帮教后考入中专、中职学校8人,继续在初中部学习2人,就业6人,其中2人在省运会射击项目青少年组竞赛中取得好成绩。[1]

针对黑恶势力利用未成年人实施黑恶犯罪的新情况,《未成年人意见》指出要突出打击重点,依法严惩利用未成年人实施黑恶势力犯罪的涉黑恶成年犯罪人。拉拢、招募、吸收未成年人参加黑社会性质组织,实施黑恶势力违法犯罪活动,是利用未成年人实施黑恶势力犯罪的典型行为。利用未达到刑事责任年龄的未成年人实施黑恶势力犯罪的,是利用未成年人实施黑恶势力犯罪应当从重处罚的情形之一,应当对黑社会性质组织、恶势力犯罪集团、恶势力的首要分子、骨干成员、纠集者、主犯和直接利用的成员从重处罚。切实贯彻宽严相济刑事政策,最大限度地保护涉案未成年人合法权益。坚持打击与保护并重、帮教矫正和警示教育并行、犯罪预防和综合治理并举,对涉黑恶未成年人积极开展帮教矫正和犯罪预防工作。积极参与社会综合治理,加强各职能部门的协调联动。开展法治宣传教育,为严惩利用未成年人实施

---

〔1〕 最高人民检察院:"依法严惩利用未成年人实施黑恶势力犯罪典型案例",载http://news.jcrb.com/jsxw/2020/202004/t20200423_2149757.html,最后访问时间:2021年2月21日。

黑恶势力犯罪营造良好社会氛围。

(五) 综合治理、源头治理

我们要用"治理"的思维来应对黑恶犯罪问题，而不是单维地严厉打击；要将黑恶犯罪看成一种社会变异现象，而不是单纯的犯罪问题。要用综合治理的手段治理黑恶犯罪，开展源头治理，深挖产生黑恶违法犯罪的社会根源。治理黑恶犯罪要坚持预防为主、惩防结合的原则，达到标本兼治的目的。

1. 坚持边打边治边建的方针，开展综合治理

贯彻党中央、国务院"依法严惩"的方针是我们在治理黑恶犯罪中必须坚守的底线，因此"打"是基础，不打败黑恶势力的嚣张气焰，就无法开展针对黑恶违法犯罪的综合治理。在"严打"的前提下，要开展针对黑恶违法犯罪的社会治理工作，提升治理体系和治理能力的现代化水平。"建"就是要根据黑恶违法犯罪的特点，构建有效的预防黑恶违法犯罪的长效机制。"打、治、建"三者并没有明显的先后顺序，在黑恶违法犯罪治理中，要规避两个误区：一味地严，对黑恶违法犯罪行为一味地严厉打击，妄图追求一劳永逸的效果；一味地宽，用相对轻缓的社会治理措施代替法律制裁特别是刑事制裁。"打、治、建"要同时开展、交替进行，不可偏废。

2. 加强各部门协调联动，形成扫黑除恶的合力

扫黑除恶不能仅仅依靠法院、检察院和公安机关，要和相关职能部门形成联动，加强与街道、社区等基层组织的联系，特别重视和发挥基层组织在预防未成年人涉黑涉恶违法犯罪中的重要作用。同时充分发挥民众在扫黑除恶中的积极作用，坚持依靠人民群众的路线方针，鼓励民众提供黑恶势力违法犯罪的线索。积极通过媒体特别是新媒体开展扫黑除恶法治宣传教育，为扫黑除恶营造良好的社会环境。通过上述各种举措，构建"党委领导、政府负责、社会协同、公众参与"的扫黑除恶治理主体体系，形成扫黑除恶的强大合力。[1]

(六) 坚持系统思维，构建大安全格局

黑恶违法犯罪行为严重侵害了我国国内安全中的政治安全、社会安全、经济安全等安全领域，严重危害了人民群众的人身和财产权利，对以人民安

---

[1] 参见岳平、陈伊韬："社会治理：黑恶犯罪治理进阶与启示"，载《上海大学学报（社会科学版）》2020年第5期，第82~92页。

全为宗旨的总体国家安全构成了严峻的挑战。因此，我们治理黑恶违法犯罪，不能孤立地考察黑恶违法犯罪对国家安全的危害，要有全局视野和系统思维，将扫黑除恶放在维护总体国家安全的大局中把握，构建大安全格局。

第二节 恶势力犯罪的若干争议问题

鉴于严峻的黑恶势力违法犯罪形势，2018年1月，党中央、国务院决定开展为期三年的扫黑除恶专项斗争。这次"扫黑除恶"专项斗争在部署机关、打击力度和斗争内涵等方面都是对2000年以及2006年的两次"打黑除恶"斗争的全面超越。[1]为了保障"扫黑除恶"专项斗争在法治的轨道上顺利向前推进，做到有法可依，在严厉打击黑恶犯罪的同时，充分保障人权，"两高两部"在2018年1月联合发布的《指导意见》对"扫黑除恶"专项斗争中的相关法律问题作出了全面部署。"扫黑除恶"专项斗争在《指导意见》的全面指导下，在全国范围内迅速推进，一大批涉黑涉恶分子得到了法律的严惩。但是，在公安机关、检察院和法院依法惩治黑恶势力的过程中也出现了一些法律适用问题，需要对《指导意见》进行细化规定。在这种情况下，"两高两部"在《指导意见》的基础上于2019年2月又出台了《办理恶势力案件意见》《关于办理黑恶势力刑事案件中财产处置若干问题的意见》以及《软暴力意见》，同时考虑到近年来"套路贷"现象恶劣的社会影响以及"软暴力"在"套路贷"案件中的普遍使用，"两高两部"也出台了《关于办理"套路贷"刑事案件若干问题的意见》。

和"黑"相比，"恶"的规范性和制度性更弱，[2]因此在司法实践中，恶势力刑事案件的争议更大。特别是在黑社会性质组织和恶势力犯罪集团的

---

[1] 康均心：《从打黑除恶到扫黑除恶》，载《河南警察学院学报》2018年第3期，第7~10页。

[2] "黑"和"恶"相比，更具有规范性和制度性，主要表现在涉黑犯罪在《刑法》中有明确的规定，例如，我国《刑法》中的涉黑犯罪主要有三个：组织、领导、参加黑社会性质组织罪，包庇、纵容黑社会性质组织罪，入境发展黑社会组织罪，而且《刑法》对黑社会性质组织的组织特征、行为特征、经济特征、危害特征都作出了明确的规定。虽然在《指导意见》等规范性文件中，对"恶势力"也有规定，但是，一方面，《指导意见》等文件在法律效力上是低于《刑法》的，另一方面，《刑法》中并不存在"恶势力犯罪"这一独立的罪名，恶势力实施的犯罪行为，还是要根据具体的犯罪构成进行处断。目前，"恶势力"更多还是在刑事政策的层面存在着。

区别、恶势力犯罪罪与非罪的区分标准、恶势力团伙和恶势力犯罪集团[1]的层次区分、"软暴力"在恶势力犯罪中的定位、"黑"和"恶"中不同的财产处置方法等方面，无论在理论界还是司法实践中都存在争议。本节主要以恶势力犯罪为研究对象，找出恶势力犯罪中的一些争议性问题，以期引起学术界的重视，进而进行更深入的研究。

一、从《指导意见》到《办理恶势力案件意见》的新变化

和《指导意见》相比，《办理恶势力案件意见》出现了一些新的变化，主要体现在以下几个方面：

（一）增加时效的规定

在恶势力的行为特征中，《指导意见》只是要求"经常纠集在一起，以暴力、威胁或者其他手段，在一定区域或者行业内多次实施违法犯罪活动"，对多次实施违法犯罪活动的时效并没有作出规定，虽然"经常"一词一般意味着违法犯罪活动的惯常性，但是由于没有明确的时间规定，在实践中就会产生争议，以致会出现间隔时间超过2年实施多次违法犯罪活动而被认定为恶势力的情况。笔者以为，要认定一个组织是恶势力组织，需要有2年的时效限定。

首先，如果一个违法犯罪组织实施一次违法犯罪活动后，长时间没有实施其他违法犯罪活动，从危害结果上来讲就很难在一定行业或区域造成较为恶劣的影响，而且缺乏一定连续性的违法犯罪活动也很难体现违法犯罪活动的组织性，而组织性恰恰是恶势力犯罪和个人犯罪以及普通共同犯罪的最大区别。

其次，《办理恶势力案件意见》作出了2年的时效规定，也是为了和《行政处罚法》2年的追诉时效相衔接，毕竟恶势力组织所实施的行为有一部分是行政违法行为。[2]

---

[1] 笔者认为，恶势力包括恶势力团伙和恶势力犯罪集团，恶势力犯罪集团是恶势力团伙的升级版，但是恶势力团伙并不是恶势力犯罪集团的必经阶段。笔者并不认同《办理恶势力案件意见》对恶势力和恶势力犯罪集团的分类，恶势力犯罪集团只是恶势力的一种形态，就像苹果手机和苹果Plus手机的关系一样，苹果Plus手机只是苹果手机的一种型号。恶势力应当是恶势力团伙和恶势力犯罪集团的统称，把恶势力和恶势力犯罪集团并列起来，犯了逻辑上的错误。

[2] 刘仁文、刘文钊："恶势力的概念流变及其司法认定"，载《国家检察官学院学报》2018年第6期，第29~30页。

（二）扩大自由裁量权

关于恶势力犯罪集团的成立条件，《指导意见》要求"共同故意实施三次以上恶势力惯常实施的犯罪活动或者其他犯罪活动"，在犯罪的次数上作出了明确的规定，要求"三次"以上；而《办理恶势力案件意见》在这个问题上进行了"模糊化"处理，要求"有组织地实施多次犯罪活动"，[1]各地司法机关可以对"多次"进行灵活把握，自由裁量，可以是"三次"以上，也有可能是"五次"以上。

司法机关认定恶势力团伙和恶势力犯罪集团也要具体问题具体分析，因为恶势力在我国的不同地区会有不同的表现。农村地区的恶势力主要表现为"村霸"和"宗族恶势力"，由于我国农村地区特殊的熟人社会环境，这些农村恶势力并没有严格的组织纪律，更多是靠以血缘为基础的伦理控制，呈现出松散化和扁平化状态。但是在行为方式上，由于缺乏经济的支撑和组织成员知识的匮乏，赤裸裸的"暴力性"比较突出；而在经济相对比较发达的城市地区，法治和规范意识相对较强，虽然认定恶势力并不需要经济特征，但是从实际情况来看恶势力追求经济利益的动力更强，"公司化"成了黑恶势力的一个发展趋势。和农村地区相比，城市地区司法机关的力量更强大，恶势力如果继续单纯采取"硬暴力"的形式，就更容易被司法机关发现和打击，从经济成本分析的角度出发，"软暴力"成了恶势力团伙和恶势力犯罪集团越来越青睐的手段。[2]和"硬暴力"相比，"软暴力"更加隐蔽，实施的成本也更小，实施的难度相对小一些，实施的频度也会相对大一些。因此，将恶

---

[1] 不可否认的是，司法实践中一般都将"多次"解释为"三次以上"。例如，《刑法》第293条第2款规定"纠集他人多次实施前款行为，严重破坏社会秩序的，处五年以上十年以下有期徒刑，可以并处罚金"。"两高"于2013年7月15日发布的《关于办理寻衅滋事刑事案件适用法律若干问题的解释》第6条规定"纠集他人三次以上实施寻衅滋事犯罪，未经处理的，应当依照刑法第二百九十三条第二款的规定处罚"；2013年4月23日"两高"《关于办理敲诈勒索刑事案件适用法律若干问题的解释》第3条规定"二年内敲诈勒索三次以上的，应当认定为刑法第二百七十四条规定的'多次敲诈勒索'"。2019年4月9日《软暴力意见》也规定"《关于办理寻衅滋事刑事案件适用法律若干问题的解释》第二条至第四条中的'多次'一般应当理解为二年内实施寻衅滋事行为三次以上……"笔者以为，上述司法解释对"多次"的规定是法律的明确规定，是针对具体罪名的具体规定，依据"罪刑法定原则"，不能将其类推适用到所有出现"多次"的条文中。针对条文中出现的"多次"，还是要依据治安状况、刑事政策、地区差异、具体案情等差异化把握。

[2] 刘仁文、刘文钊："恶势力的概念流变及其司法认定"，载《国家检察官学院学报》2018年第6期，第19页。

势力团伙和恶势力犯罪集团的行为特征中实施违法犯罪活动以及有组织地实施犯罪活动的次数定义为"多次",允许司法机关进行自由裁量也体现了司法的实质公平。

(三) 突出刑事政策的重要性

刑法并不是在真空中运行,规范的刑法学必须和刑事政策结合起来考虑,刑法依据刑事政策作出一定的调整,并不是对法治的背弃,恰恰是对法治运行规律的尊重。刑法和刑事政策是一对对立统一的矛盾,二者在重要性上存在此消彼长的关系,针对某些犯罪、某个时期,可能规范的刑法本身发挥的作用占据主导地位,而刑事政策只是起到有限的补充作用;而针对另一些犯罪和在一些"特别"时期,[1]刑事政策在定罪特别是量刑中的重要性会得到提升,在遵守刑法基本原则的前提下,刑事政策使刑法的规定更加鲜活,更加契合现实的需要。[2]

"依法从严惩处"是我国的刑事政策对此次扫黑除恶专项斗争定的基调,其中"依法"是前提,即扫黑除恶专项斗争不能脱离法治的轨道,司法机关要依法侦查、起诉、审判和执行,依法保障包括犯罪嫌疑人、被告人在内的当事人的合法权益,在"依法"的前提下,对黑恶分子从严惩处。和普通刑事犯罪相比,针对恶势力犯罪的刑事政策主要体现在"从严"上,《办理恶势力案件意见》对宽严相济刑事政策在恶势力犯罪中的适用作出了具体的规定。

首先,一般性的规定。针对恶势力团伙的纠集者和恶势力犯罪集团的首要分子、重要成员以及主犯要体现"严"的一面,对依法应当判重刑或者死刑的被告人,要敢于判重刑或死刑,在取保候审、不起诉、缓刑、减刑、假释、保外就医等方面严格把握,同时充分利用资格刑和财产刑,这些都体现出了宽严相济政策中从严惩处的精神。宽严相济的刑事政策也不能一味地强调严,该宽的时候也要敢于宽缓,特别是针对恶势力团伙和恶势力犯

---

[1] 针对一些常规的犯罪以及法治运行的常规时期,刑事政策的作用是有限的,可能只是局限在对一些酌定量刑情节的考量,而这些只是常规的量刑情节,也是我国宽严相济刑事政策的应有之义。但是,在一些"特别"时期,像我国历史上的"严打",以及"打黑除恶"和现在的"扫黑除恶",刑法规则就需要依据刑事政策作出一定的调整。

[2] 邱格屏:"恶势力犯罪论析",载《中共青岛市委党校青岛行政学院学报》2011年第1期,第120~123页。

罪集团中的罪责相对较小、人身危险性、主观恶性相对不大的非纠集者、非首要分子、非重要成员、非主犯，具有法定或酌定的从宽处罚情节的，要依法从宽处罚，符合缓刑适用条件的，即使是恶势力犯罪案件也要敢于适用缓刑。[1]

其次，特别的规定。我们对宽严相济的刑事政策不能机械地把握，特别是在"立功""重大立功"这个法定量刑情节上，由于立法者给予的是"可以"性的裁量性规定，而不是"应当"性的义务性规定，因此对恶势力犯罪案件要整体把握、综合考虑。恶势力犯罪集团的首要分子被认定为立功或重大立功时，对其从宽处罚会导致全案量刑明显失衡的，也不予从宽处罚；恶势力犯罪集团中除去首要分子的其他成员，在某些情况下即使不能被认定为立功，一般也要酌情对其从轻处罚；恶势力刑事案件中，犯罪嫌疑人、被告人即使认罪认罚，但是如果犯罪性质恶劣、犯罪手段残忍、社会危害严重，也可以不对其从轻处罚。可见，这些特别规定体现出了宽中有严和严中有宽，真正做到了宽和严的调和。

通过研读宽严相济刑事政策在恶势力犯罪中的规定，刑事政策并没有超出刑法的边界，扫黑除恶专项斗争一直都在法治的轨道上向前推进，我国的扫黑除恶专项斗争并不是以牺牲法治、牺牲人权保障为代价的"运动式"斗争。刑法和刑事政策在扫黑除恶专项斗争中得到了完美的结合，是宽严相济刑事政策适用于刑法的典范。[2]

（四）检察机关在办理恶势力刑事案件中的定位

检察机关作为专门的法律监督机关，在司法实践中具有承上启下的作用。在扫黑除恶专项斗争中，各个司法机关需要相互配合，同时又要相互制约和监督。检察机关在恶势力的认定过程中起了主导性的作用，这也是司法解释赋予检察机关的光荣使命。检察机关在恶势力认定过程中的主导性定位主要体现在以下方面：

1. 对公安机关的制约性

公安机关在起诉意见书中没有认定恶势力，检察机关可以在审查起诉的

---

[1] 恶势力犯罪案件的缓刑适用条件是：被告人认罪认罚或者仅参与实施少量的犯罪活动且起次要、辅助作用，并且符合缓刑适用条件。

[2] 刘宪章、孙刚："恶势力违法犯罪的司法认定"，载《中国检察官》2018年第21期，第20~22页。

过程中主动认定。检察机关如果认为认定恶势力的违法犯罪事实不清，证据不足，或者遗漏了违法犯罪事实、同案犯罪嫌疑人，检察机关可以退回公安机关补充侦查，或者自行侦查，要求公安机关协助。检察机关对公安机关的制约体现了检察机关的侦查监督职能。

2. 对法院的制约性

检察机关在起诉书中没有明确认定恶势力，法院在审判期间是不能直接在判决书、裁定书中认定恶势力的，而是必须征得检察机关的同意。在程序上，要求法院建议检察机关补充或者变更起诉，如果检察机关明示不同意，或者通过在 7 日内不回复意见的方式默示拒绝，法院不能在判决书、裁定书中主动认定恶势力。检察机关在恶势力认定方面对法院的制约也是"不告不理"原则的体现。

当然，二审法院在审理只有被告人上诉的案件时，也要遵守《刑事诉讼法》规定的"上诉不加刑"原则，不能将一审法院认定的恶势力升格为黑社会性质组织，也不能将一审未认定为恶势力的情况主动增加认定为恶势力。如果是检察机关提起了抗诉，是否可以升格认定或者增加认定，笔者认为，依据我国《刑事诉讼法》的一般规定，答案应该是肯定的。[1]

二、若干争议问题研究

（一）几个概念的对比

无论是恶势力团伙、恶势力犯罪集团，还是黑社会性质组织、黑社会组织，由他们实施的犯罪活动都有一个共同点：有组织犯罪。有组织犯罪是和个体犯罪以及简单共同犯罪相对应的犯罪形态，有组织犯罪是复杂的共同犯罪，有组织犯罪的社会危害性要大于个体犯罪和普通共同犯罪，主要原因就在于它的"有组织性"。通过聚合个人的体力和意志，形成一种裂变式的力量增长，实现对一定地区或者行业的控制、影响。黑社会组织在新中国成立后已经不存在滋生的制度基础，因此笔者主要对比"黑"和"恶"，以及恶势力团伙和恶势力犯罪集团。[2]

---

[1] 马力、李吉明、雷阳阳："检察机关在扫黑除恶工作中如何发挥检察监督职能"，载《武汉公安干部学院学报》2018 年第 4 期，第 19~21 页。

[2] 于天敏等：《黑社会性质组织犯罪理论与实务问题研究》，中国检察出版社 2010 年版，第 90~100 页。

理论界一般认为,恶势力是黑社会性质组织的雏形。从教义学的角度来讲,黑社会性质组织在恶势力组织特征、行为特征、危害特征的基础上,多了一个经济特征,经济特征凸显了黑社会性质组织的经济实力和经济诉求,黑社会性质组织的"公司化"就是明显的例证,达到"以黑护商、以商养黑"的目的,但实际上很多恶势力都有一定的经济实力,以支持恶势力组织的违法犯罪活动。虽然黑社会性质组织和恶势力的具体构成要素有重合,但是我们在区分二者时,要运用类型思维进行价值判断。具体的构成要素要进行可区分层级的对比,下面笔者将对组织特征、行为特征和危害特征进行具体论述:

1. 组织特征

恶势力犯罪和黑社会性质组织犯罪都是典型的有组织犯罪,但是二者在组织性上存在高低之分。黑社会性质组织在组织性上要求"形成较稳定的犯罪组织、人数较多,有明确的组织者、领导者,骨干成员基本固定";恶势力犯罪集团的组织性要求"3人以上组成的较为固定的犯罪组织,有明确的首要分子,骨干成员基本固定";恶势力团伙的组织性要求"一般为3人以上,纠集者相对固定,包括纠集者在内,至少应有2名相同的成员多次参与实施违法犯罪活动"。可见,三者都要求组织结构的相对稳定性,但是三者的组织结构有层级区分,呈现出由高到低的递减趋势。从人员规模上来讲,3人就可以达到恶势力团伙和恶势力犯罪集团的规模要求,但是3人是不可能形成一个黑社会性质组织的。黑社会性质组织的组织结构最为严密和稳定,恶势力犯罪集团次之,而恶势力团伙的组织结构是相对松散的,人员的搭配有一定的临时性。

2. 行为特征

从黑社会性质组织和恶势力的规范定义来看,多次实施违法犯罪活动是其共同点,只不过特意强调了黑社会性质组织和恶势力犯罪集团"有组织地"实施违法犯罪活动。我们还是要运用类型思维对三者的行为特征进行分层级分析。在行为手段上三者都是暴力、威胁或者其他手段,黑社会性质组织应该是以实施犯罪活动为主,违法活动为辅;恶势力团伙是以违法为主,犯罪活动为辅;而恶势力犯罪集团也是以犯罪为主,实施违法活动为辅。毕竟,《刑法》对黑社会性质组织和犯罪集团有明确的定位,即二者都是犯罪组织,而《办理恶势力案件意见》对恶势力团伙的定位是"尚未形成黑社会性质组织的违法犯罪组织",恶势力团伙并不排斥实施犯罪活动,但是如果其以实施犯罪活动为主业,恶势力团伙就会演化为恶势力犯罪集团。[1]

3. 危害特征

"黑"和"恶"的危害性也有层级区分,社会危害性决定了对"黑"的打击力度要强于"恶"。黑社会性质组织"通过实施违法犯罪活动,或者利用国家工作人员的包庇或者纵容,称霸一方,在一定区域或者行业内,形成非法控制或者重大影响,严重破坏经济、社会生活秩序",而对恶势力团伙危害性的表述为"为非作恶,欺压百姓,扰乱经济、社会生活秩序,造成较为恶劣的社会影响"。由于恶势力犯罪集团的犯罪性和固定性更强,和恶势力团伙相比,在危害性上,恶势力团伙和恶势力犯罪集团没有"质"的区别,只有"量"的区分。黑社会性质组织的危害性强调"称霸""非法控制或者重大影响",而恶势力并没有达到"称霸一方"的程度,只是对一定地域或者行业造成非法影响。但是,在"为非作恶、欺压百姓"上二者是一致的,只不过黑社会性质组织已经达到了"残害群众"的程度。

(二) 恶势力概念的完善

目前司法解释给出的恶势力概念,主要强调组织特征、行为特征、危害特征的具体要素,和黑社会性质组织雏形的主导形象。既然恶势力是黑社会性质组织的雏形,笔者以为要参照黑社会性质组织的概念来定义恶势力,主要从以下两个方面来完善:

1. 增加经济特征

认定黑社会性质组织要求"有组织地通过违法犯罪活动或者其他手段获取经济利益,具有一定的经济实力,以支持该组织的活动",而司法解释并没有要求认定恶势力时必须考虑经济特征。笔者认为这是和现实不相符的。通过分析扫黑除恶专项斗争以来的案例,我们可以发现,现实中并不存在不追逐经济利益,不具备一定经济实力的恶势力团伙以及恶势力犯罪集团,不逐利的单纯违法犯罪活动在市场经济的条件下是不可能组织化的。以非常常见的"套路贷"恶势力为例,虽然在恶势力的活动中会涉及寻衅滋事、非法拘

---

[1] 彭辅顺:"黑恶势力犯罪的数罪关系与处断",载《北京联合大学学报(人文社会科学版)》2018年第2期,第14~19页。

禁等经济性特征不强的违法犯罪活动，但是这些都是恶势力攫取经济利益的手段行为，而且这些"套路贷"恶势力都具备一定的经济实力，其攫取的经济利益又被用来反哺恶势力，保障恶势力扩大规模，继续实施违法犯罪活动。

2. 增加保护伞的选项

通过实施违法犯罪活动，或者利用国家工作人员的包庇或者纵容，是黑社会性质组织产生社会危害的两个手段并列选项，如果国家机关工作人员包庇、纵容黑社会性质组织，则可以按包庇、纵容黑社会性质组织罪进行刑法规制。传统观点认为，"保护伞"是黑社会性质组织特有的，但从近年来破获的恶势力犯罪案件来看，恶势力在一定地域或者行业形成较为恶劣的社会影响，一方面是通过违法犯罪活动，另一方面还可能是利用国家工作人员的包庇或者纵容。例如，2019年4月29日，衡阳市祁东县人民法院公开开庭审理了被告人郭某平贪污、受贿、恶势力"保护伞"一案。祁东县人民检察院指控被告人郭某平身为国家工作人员，为恶势力犯罪集团首要分子龙某某随意变更强制措施，查案不力，帮助恶势力逃避惩处，系恶势力"保护伞"。个别国家工作人员为恶势力充当"保护伞"，我们对恶势力特征的描述也要与时俱进。

笔者认为，黑社会性质组织和恶势力并没有质的区别，主要在"量"上存在区别。依据类型思维的模式，二者是不同的类型，这是从主导形象层面的考虑，在具体要素方面，黑社会性质组织的四个特征，恶势力也要同时具备，只不过存在"量"上的层级区分。各地司法机关可以对组织规模、违法犯罪次数、经济能力等方面制定一定的认定标准。

（三）恶势力犯罪的立法模式选择

恶势力犯罪目前还不是一个规范的刑法观念，认定为恶势力后，根据刑事政策的要求，要对恶势力成员的具体犯罪依法从严惩处。相关的司法解释规定，公安机关、检察院和法院在起诉意见书、起诉书、判决书、裁定书等法律文书的案件事实部分认定恶势力。和黑社会性质组织犯罪有刑法的明确规定性相比，恶势力犯罪需要进一步进行规范化建设，如果恶势力犯罪还停留在目前的"半规范化"状态，有学者认为，恶势力的认定只能出现在相关法律文书的事实认定部分,而不能出现在"本院认为"后面的法律适用部分,[1]这是对法律文书连贯性的破坏,在逻辑上也是行不通的。

笔者认为,对恶势力的认定只能出现在相关法律文书的案件事实部分,目前还不能出现在法律适用部分。首先,司法解释作出了明确的规定。司法解释在我国具有溯及既往的效力,[2]有学者认为,司法解释的溯及力应该具体问题具体分析,如果涉及扩大解释的司法解释应该坚持"从旧兼从轻"的原则,而涉及当然解释的司法解释以及对整个刑法体系的价值及其刑罚目的的取向所作的系统解释,则应肯定其完全的溯及力。笔者是完全赞同上述观点的,在相关法律文书的事实部分认定恶势力,是对整个刑法体系的价值及其依法从严惩处的取向所作的系统解释,是对刑法精神的整体把握,有明确的法律效力。其次,毕竟恶势力在刑法中并没有明确的规定,在相关法律文书的法律适用部分直接引用恶势力的概念,在法理上可以说是于法无据,要解决在恶势力问题上事实认定与法律适用不统一的局面,就要从立法上解决根本问题。

笔者认为,解决上述问题要采取恶势力犯罪刑法化的立法模式,应当借鉴黑社会性质组织犯罪的做法,在刑法典妨害社会管理秩序罪一章中增加具体的恶势力犯罪罪名。比照组织、领导、参加黑社会性质组织罪和包庇、纵容黑社会性质组织罪,增加组织、领导、参加恶势力组织罪和包庇、纵容恶势力组织罪,由于恶势力是我国的特有概念,就不再增加入境发展恶势力组织罪。在章节编排上,把狭义的恶势力犯罪[3]作为第295条放在《刑法》第294条之后,或者作为第294条之一,同时规定犯前两款罪又有其他犯罪行为

---

[1] 关于对恶势力的认定是否只能出现在相关法律文书的事实认定部分,在理论界和司法实务界是存在争议的。一种观点认为,司法解释明确规定恶势力的认定只能出现在相关法律文书的案件事实部分,根据罪刑法定原则,在刑事方面,没有法律规范的明确允许就是禁止。因此,恶势力的认定不能出现在法律适用部分。另一种观点认为,认定恶势力只能出现在相关法律文书的事实认定部分,不能出现在法律适用部分,是对法律文书连续性的破坏,没有足够的说服力。而司法实践中也没有统一的做法,有些法院的判决书中在"本院认为"后面的法律适用部分出现了恶势力认定的内容,例如浙江省淳安县人民法院的[2018]浙0127刑初281号刑事判决书。

[2] 最高人民法院、最高人民检察院于2001年12月7日颁布的《关于适用刑事司法解释时间效力问题的规定》第2条规定:"对于司法解释实施前发生的行为,行为时没有相关司法解释,司法解释施行后尚未处理或者正在处理的案件,依照司法解释的规定办理。"

[3] 狭义的恶势力犯罪是和广义的恶势力犯罪相对应的概念,广义的恶势力犯罪不但包括组织、领导、参加恶势力组织罪和包庇、纵容恶势力组织罪,还包括恶势力经常实施的犯罪,例如寻衅滋事罪、强迫交易罪、敲诈勒索罪、故意伤害罪等。

的,按照数罪并罚的规定处罚。支持者认为,恶势力犯罪刑法化的做法可以做到"黑"和"恶"的公平对待,也是刑法适应社会发展的体现。当然,黑社会性质犯罪和恶势力犯罪在社会危害性上毕竟还存在量的差别,在量刑上,对组织、领导、参加恶势力组织罪和包庇、纵容恶势力组织罪,要比照组织、领导、参加黑社会性质组织罪和包庇、纵容黑社会性质组织罪在整体上降档量刑,做到罪责刑的均衡,罚当其罪。[1]

(四)"软暴力"在恶势力犯罪中的定位

1. 软暴力和威胁的区分

"软暴力"是和"硬暴力"相对的概念,也是和恶势力定义中的暴力、胁迫相并列的概念,软暴力可以被当然解释为"其他手段"的一种,不排除以后会出现和软暴力相并列的"其他手段"。如何理解恶势力定义中的"暴力、胁迫"呢?笔者认为,暴力特指身体暴力、物理暴力,即对身体造成物理伤害;"威胁"是以对身体实施物理伤害相威胁,而且有当场实现的现实性。软暴力是一种精神暴力、语言暴力、聚众造势,和"威胁"有一定的相似性。特别是在行为人携带凶器实施软暴力的情况下,"威胁"和"软暴力"的界限更加模糊。例如,行为人拿着一把刀站在被害人的旁边催债,如果行为人一言不发或者叫嚣"我就是这个街区的老大,没有一个人不怕我",我们就可以推定足以使被害人产生恐惧、恐慌进而形成心理强制,这种行为就是恶势力犯罪中的"软暴力"。如果行为人拿着刀,对被害人说"如果不还钱,就白刀子进去,红刀子出来",这种具有针对性的、有当场实现可能的行为,就是暴力威胁。可见,"软暴力"和"威胁"的主要区别就是目标的针对性和威胁实现的紧迫性。不可否认,很多软暴力都是以现实的暴力作为后盾的,如果使用软暴力手段不能达成目标,就有直接使用硬暴力的可能性,被害人惧怕软暴力的真正原因也是其背后的现实暴力。但是,我们也必须承认,有些恶势力团伙或者恶势力犯罪集团出于成本等方面的考虑,只想通过软暴力实现目标,没有把硬暴力手段作为备选。在这种情况下,硬暴力作为软暴力的后盾仅仅是被害人的单方想法,是一般人标准。[2]

---

[1] 龙敏、吴加明:"恶势力犯罪惩处之困境与出路",载《犯罪研究》2012年第1期,第95~96页。

[2] 卢建平:"软暴力犯罪的现象、特征与惩治对策",载《中国刑事法杂志》2018年第3期,第88~92页。

2. 软暴力在恶势力犯罪中的独立性

在恶势力犯罪中,软暴力是不是必须依附于硬暴力?或者说,恶势力团伙和恶势力犯罪集团的行为手段是不是必须有硬暴力,单纯的软暴力能不能支撑起恶势力团伙和恶势力犯罪集团?虽然,现实中的恶势力团伙和恶势力犯罪集团的违法犯罪手段往往是混合型的,但是我们不能排除单一软暴力型的恶势力团伙和恶势力犯罪集团,特别是一些经济性比较强的恶势力团伙和恶势力犯罪集团,例如一些"套路贷"恶势力。而且,软暴力并不是恶势力犯罪的专利,一些普通的犯罪也可以把软暴力作为手段,例如不具有为非作恶、欺压百姓特征的单纯为牟取不法利益而实施的"黄、赌、毒、盗、抢、骗"等违法犯罪活动。[1]

(五)恶势力犯罪是行为人刑法的彰显

行为刑法和行为人刑法并不是完全对立的关系,可以说目前已经不存在完全关注行为人而不考虑行为的刑法了,行为人刑法也是行为刑法,只不过,行为人刑法在关注行为的同时,会特意关注行为人的特性,行为人的因素会影响到定罪和量刑。

"恶"作为一种半规范的违法犯罪形态,既体现了行为的"恶",即社会危害性,也体现了行为人的"恶",即主观恶性。"恶"是客观和主观、行为和行为人的统一。作为"恶"在刑法上的体现,恶势力犯罪也兼具行为和行为人特性。恶势力犯罪的行为人刑法倾向主要有以下体现:

1. 刑事政策上的依法从严

作为区别于普通犯罪人的恶势力犯罪人,他们是"为非作恶、欺压百姓"的"恶人"。同样的寻衅滋事犯罪行为在普通犯罪中更多是体现寻衅滋事行为的社会危害性,而在恶势力犯罪中,不但体现行为的"恶",同时也彰显了行为人特别的"恶"。行为人的"恶"体现在刑事政策上,就要求对恶势力犯罪在侦查、起诉、审判、执行各阶段都要依法从严惩处,这也是2019年4月9日四部门联合出台的司法解释的精神。

2. 除罪事由的规定

恶势力犯罪在形式上和普通刑事犯罪特别相似,特别是恶势力经常实施

---

[1] 黄京平:"黑恶势力利用'软暴力'犯罪的若干问题",载《北京联合大学学报(人文社会科学版)》2018年第2期,第5~8页。

的强迫交易、故意伤害、非法拘禁、敲诈勒索、故意毁坏财物、聚众斗殴、寻衅滋事等犯罪。要区分恶势力犯罪和普通犯罪，要使用类型思维方法，有些普通犯罪在犯罪的具体要素上和恶势力犯罪是相同的。例如，一个由三人组成、成员相对稳定的强迫卖淫团伙，在组织特征上和恶势力团伙及恶势力犯罪集团相同。在行为特征上，强迫卖淫团伙在2年内多次实施强迫卖淫违法犯罪行为，这也和恶势力的行为特征一致。而且在经济特征上，二者都是通过违法犯罪活动积聚了一定的经济实力。二者最大的区别就是在危害特征上，和普通的强迫卖淫团伙相比，强迫卖淫恶势力团伙和恶势力犯罪集团为非作恶、欺压百姓，扰乱经济、社会生活秩序，造成较为恶劣的社会影响，普通的强迫卖淫团伙影响的是被害人，强迫卖淫恶势力所影响的不但是被害人，还包括一定地域或者行业内的人民群众。因此，认定恶势力离不开价值判断，同样，恶势力的除罪事由也离不开对行为人"恶"的排除。因此，《办理恶势力案件意见》第8条第2款规定："恶势力还可能伴随实施开设赌场、组织卖淫、强迫卖淫、贩卖毒品、运输毒品、制造毒品、抢劫、抢夺、聚众扰乱社会秩序、聚众扰乱公共场所秩序、交通秩序以及聚众'打砸抢'等违法犯罪活动，但仅有前述伴随实施的违法犯罪活动，且不能认定具有为非作恶、欺压百姓特征的，一般不应认定为恶势力。"

《办理恶势力案件意见》第12条规定："全部成员或首要分子、纠集者以及其他重要成员均为未成年人、老年人、残疾人的，认定恶势力、恶势力犯罪集团时应当特别慎重。"这个规定更加明显地体现出了"行为人"因素在恶势力认定中的作用。在行为人是未成年人、老年人、残疾人的情况下，行为人的行为在客观方面已经完全符合恶势力的认定标准，基于因为行为人在年龄、身体状况方面的特殊性，司法机关在认定恶势力时需要特别谨慎，这也是一种人道主义的考虑。

恶势力犯罪中彰显的行为人刑法是一种刑罚个别化精神的体现，也是特殊预防的必然要求。但是，我们在应对恶势力犯罪时，考虑行为人因素一定要把握一个度，"行为人"因素更多应是一个出罪和减轻刑罚的因素，而不是相反。如果在恶势力犯罪的认定中过度强调"行为人"因素，就会背离行为刑法的潮流，不利于人权的保障和法治的顺利推进。

第五章 "两反转隶"及"监检"衔接理论与实践

CHAPTER 05

国家监察体制改革是我国近年来政治领域展开的一项重大改革,既重新配置了国家权力,形成了新的民主架构,又重构了国家反腐败机制,为"打老虎"和"拍苍蝇"织下密网。[1]改革的具体内容可以概括为如何整合资源、独立监察、扩大覆盖面、法纪衔接,以健全国家监督组织,形成全面覆盖国家机关及其公务人员的监察体系,取得监察良效,健全国家治理体系和治理能力现代化。

改革开放以来,检察机关反渎职侵权局和反贪污贿赂等相关检察院内设工作机构从无到有,从有到强,再到今天监察体制改革全面推开后,被监察委员会全面整合,历经28年。在探索适合我国国情的监察制度、建设中国特色社会主义法治体系等现实背景下,自2017年11月5日起,国家监察体制改革试点工作在全国各地推开。根据全国人民代表大会常务委员会《关于在全国各地推开国家监察体制改革试点工作的决定》,县级以上地方各级人民政府的监察厅(局)、预防腐败局和人民检察院查处贪污贿赂、失职渎职以及预防职务犯罪等部门的相关职能被整合至监察委员会。也就是说,检察院的内设机构反渎职侵权局和反贪污贿赂将并入监察委员会,"两反转隶"则是原人民检察院的重要职能机构反渎职侵权局和反贪污贿赂局转隶到国家监察委员会的简称。此次改革是在《宪法》第123条至第127条以及相关法律规定下的改革。在反腐败形势严峻的背景下,旧有监察制度的弊端日益凸显,为应对

---

[1] 秦前红:"困境、改革与出路:从'三驾马车'到国家监察——我国监察体系的宪制思考",载《中国法律评论》2017年第1期,第176~182页。

复杂的反腐败需求，将原行政监察上升为国家监察，将原隶属于人民检察院的反渎职侵权局和反贪污贿赂局并入国家监察机构。也就是上文提到的"两反转隶"。"两反转隶"能实现反腐败机构标本兼治的目的。"两反转隶"不只是对一线实务办案人员、领导体系、工作经费等全方位的改革，同时也是人民检察院甚至整个国家司法体制共同面临的挑战。相关的工作人员都需要更快地找准自身的定位，以适应新时代国家监察制度体系，更好地服务于"公平正义"这一终极目的。

如果说反渎职侵权局和反贪污贿赂局是"继往"，那监察委员会便是"开来"，"两反转隶"后反渎职侵权局和反贪污贿赂局留下的很多办案经验和理论也必将在反腐败体制机制的深化中被完善和再运用。

第一节　监察委职责概述

一、我国监察制度历史

监察一词在我国很久以前就存在。根据东汉文字学者许慎所著《说文解字》一书的考据："监，临下也。"其中，"监"字与现代汉语通假，有监督、察看督促、登临之意。察，原指屋檐向下覆盖。郑知同在《商议》一书中认为"察乃屋宇下覆之名"。"覆之义引申为自上而下，察义亦然。"故监察一词，就是指监督、督察。

"欲知大道，必先为史。"走进历史，能更好地理解现实。在国家监察体制改革工作进展顺利并取得有目共睹的成就的今天，回望中华民族延续两千多年的监察历史特别是新中国成立以来的监察制度的历史演进，能更好地把握当前监察体制改革的逻辑。[1]中国监察制度源远流长，有着历史悠久的监察文化，拥有丰富的内容和形式。积极借鉴我国历史上监察制度的宝贵遗产，无论是成功的经验还是失败的教训，都能为当下深化国家监察体制改革提供莫大帮助。根据社会历史时期的不同，我国的监察历史大致可以被分为古代监察制度、北洋政府和国民政府时期的监察制度以及中华人民共和国的监察制度（含中国共产党纪检制度）三部分。

---

〔1〕　张磊："在历史脉动中把握监察体制改革的逻辑——访南开大学马克思主义学院院长纪亚光"，载《中国纪检监察报》2017年8月23日。

(一) 中国古代监察制度

中国古代监察制度起源很早，在远古时代，人们法天设官，即有监察观察官吏之设。[1]在当时，监察制度是国家的主要制度之一。以御史执掌的纠举弹劾，以巡按考察为核心的监察制度，可以追溯至西周时期。秦朝创立了御史监察之制，在中央以御史府（台）为官署，以御史大夫为官长，对地方则派遣监御史。御史大夫属"三公"之一，全面掌管群臣奏章和下达皇帝诏令，并监察文武百官，并且下设御史中丞二人辅助其工作。监御史则是秦朝廷派往地方各郡执行监察任务的官吏，并参与治理地方刑狱。但不是地方官职，也不专驻地方，而是隶属于御史台，直接听命于御史大夫和御史中丞。此时的御史监察制度尚处于初创阶段，其御史大夫、御史中丞及其他御史虽领有监察之责，辅助皇帝监察百官，但仍负有其他行政事务，还不是专职的监察官员。[2]即使这样，御史监察百官还是构成了中国古代政治制度和司法制度的一大特色。

汉朝的监察机关为御史台，也曾叫御史大夫寺、宪台。汉御史府有御史大夫、御史中丞。公元前1年，御史大夫改为大司空，不再执掌监察职能，"中丞出外为首御史台主"，监察御史分别监察中央和地方官吏。

唐朝在中国古代监察制度史上可以说是改革监察制度最为频繁的朝代之一，当然也是最为完备的朝代，经历了公元662年到782年的一系列改革。唐代御史的主要职责有五：其一，推案狱讼；其二，劾奏犯罪；其三，狱察内外；其四，监督决囚；其五，监察录囚。此五项职责，是其代替皇帝，临制百官，维护皇权的主要方式和手段。[3]

清初，监察沿明制，仍设都察院，在顺治元年（1644年），改都察院原主管丞政为左都御史、参政为左副都御史。左都御史和左副都御史均为都察院长官。在监察体系中，六科给事中及十五道监察御史具有重要地位。六科给事中隶属于都察院，官品不高但权力很大。[4]同时，府县的长官也有责任监察所属，并直接对督抚负责。总督与巡抚之间也有责任互相监督。总之，清朝的监察制度已相当成熟。

---

[1] 杨鸿年、欧阳鑫：《中国政制史》，安徽教育出版社1989年版，第119页。
[2] 曾宪义主编：《中国法制史》，北京大学出版社、高等教育出版社2000年版，第93页。
[3] 杨鸿年、欧阳鑫：《中国政制史》，安徽教育出版社1989年版，第177页。
[4] 参见张晋藩：《中国法制史》，商务印书馆2010年版，第340~343页。

自秦朝御史制度，历经三国两晋南北朝和唐代的发展，至宋元明清时期趋于完备，形成了一套自上而下的独立于行政权的监察体系，对所在时代的政治权力运行起到了一定的规范和约束作用。[1]

(二) 北洋政府和国民政府时期的监察制度

1911年辛亥革命胜利后，国家机构和政治制度仿照西方，不设统一和独立的监察机构，由议会兼掌监察。[2]众所周知，议会的主要职责在立法，这种体制有陷立法机关于政治漩涡之嫌。故孙中山提倡"五权宪法"，北洋政府设平政院，主管监察，直隶大总统，为五院宪法中的独立一院，同时行使行政法院的职能，负责行政案件的审判。

国民政府初期，设立监察委员会，监察在党内任职和在政府任职的国民党员的违法失职行为。1931年，依照孙中山"五权宪法"组建的监察院成立。监察院为中华民国的最高监察机关，行使弹劾、纠举、建议、监试、审计、调查等权力。[3]1945年抗战胜利后，国民政府开始"行宪"，之后在监察院设立10个委员会。监察院沿袭古代御史分巡的做法，将各地监察使署改为监察员行署，监察使改为监察委员，代表中央政府行使监察权。但由于整个国民党政府的腐败，这种监察体制也只能"望腐兴叹"，无可奈何。

(三) 中华人民共和国的监察制度（含中国共产党纪检制度）

中华人民共和国监察制度是在新民主主义革命时期中国共产党创立的监察制度的基础上建立、发展和逐步完善起来的，故了解中华人民共和国的监察制度必须结合中国共产党的纪检制度全面看待。为方便理清时间脉络，本章将按两部分介绍，即新中国成立前（1921年至1949年）和新中国成立后（1949年至今）。

新中国成立前，1921年，中国共产党成立。党的一大通过了党的第一个纲领，其中提到"地方执行委员会的财政、活动和政策，必须接受中共中央执行委员会的监督"。1922年，党的二大制定了党的第一个党章，专门设置了"纪律"一章。1927年，党的五大第一次选举产生了党内维护和执行纪律的

---

[1] 袁曙宏："深化国家监察体制改革的四重意义"，载《中国纪检监察》2018年第5期，第14~17页。

[2] 参见韦庆远、柏桦编著：《中国政治制度史》（第3版），中国人民大学出版社2011年版，第382页。

[3] 姜明安：《监察工作理论与实务》，中国法制出版社2018年版，第189页。

专门机关——中央监察委员会,这是我党历史上首次设立纪律检查机构。[1]同年6月,中共中央政治局通过《中国共产党第三次修正章程决案》。[2]该决议专章设定了监察委员会,对党初期设立监察委员会的目的、职权和地位均有较为明确的认识。但由于是首次设立缺乏经验,对具体职权没有明确规定,另一方面也是由于当时革命低潮的社会背景。因而,中央监察委员会未能全面开展活动和履行职责。尽管如此,还是在客观上为以后的纪检工作的发展奠定了基础。[3]1928年,中共六大通过的党章专设了"党的纪律"一章,原"监察委员会"一章改为"审查委员会"。1938年,中共六届六中全会《关于各级党委暂行组织机构的决定》规定"由各中央局决定,在区党委之下,得设监察委员会",[4]并对监察委员会的产生、职权等作出了具体规定。1945年6月,中共七大党章专设"党的监督机关"一章,[5]明确规定了党的监察机关的产生方式、任务、职权与领导体制。

中华人民共和国成立后,1949年9月29日,中国人民政治协商会议第一届全体会议通过的《中国人民政治协商会议共同纲领》《政府组织法》规定,政务院设人民监察委员会。人民监察委员会负责监察政府机关和公务人员是否履行其职责。1952年2月,中共中央发布的《关于加强纪律检查工作的指示》规定:"各级党委的纪律检查委员会与各级人民监察委员会可酌情实行合署办公。"到1952年底,中央到地方的国家行政监察制度初步形成。1954年9月,国家机构调整,人民监察委员会改为监察部,负责维护国家纪律,贯彻政策法令,保护国家财产。1958年到1959年初,全国大部分省(市)又实施党政监察机构合署办公或合并。[6]1959年监察部被撤销,党的监察机关既管党的纪律监督又管政纪监察。[7]

---

[1] 参见王谦:"中共第一个中央级纪检机构诞生始末",载《文史精华》2008年第6期,第11~13页。

[2] 中央档案馆编:《中共中央文件选集》(第3册),中共中央党校出版社1989年版,第151~152页。

[3] 姜明安:《监察工作理论与实务》,中国法制出版社2018年版,第193~195页。

[4] 参见中央档案馆编:《中共中央文件选集》(第11册),中共中央党校出版社1991年版。

[5] 参见中央档案馆编:《中共中央文件选集》(第15册),中共中央党校出版社1991年版。

[6] 彭勃:"关于建国以来监察体制的探索与实践",载《当代中国史研究》1995年第1期,第14~22页。

[7] 参见刘晓峰:"新中国成立以来我国监察制度发展历程、演进趋势及改革目标",载《社会主义研究》2018年第2期,第77~85页。

1949年10月，隶属于中央人民政府委员会的最高人民检察署成立，但由于缺乏专业人才，因此在反腐过程中起到的作用较小。1954年，最高人民检察院成立，根据工作需要设置了一般监督厅，负责反贪污贿赂和反渎职侵权两项工作。1962年最高人民检察院机构调整，其中三厅负责查处严重违法乱纪行为。[1]

1966年至1976年，纪检监察制度被废止，国家检察机关也遭受重创。

1977年8月，中共十一大新的党章重新规定设置了纪律检查委员会。但党和国家纪检监察制度真正的转变始于1978年12月党的十一届三中全会。

改革开放之后，在党的纪检制度恢复的同时，行政监察部门也开始恢复重建。1986年底，国家决定恢复行政监察体制。1987年，监察部成立，监察部的主要职责是监督检查国务院部门及其工作人员、省级政府的主要负责人和中央直属企事业单位中国家行政机关任命的领导干部贯彻执行国家法律、法规和政策以及决定、命令的情况以及相关控告申诉等。[2]1978年3月5日，五届人大一次会议表决通过的《宪法》，恢复设置规定人民检察院，从而扭转了1975年《宪法》"检察机关的职权由各级公安机关行使"的局面，使新中国的检察制度得到了宪法上的拨乱反正。[3]为落实宪法，加快检察机关的恢复重建，1978年5月24日，中共中央发布《关于重新设置人民检察院有关事项通知》。在中共中央和地方各级党委的关怀和支持下，各级检察院组建工作进展顺利。1979年《人民检察院组织法》在《宪法》的统领下规定了我国人民检察院实行五级制，即最高人民检察院；省、自治区、直辖市人民检察院；省、自治区、直辖市人民检察院分院；自治州和省辖市人民检察院；县、市、自治县、市辖区人民检察院。同时设立中国人民解放军军事检察院和全国铁路运输检察院等专门人民检察院。1982年9月，最高人民检察院对有关厅、室机构设置进行了调整，确定设一厅（负责原刑事检察厅业务）、二厅（负责原法纪检察厅和经济检察厅业务）、三厅（负责原监所检察厅业务）、信访厅、研究室、人事厅、办公厅、机关党委办公室。1989年，最高人民检察院将原经济检察厅更名为贪污贿赂检察厅，职能不变，同年广东省试点成立了全国

---

[1] 王松苗、王丽丽："检察机关内设机构的风雨变迁：对高检院24个职能部门历史沿革的初步梳理"，载《检察日报》2009年10月12日。

[2] 姜明安：《监察工作理论与实务》，中国法制出版社2018年版，第201页。

[3] 孙谦主编：《人民检察制度的历史变迁》，中国检察出版社2011年版，第390~391页。

首个人民检察院反贪污贿赂工作局。[1]

1990年,国务院发布了首个相关行政法规,即《行政监察条例》,从此行政监察工作有法可依。1995年,贪污贿赂检察厅更名为反贪污贿赂总局。1997年出台了《行政监察法》,推动监察工作的进一步法治化。2000年2月,法纪检察厅更名为渎职侵权检察厅。2005年,中共中央印发《建立健全教育、制度、监督并重的惩治和预防腐败体系实施纲要》,确立了"标本兼治、综合治理、惩防并举、注重预防"的反腐倡廉工作方针。同年更名地方检察院渎职侵权检察机构为反渎职侵权局。2007年,国家预防腐败局成立,隶属于国务院。2010年,第十一届全国人大常委会第十五次会议对《行政监察法》进行了部分内容的修改,进一步明确了监察对象、监察方式和对派驻机构的统一管理等内容。

2012年11月,随着中共十八大的召开,中国纪检监察制度的改革发展进入新时代。在以习近平同志为核心的党中央的坚强领导下,纪检监察工作砥砺奋进,取得历史性成就,铸成反腐败压倒性态势、迎来党内政治生活气象更新的辉煌成就而彪炳史册。[2]2013年11月,党的十八届三中全会召开,全会通过《中共中央关于全面深化改革若干重大问题的决定》,专门就加强反腐败体制机制创新和制度保障作出了五个方面的规定。其一,加强党的领导;其二,落实切实可行的责任追究制度;其三,推动党的纪律检查工作双重领导体制具体化、程序化、制度化,强化上级纪委对下级纪委的领导;其四,全面落实中央纪委向中央一级党和国家机关派驻纪检机构;其五,健全反腐倡廉的法规制度体系。2014年,中央在成立全面深化改革领导小组的同时,设置纪律检查体制改革专项小组。纪检监察室总数由原来的8个增加到12个。2015年,十八届中纪委第五次会议提出对各级纪委的"七项要求"。2016年11月,中共中央办公厅印发《关于在北京市、山西省、浙江省开展国家监察体制改革试点方案》,国家监察体制改革试点渐次铺开。2017年10月,中共中央决定结合北京市、山西省、浙江省的改革试点工作经验在全国进行改革试点。2018年3月20日,第十三届全国人民代表大会第一次会议正式通

---

[1] 郑博超:"反贪局挂牌,反腐步入正规化",载《检察日报》2012年1月9日。
[2] 张国栋:"推动全面从严管党治党的重要一招:党的十八大以来纪律检查和国家监察体制改革综述",载《中国纪检监察》2017年第20期,第49~51页。

过了《监察法》，并于同日公布，该法自公布之日起施行。2018年初召开的全国各省、市、县人民代表大会上产生了三级监察委员会，整合反腐败资源力量，完成相关机构、职能、人员转隶，明确监察委员会职能职责，赋予惩治腐败、调查职务违法犯罪行为的手段，建立与执法机关、司法机关的协调衔接机制。

二、"两反转隶"前的监察构造困境

新中国成立初期就成立了政务院监察委员会，随后演化为国务院监察部。[1]"两反转隶"前行政体系内不仅成立了监察部，还成立了审计署、预防腐败局等机构，中国共产党纪律检查机关，检察机关内部也成立了反贪污贿赂局、反渎职侵权局等，共同组成了监察反腐体系。1966年至1976年，纪检监察制度被废除，国家检察制度遇到严重破坏。改革开放之后到"两反转隶"前这段时间是我国纪检监察机关恢复重建并不断探索科学运行体制机制以求强化反腐实效的阶段。这一时期，我国的反腐职能被分解为三个部分，分别由中国共产党纪律检查机关、政府监察机关以及国家司法机关行使，形成了"三驾马车"的纪检监察体制。[2]依据社会主义监督原则和宪法有关规定，"两反转隶"前我国长期以来形成了以人大监督为核心的国家监督体系，"一府两院"对人大负责、受人大监督，人大是国家权力机关和监督机关，人民法院是司法审判机关，检察院派生出了职务犯罪侦查、起诉权，行政权派生出行政监察、行政复议监督和审计监督；执政党有监督国家的职能，党纪委则承担党内纪律审查职能，人民政协进行民主监督；各民主党派、社会团体、新闻媒体和人民群众均有监督权。这套体系被概括为"三驾马车"模式：纪委为主导、检察院为保障、政府监察机关为补充，三轨并行、相对独立、分工运作、协作配合。[3]我们可以看到：一方面，"两反转隶"前国家的纪检监察制度在党内以及国家层面都得到了明显发展，在反腐败方面发挥了不可忽视的重要作用；另一方面，这种"三驾马车"的反腐结构也产生了很多的问题，如监察对象范围不足、反腐力量分散、纪检机关与司法机关交接不畅等，

---

〔1〕 韩大元："论国家监察体制改革中的若干宪法问题"，载《法学评论》2017年第3期，第11~22页。

〔2〕 刘长秋、史聪："新中国成立70年来我国纪检监察机关构建的经验与启示"，载《理论与改革》2019年第6期，第66~81页。

〔3〕 秦前红等：《国家监察制度改革研究》，法律出版社2018年版，第3页。

第五章 "两反转隶"及"监检"衔接理论与实践

以致出现了"九龙治水而水不治"的尴尬与困境。

"两反转隶"前我国监察体制存在的主要困境可被归纳为：同体监督乏力，异体监督薄弱，监察资源分散，监察对象难以周延。[1]

(一) 行政监察同体监督导致效率低下、人员冗杂、监督乏力

隶属于政府的相关行政监察机关依据《行政监察法》对同级政府行使监督职能。根据《宪法》的相关规定，行政机关为权力机关——执行机关。因此，行政监察的"全覆盖"必然走不出行政系统，从法理上无依据去监察国家立法机关以及国家司法机关，当然就难以顾及全部国家机关及其公职人员。行政监察的工作模式多为派出监察专员，此模式的明显缺点是成本高、效率低。而同体监督的最大缺陷在于决策权、执行权、监督权合为一体。在这种监察体制下，我们只能寄希望于我们的官员全是品德良好的真君子，即使果真全是真君子，也难保证权力一定不被滥用。公权力本身值得敬畏，公权力机关值得防备。实践中，大多贪腐官员刚上任时并非无德，而是有大量不足为外人道的复杂因素。《宪法》规定人民代表大会产生行政机关，如果再让行政机关去监察人民代表大会无异于"小弟监督大哥"。这种"小弟监督大哥"的模式难以保障监督的力度，必然会导致监察乏力。

(二) 检察同体监督导致司法公信力减弱

检察机关同时拥有职务犯罪预防、侦查、起诉和监督多种权力。其侦查监督本质还是自我监督、同体监督，而检察监督模式无法回答检察机关对自身行使侦查权如何实现有效监督的问题，[2]不足以预防刑讯逼供的发生。上级检察院的监督分为：一种是侦查过程中审查批准逮捕；另一种是作为侦查机关，成为被实施侵权行为的被控告机关，但在检侦一体化背景下几乎难以公平公正，因此必然导致司法公信力下降。

(三) 异体监察受"人财"限制导致：流于形式

异体监察除了执政党的监督外，主要有权力机关的监督、人民检察院的法律监督和人民法院的司法审判监督[3]等。首先，权力机关的工作方式主要

---

[1] 秦前红等：《国家监察制度改革研究》，法律出版社2018年版，第5~6页。

[2] 刘计划："侦查监督制度的中国模式及其改革"，载《中国法学》2014年第1期，第243~265页。

[3] 湛中乐："三个层面构建科学的行政检察监督体系"，载《人民检察》2015年第2期，第49~50页。

是会议形式,且财政受制于政府,因此权力机关的监督很难取得满意的监督效果。其次,就人民法院和人民检察院而言,人事任免权虽属于人民代表大会但在实践当中受到政府的干扰极大,且诉讼费直接交予政府财政部门,薪酬福利由政府支出。除职务犯罪侦查权外,检察机关的其他监督并无强制力,人民法院对于不履行生效判决的行政主体作出的处罚更是无法形成威慑力。

(四)党纪国法衔接阻碍,"双规"合法难证

当前,我国以党纪委为中心的监察体系,本质问题在于党的纪律审查和国家法律的衔接障碍,其表现为难以论证"双规"这一普遍存在的党纪审查手段的合法性。在处置具体问题环节上,党纪党规和国家法律之间还存在"缝隙过大"、衔接出现断层、权利界定界限不明的现象。这种情况的出现会导致执纪执法困难,陷入"两头不靠"的尴尬。此外,党纪总体上比较重视"实体上"的规定而忽视了程序性和保障性方面的规定。[1]党员干部职务犯罪的司法程序通常以党内纪检为前置。制度困境在于,职务犯罪案件进入侦查起诉阶段,贪腐人员情绪逐渐稳定,很难再取得有较大价值的犯罪证据;大量前期取得的证据本身有极大价值,却因"双规"期间采取过特殊手段被纳入非法证据予以排除。"双规"措施合法化不仅可以降低职务犯罪侦查工作难度,亦可从法律层面规范"双规"操作技术,避免地方纪检工作粗暴等问题。[2]

(五)监察机构资源分散,对象难以周延

此前,我国"三驾马车"的监察模式将监察权人为地分为了看似互相协作,实则相对独立的三部分,从局部出发分析,三者分属不同系统、各自为政,边界不清、职能重叠;从整体视角分析,由于执法方式和执法标准差异,缺乏统一指挥,三者难以形成稳定、高效的衔接机制,监察合力难聚、反腐实效难成。党内纪检委的纪律审查难以覆盖党外公务员;行政监察工作的"全覆盖"走不出行政系统;检察院司法检察以党内纪检为前置,且限于现实因素难以发挥应有作用。当"每驾马车"都定位模糊、难以周延,三者又缺乏统一指挥和稳定、高效的衔接制度时,必然会出现"九龙治水而水不治"的尴尬与困境,然而却要求三者合力全面覆盖国家机关及其公务员,以达监

---

〔1〕参见程同顺、陈永国:"党纪与国法衔接协同实现路径的思考",载《长白学刊》2016年第5期,第1~6页。

〔2〕秦前红:"困境、改革与出路:从'三驾马车'到国家监察——我国监察体系的宪制思考",载《中国法律评论》2017年第1期,第176~182页。

察良效,何其难也。

三、"两反转隶"的时代意义

回望中国共产党和中华人民共和国乃至整个中华民族的发展历史,纪检监察向来是维护党规国法以推进和强化党政建设的重要保障。"两反转隶"改革作为国家监察制度的顶层设计的一部分,问题导向是其改革的动力源。改革进入攻坚期和深水区阶段后,当现行监察体制、监督体制与新时代中国特色社会主义监察工作发展的目标不相适应时,着力解决当前存在的突出问题是"两反转隶"改革的最大时代意义。

(一)"两反转隶"是建设新时代中国特色社会主义监督体系的关键之举

党的十九大报告中,习近平总书记指出:"构建党统一指挥、全面覆盖、权威高效的监督体系,把党内监督同国家机关监督、民主监督、司法监督、群众监督、舆论监督贯通起来,增强监督合力。"[1]这一论述清晰地表明,建设新时代中国特色社会主义监察体系的根本目的是形成党内监督与党外监督相结合,纪检监督与国家监察相结合,专门监督与群众监督相结合,党纪监督与法律监督相结合的"四位一体"监督格局。[2]众所周知,我国是一个典型的"党建国家和党治国家",[3]在长期的监察工作发展中,党的纪检部门、行政监察机关、检察侦查机关、预防腐败机关、审计部门等都负有反腐职责,多个机构各自承担体系的监督反腐职责,制度上没有有效的连接纽带,易造成各部门各自为政,监督乏力。"两反转隶"能够有效回应这个时代问题,充分整合人力、物力等监督资源,从根本上解决监督效力低下、人员冗繁、监督乏力、资源分散等问题,探索出一套行之有效的权力制约监督体系,不断健全中国特色监察体系,持续完善权力运行制约监督体系,从而开启国家治理体系和治理能力现代化建设的时代新局面。

(二)"两反转隶"是新时代反腐所必需的现实策略

新时代下,中国主动顺应世界反腐潮流,深入开展国家监察体制改革,

---

[1] 若蕤、姜洁:"问题导向 立行立改",载《人民日报》2014年7月11日。
[2] 吴建雄:"国家监察体制改革与新时代中国特色社会主义监督体系构建",载《统一战线学研究》2018年第1期,第48~58页。
[3] 林尚立:"中国反腐败体系的构建及其框架",载《河南大学学报(社会科学版)》2010年第1期,第1~3页。

反腐工作的重心由治标转向了治本。但改革开放以来，我国公共生活中一直存在一个值得深思的普遍现象：一方面，规范公权力的法律规范越来越多；另一方面，公权失范现象并未随之减少。[1]腐败依旧是我党面临的最大威胁，反腐败面临的最大困境是反腐败机构各自为战的反腐职能使反腐败陷入了"机构职能分散、形不成合力"，从而不能从根本上解决腐败问题。制度治党是中国共产党取得历史性成就行稳致远的重要原因，将制度建设贯穿于反腐败工作的全过程，关键在于解决现行监察制度中存在的问题，构建党中央统一领导的权威高效的监察体系。基于此，为了从根本上解决腐败问题，党的十八大报告提出"要坚持中国特色反腐倡廉道路，坚持标本兼治、综合治理、惩防并举、注重预防方针，全面推进惩治和预防腐败体系建设，做到干部清正、政府清廉、政治清明"。[2]"两反转隶"改革后，可以整合反腐资源，原隶属人民检察院的反贪污贿赂局、反渎职侵权局到国家监察委员会，构建出党统一指挥、全面覆盖、权威高效的反腐败体系。这有利于新时代监察体制的结构性改革和功能性改革的压力，是超越体制困境的现实策略，实现对行使公权力公职人员监察的全覆盖。

"两反转隶"是党和国家反腐败斗争进程中具有里程碑意义的创新之举，是以习近平同志为核心的党中央紧密把握新时代要求、坚持问题导向，作出的深化国家监察体制改革的重大决策，是"事关全局的重大政治改革"。

（三）"两反转隶"是破解新时代全面深化政治体制改革难题的切入口

政治体制改革是一项整体性工程，涉及各个方面的改革，其中核心的问题是权力结构、权力关系和权力配置。[3]从权力结构层面来看，政治体制改革旨在改变权力过于集中的状况，国家监察体制改革属于政治体制改革的重要内容，"两反转隶"属于国家监察体制改革的重要组成部分，涉及重构国家权力制约监督体系，直接影响着我国政治格局的变迁。2018年3月20日，《监察法》正式实施。3月23日，国家监察委员会正式挂牌。监察委员会同纪律检查委员会合署办公，实行一套工作机构、两个机关名称，简称中央纪

---

〔1〕 程竹汝："论政治体制改革的重点与国家治理体系现代化"，载《上海行政学院学报》2014年第2期，第55~61页。

〔2〕 刘长秋、史聪："新中国成立70年来我国纪检监察机关构建的经验与启示"，载《理论与改革》2019年第6期，第66~81页。

〔3〕 李辉山："国家监察体制改革的逻辑意蕴"，载《廉政文化研究》2018年第5期，第31~37页。

委国家监委、各级纪委监委、纪检监察工委、派驻纪检监察组，统称纪检监察机关。[1]"两反转隶"后，国家监察委员会和地方各级监察委员会，成为专门行使监察权、履行监督执纪职责的独立监督组织，这一改革形成了国家政权结构的新形态，体现出了组织结构的完善、功能的有效发挥和资源的合理运用，有利于实现制度效益最大化，完善国家权力制约体制。

第二节 "监检"业务衔接的理论与实践困境

监察机关和检察机关作为反腐败斗争的重要力量，在惩治贪腐问题时二者的协同联动作用的充分发挥对于构建不敢腐、不能腐、不想腐的长效反腐机制具有重大意义。"两反转隶"后，伴随着监察体制改革的不断推进，监察机关与检察机关的职能分工都有了比较大的调整。《监察法》的颁布明确了监察委员会监督、调查、处置的职能定位，其第11条明确规定监察委员会对涉嫌贪污贿赂、滥用职权、玩忽职守、权力寻租、利益输送、徇私舞弊以及浪费国家资财等职务违法和职务犯罪进行调查，对涉嫌职务犯罪的，将调查结果移送人民检察院依法审查、提起公诉。同时，监察制度的改革也使得检察机关改变了以往侦查与起诉集中于一身的职能定位，将职务犯罪的侦查权转归于监察机关享有，检察机关专注于刑事追诉与法律监督的职能主业。二者的职能定位的调整决定了监检业务衔接表现在两个方面：一方面，对职务犯罪刑事追诉方面的衔接，主要包括保障因职务犯罪被调查完结的监察案件向刑事司法案件顺利过渡的相关程序、在案件移送后紧接的对证据材料、调查程序进行司法审查的运行机制以及规范整个协调衔接程序，使职务犯罪行为得到应有的制裁的一系列方法、规则。另一方面，还包括对于两者在执法、司法中遇到的"瓶颈"困难如何给予各自职权范围内的有力支持或监督制约等工作层面的衔接，如通报备案、提前介入、联合会议等。总结来说，案件移送、审查起诉程序为中央主线，证据适用、调查监督、司法审查、提前介入、通报备案等制度及规范为辅助填充，最终组合成监察委员会与检察机关职能衔接的运作系统。

---

[1] 周伟："试论新时代纪检监察机关的职责"，载《中国延安干部学院学报》2020年第3期，第25~34页。

探究监检衔接的重大意义是扫清监检打击职务犯罪合力的藩篱与路径障碍，畅通监检协同打击职务犯罪的路径，使得监察机关所作的职务犯罪调查成果更好地为检察机关所运用，提升职务犯罪案件公诉质量与效果，从而通过法律的途径合理合法地对职务犯罪人施以相应的刑罚处罚，提升我国惩治贪腐案件的法治化水平。虽然监察体制改革已经取得了很大成果，但是任何事情都不是一蹴而就的，"两反转隶"后我国在监检衔接方面虽然已经有部分相关的法律规定，但仍然不够完善，在监检业务衔接方面仍然缺少很多具体的法律规定，职能边界上的混同与模糊使得检察机关与监察机关在职务犯罪案件的实践操作衔接合作方面遭遇了很大的路径障碍。因而在检察机关消除职务犯罪案件侦查权后，在惩治贪腐案件的过程中应立足于刑事公诉和法律监督职能的主业，探索与监察机关业务衔接过程中的理论与实践困境，积极加强与监察机关在职务犯罪过程中的业务衔接能力，打破路径障碍，使得监检衔接更加高效化、规范化、法治化，推进我国的反腐败能力现代化。

一、监检业务衔接之现状

（一）监检业务衔接之立法现状

监检业务衔接的立法现状可以从横向与纵向两个角度去看。

1. 从横向角度考证监检衔接的立法现状

从横向角度（即国家法律层面的立法衔接规定与最高人民检察院、国家安全委员会制定的规范性文件对于监检业务衔接的规定）去考证。在国家法律层面的衔接主要是指《监察法》与《刑事诉讼法》中对监检业务衔接方面的规定，可以发现《监察法》和《刑事诉讼法》对监检业务的衔接主要体现在线索移送、案件移送、审查起诉、强制措施变更、移送证据适用等方面。譬如，规定了监察机关通过调查取得的证据（如物证、书证、视听资料等），在案件移送后，检察机关可作诉讼中的证据使用等。依照《监察法》，监察委员会在工作中需要协助的，有关机关和单位应当根据监察机关的要求依法予以协助。

另外，最高人民检察院与国家监察委员会或联合或单独出台的相关规范性文件对促进监检业务的衔接发挥着重要的作用。截至目前，为了促进监检业务衔接，2018年4月16日，三个"内部文件"同日颁行，即中央纪委、国家监察委颁布的《国家监察委员会管辖规定（试行）》（以下简称《管辖规定》)。该规定详细列举了国家监委管辖的六大类88个职务犯罪案件罪名，中央纪委办公厅、国家监察委办公厅、最高人民检察院办公厅联合颁布的《国家监察委员会与最高人民检察院办理职务犯罪案件工作衔接办法》（以下简称《工作衔接办法》）和《国家监察委员会移送最高人民检察院职务犯罪案件证据收集审查基本要求与案件材料移送清单》；2018年10月26日，《关于修改〈中华人民共和国刑事诉讼法〉的决定》对人民检察院的侦查职权作出了相应的调整，完善了监察与刑事诉讼的衔接机制。2018年11月24日，最高人民检察院发布《关于人民检察院立案侦查司法工作人员相关职务犯罪案件若干问题的规定》，明确了由检察机关管辖的非法拘禁罪、非法搜查罪、刑讯逼供罪等14个罪名。2019年7月，中央纪委、国家监委印发《监察机关监督执法工作规定》，其与《中国共产党纪律检查机关监督执纪工作规则》相互贯通，落实监察机关与司法机关、执法部门互相配合、互相制约的要求，明确了互涉案件的管辖原则，以及与检察机关在案件移送衔接、提前介入、退回补充调查等方面的协作机制。2019年，最高人民检察院又及时出台了《人民检察院提前介入监察委员会办理职务犯罪案件工作规定》（以下简称《提前介入规定》），从提前介入的案件类型、介入时间、介入主体，商请提前介入的程序、介入的工作方式等方面进行明确，为规范开展提前介入工作提供了标准和依据。2019年12月2日最高人民检察院第十三届检察委员会第二十八次会议通过的《人民检察院刑事诉讼规则》，结合监察体制改革的实践经验，经充分征求国家监委意见，从监察机关移送案件的证据及相关问题、指定管辖、留置措施与刑事强制措施的衔接等方面作了细化规定，确认罪认罚从宽制度可以适用于所有刑事案件，确保监察机关和检察机关办案程序无缝衔接，提高反腐败工作合力；最高人民检察院第五检察厅还组织起草了《关于人民检察院立案侦查司法工作人员相关职务犯罪案件若干问题的规定》和《人民检察院立案侦查司法工作人员相关职务犯罪案件工作细则》，从实体和程序两个方面规范新时代检察机关侦查办案工作。2021年1月，国家监察委员会与最高人民法院、最高人民检察院、公安部联合印发了《关于加强和完善监察执法与刑事司法衔接机制的意见（试行）》（以下简称《衔接机制意见》），该《衔接机制意见》共9部分69条，涉及管辖、证据、留置与刑事强制措施、移送起诉、审查起诉、审判、从宽处罚、涉案财物等方面问题。《衔接机制意见》坚持党对反腐败工作的集中统一领导，坚持问题导向和目标导向,将法法衔接工作放到推进国家治理体系和治理能力现代化的大局中谋划,聚焦国家监察体制改革后的新情况、新问题,有针对性地提出对策措施,进一步规范法法衔接关系,对于促进监察机关与司法机关、执法部门在办理职务犯罪案件中的互相配合、互相制约,健全衔接顺畅、权威高效的工作机制,推动职务犯罪案件办理工作的高质量发展具有重要意义。

2. 从纵向角度考证监检衔接立法现状

从纵向角度看,除了中央颁布的法律法规、规范性文件外,地方也在不断出台相关规范性文件,促进监检业务的衔接。如安顺市自监察体制改革以来,检察机关与监察机关联合制定出台了《安顺市监察机关与检察机关办理职务犯罪案件衔接办法(试行)》《安顺市监察机关与检察机关办理涉脱贫攻坚案件衔接制度》《关于办理职务犯罪案件强化沟通协调机制若干问题会议纪要》等规范性文件来有效促进监检衔接配合。保定市人民检察院为了进一步做好监检衔接工作,规范监察机关指定管辖案件的移送审查起诉、审判工作,确保指定管辖案件优质高效办理,主动牵头联合保定市监察委、保定市中级人民法院印发《关于进一步规范监察机关指定管辖案件移送审查起诉、审判工作规定(试行)》。该规定从目的与依据、适用范围、指定管辖的程序等方面就职务犯罪案件指定管辖工作作出了明确细致的规定,保障了监检业务的顺畅衔接。

以上这些自"两反转隶"后为促进检察机关与监察监管业务衔接而发布的法律法规与规范性文件的出台对促进法法衔接,推动监察执法与刑事司法衔接工作的规范化、法治化,促进监察执法与刑事司法的贯通融合,解决监检衔接中的实务问题,进一步规范职务犯罪案件办理工作具有重要意义。但是,我们可以看到的是:一方面,从相关立法规范的效力层级及范围看,促进监检业务衔接的相关立法以内部的规范性文件为主,效力层次较低,内容多是部门内部单方面的操作规范,在监检衔接的很多方面并未能达成共识,对相关的衔接部门缺乏规制效力;另一方面,从相关立法的内容来看,对于调查与侦查的关系、立案程序的设置、监察证据在刑事诉讼中的审查运用、留置与刑事强制措施的衔接等仍存在权力界限不清、性质不明、欠缺操作性等问题,亟待立法进一步完善。

(二) 监检业务衔接之实践现状

在中央层面,最高人民检察院第三检察厅作为最高人民检察院内设机构改革后新成立的部门，主要负责办理国家监察委员会移送职务犯罪案件的审查逮捕、审查起诉、出庭支持公诉、抗诉，开展相关审判监督以及相关案件的补充侦查。第三检察厅已多次与国家监察委员会进行了沟通，在工作层面形成共识，加强与监委会的沟通协调，探索退回补充调查、自行补充侦查和提前介入调查工作和程序，逐步建立起更为明确、严格的办案规范和程序，促进衔接配合流畅，起引领示范作用。2018年，最高人民检察院配合中央纪委、国家监委制定的《工作衔接办法》、职务犯罪案件证据收集审查基本要求与案件材料移送清单，实现了平稳对接。张军在2020年5月25日作最高人民检察院工作报告时指出：2019年，检察机关受理各级监委移送职务犯罪24 234人，同比上升50.6%。起诉18 585人，同比上升89.6%。对秦光荣、陈刚等16名原省部级干部提起公诉。国家监委办理的中管干部职务犯罪案件，最高人民检察院件件介入。2021年2月4日，最高人民检察院第三检察厅（职务犯罪检察厅）副厅长韩晓峰接受记者专访时介绍了2020年检察机关办理职务犯罪案件的总体情况：2020年1月至11月，全国检察机关受理各级监委移送职务犯罪案件18 541人，提起公诉15 052人，不起诉827人。提起公诉后，撤回起诉数、无罪判决数同比均有较大幅度下降，案件总体质量不断提升。[1]

在地方层面，2021年1月28日的《浙江省人民检察院工作报告》指出：浙江省检察机关2020年与监察机关协同推进反腐败工作，强化与监委配合制约，形成反腐合力。受理监委移送审查起诉案件859人，已起诉711人，其中厅局级13人，县级61人。落实宽严相济的刑事政策。对642人适用认罪认罚从宽制度。做好追逃追赃，扩大反腐成效。加大力度查办司法工作人员相关职务犯罪，依法自行立案查处非法拘禁、刑讯逼供、徇私枉法、私放在押人员等罪案88件124人，有力维护了司法公信力。除此之外，各个基层检察院也在着力推进与监察委员会在办理职务犯罪案件中的衔接程序，通过会议纪要、座谈会等各种形式就监检衔接问题达成共识，协商制定相关配套机制，不断提高职务犯罪办案质效。

二、监检业务衔接之实践困境

如上所述，自监察体制改革以来，监察机关和检察机关就促进监检业务

---

[1] 高斌、张梦娇："韩晓峰：强化监检衔接提升办案质效"，载《检察日报》2021年2月5日。

衔接在立法与司法实践中取得了较大的成果，但监察体制改革和检察机关的职能调整是一项系统工程，仅有现有的法律与规范性文件难以应对实践中层出不穷的新问题与新挑战，明晰现有的监检业务衔接的实践困境才能使得监察体制改革和检察机关的业务调整行稳致远。笔者拟从监检对职务犯罪案件管辖的衔接，检察机关提前介入监察机关调查的职务犯罪案件问题，强制措施的适用与程序转换、证据的收集与合理运用等方面问题角度着手，深入探寻监检业务衔接的理论与实践困境。

（一）监检业务衔接之案件管辖困境

1. 监检案件管辖的立法

管辖是启动案件处理程序的基础，监察权、侦查权、审判权等公权力均需通过管辖来获得运行的合法性。[1]管辖制度是刑事诉讼法的重要课题，对案件得以顺利进入立案调查和侦查具有重要的意义。

从管辖的性质分类来看，管辖可以被分为级别管辖和地域管辖。从地域管辖来看，根据《监察法》第16条第1款，各级监察机关按照管理权限管辖本辖区内该法第15条规定的人员所涉监察事项。从级别管辖来看，《监察法》的级别管辖实行的是分级立案制度，这种制度深受我国政府权力配置的影响。不同层级的权力部门运用的是"条条"式的权力分配方案，也就是将行使同一职责的权力部门比作一个条形图，在这一条形图上进行由上至下的权力划分。[2]《监察法》第16条规定，监察委按照干部管理权限对监察案件实行分级管辖，即被调查人的组织人事关系属于国家权力配置的哪个层级，便由这个层级所对应的监察机关进行立案管辖。上级监察机关可以办理下一级监察机关管辖范围内的监察事项，必要时也可以办理所辖各级监察机关管辖范围内的监察事项。监察机关之间对监察事项的管辖有争议的，由其共同的上级监察机关确定。第17条规定："上级监察机关可以将其所管辖的监察事项指定下级监察机关管辖，也可以将下级监察机关有管辖权的监察事项指定给其他监察机关管辖。监察机关认为所管辖的监察事项重大、复杂，需要由上级监察机关管辖的，可以报请上级监察机关管辖。"从管辖的职能分工来看，

---

〔1〕叶青、王小光："监察委员会案件管辖模式研究"，载《北方法学》2019年第4期，第24~35页。

〔2〕参见刘忠："条条与块块关系下的法院院长产生"，载《环球法律评论》2012年第1期，第107~108页。

《监察法》第 15 条对行使公权力的公职人员进行了具体规定,明确了五类具体的公职人员,并将"其他依法履行公职的人员"设置为兜底性条款。《管辖规定》第 12 条至第 17 条进一步将管辖对象范围列举为六类,包括:贪污贿赂犯罪案件、滥用职权犯罪案件、玩忽职守犯罪案件、徇私舞弊犯罪案件、公务人员在行使公权力过程中发生的重大责任事故犯罪、公务人员在行使公权力过程中发生的其他犯罪。2021 年 9 月 20 日,国家监察委员会公布了《监察法实施条例》,明确自公布之日起施行,分别对监察机关调查违法和犯罪职责作出规定,列出了职务违法的客观行为类型,列举了监察机关有权管辖的 101 个职务犯罪罪名。

《刑事诉讼法》第 19 条以及 2018 年 11 月 24 日最高人民检察院《关于人民检察院立案侦查司法工作人员相关职务犯罪案件若干问题的规定》规定检察院可以管辖 14 种司法工作人员的职务犯罪罪名。最高人民检察院于 2019 年 12 月 30 日起施行的《人民检察院刑事诉讼规则》第 13 条规定:"人民检察院在对诉讼活动实行法律监督中发现的司法工作人员利用职权实施的非法拘禁、刑讯逼供、非法搜查等侵犯公民权利、损害司法公正的犯罪,可以由人民检察院立案侦查。对于公安机关管辖的国家机关工作人员利用职权实施的重大犯罪案件,需要由人民检察院直接受理的,经省级以上人民检察院决定,可以由人民检察院立案侦查。"第 17 条第 1、2 款规定:"人民检察院办理直接受理侦查的案件,发现犯罪嫌疑人同时涉嫌监察机关管辖的职务犯罪线索的,应当及时与同级监察机关沟通。经沟通,认为全案由监察机关管辖更为适宜的,人民检察院应当将案件和相应职务犯罪线索一并移送监察机关;认为由监察机关和人民检察院分别管辖更为适宜的,人民检察院应当将监察机关管辖的相应职务犯罪线索移送监察机关,对依法由人民检察院管辖的犯罪案件继续侦查。"第 329 条规定:"监察机关移送起诉的案件,需要依照刑事诉讼法的规定指定审判管辖的,人民检察院应当在监察机关移送起诉二十日前协商同级人民法院办理指定管辖有关事宜。"

在监检关于职务犯罪衔接方面,《监察法》确立了监察为主的管辖原则。《监察法》第 34 条规定:"人民法院、人民检察院、公安机关、审计机关等国家机关在工作中发现公职人员涉嫌贪污贿赂、失职渎职等职务违法或者职务犯罪的问题线索,应当移送监察机关,由监察机关依法调查处置。被调查人既涉嫌严重职务违法或者职务犯罪,又涉嫌其他违法犯罪的,一般应当由监察机关为主调查,其他机关予以协助。"同时,为了促进监检衔接,2018年4月16日,中央纪委办公厅、国家监委办公厅、最高人民检察院办公厅国监办联合发布的《工作衔接办法》第19条规定:"国家监察委员会调查的职务犯罪案件需要在异地起诉、审判的,一般应当在移送起诉20日前,由最高人民检察院商最高人民法院办理指定管辖事宜,并由最高人民检察院向国家监察委员会通报。"第23条规定:"对于确定指定管辖的,应当综合考虑当地人民检察院、人民法院、看守所等的办案力量、办案场所以及交通等因素决定,一般应当指定人民检察院分院、州、市人民检察院审查起诉。对于一人犯数罪、共同犯罪、多个犯罪嫌疑人实施的犯罪相互关联,并案处理有利于查明案件事实和诉讼进行的,可以并案指定由同一人民检察院审查起诉。"第24条规定:"最高人民检察院作出指定管辖决定后,应当在10日内将案卷材料交由被指定的人民检察院办理。被指定的人民检察院应当重新作出强制措施决定。犯罪嫌疑人被采取监视居住、逮捕措施的,最高人民检察院应当与被指定的人民检察院办理移交犯罪嫌疑人的手续。"

2. 监检业务衔接管辖之现状与冲突探究

如上所述,现行法律法规对于检察机关与监察机关的职能分工已经规定得较为明确,其均有各自的案件管辖范围,在单一类型的职务犯罪案件中很少存在管辖争议。但是,监检衔接管辖方面仍然存在一些问题值得商榷。例如,并案管辖绝对以监察主导机制的正当性考量、《监察法》与《刑事诉讼法》关于管辖的标准不一导致的管辖错位问题,笔者拟从这几个方面对监检管辖的实践问题进行探讨。

(1)并案管辖绝对以监察主导机制的正当性考量。由于《监察法》确立了监察机关在职务犯罪案件中调查的主导制度,实践中对于关联案件即一人既涉及职务犯罪案件又涉及非职务犯罪的案件,以及具有国家工作人员身份的人与非国家工作人员身份的人共同实施的职务犯罪案件涉及的并案管辖权的规定仅有《监察法》第34条和《管辖规定》第19条的授权条款,绝对性地确立了并案管辖中以监察为主的管辖模式,没有具体操作的规范程序,对于并案管辖可能出现的问题没有进行充分的反思与考量,可能会导致滥用并案管辖的风险,影响诉讼效率,造成资源浪费。根据目前的规定,监察机关对于被调查对象的非职务犯罪具有并案管辖的权力,而且这种并案管辖是强制性的单向并案,对于监察机关管辖的案件,其他机关只能移送监察机关而无反向并案的可能。[1]但是,监察调查并非刑事强制措施,其具有很强的保密性与封闭性,由监察机关对非职务犯罪和非国家工作人员进行监察调查,会剥夺被调查人获得充分的辩护权保障的权力,对被调查人应当享有的诉讼权利产生消极影响。同时,由于监察体制改革时间尚短,监察机关人员和业务素养还不足以完全应对职务犯罪,对于非职务犯罪案件的调查更是缺乏专业素养,强行将非职务犯罪和不具有国家工作人员身份的犯罪纳入管辖范围,容易造成案件堆积,影响工作效率,降低工作质量,造成关键的时效性证据流失,严重影响后续的检察院公诉工作。

(2)监检管辖的标准不一导致的管辖错位问题。《监察法实施条例》第47条规定了地方各级监察机关所管辖的职务违法和职务犯罪案件,具有"在本辖区有重大影响的""涉及多个下级监察机关管辖的监察对象,调查难度大的""其他需要提级管辖的重大、复杂案件"以上情形的,可以依法报请上一级监察机关管辖。上级监察机关对于所辖各级监察机关管辖范围内有重大影响的案件,必要时可以依法直接调查或者组织、指挥、参与调查。因此,在监察管辖中,公职人员职级身份取代了数额、案件复杂疑难程度,成了影响管辖的主要因素。但是,在刑事诉讼法级别管辖中明确规定无期徒刑和死刑的职务犯罪案件由中级人民法院管辖,对应的必须由设区的市级人民检察院提起公诉,监察管辖与诉讼管辖的标准不一导致的管辖错位导致在司法实践中监检衔接的不畅通。职能管辖错位的原因多种多样,其危害后果也各不相同。[2]当前,对于如何防止监检管辖标准不一导致的管辖错位并未形成明确的规则,有必要讨论规制职能管辖错位的具体方案。

(二)监检业务衔接之提前介入困境

"如果职务犯罪的调查能够得到检察公诉的引导,不仅可以防止调查权蜕化为一种不受任何外部约束和控制的'法外特权',还有助于减弱因证据排除而引发的程序动荡。"[3]应当承认,在监察机关调查职务犯罪过程中确立检察引导机制,契合检察机关和监察机关在职务犯罪追诉上的共同利益,有利于保障职务犯罪调查权在法治轨道上的良性运作,符合我国高效法治反腐的制

---

[1] 谢小剑:"监察委员会刑事调查管辖制度初探",载《湖湘论坛》2019年第5期,第53~63页。
[2] 谢小剑:"刑事职能管辖错位的程序规制",载《中国法学》2021年第1期,第269~284页。
[3] 李奋飞:"职务犯罪调查中的检察引导问题研究",载《比较法研究》2019年第1期,第32页。

度初衷。检察机关提前介入监察机关的职务犯罪案件调查能确保审查起诉质量，防止程序倒流，提高追诉效率和效果，同时有利于提高监察调查质量以及巩固和扩大反腐败战果，因而具有重大意义。

1. 检察机关提前介入监察调查的立法与实践现状

检察机关介入监察机关职务犯罪案件具有明确的法律依据，《工作衔接办法》和《监察机关监督执法工作规定》都明确了检察机关提前介入职务犯罪调查的合法性。《工作衔接办法》第13条规定："最高人民检察院在收到提前介入书面通知后，应当及时指派检察官带队介入并成立工作小组。"第14条规定："工作小组应当在15日内审核案件材料，对证据标准、事实认定、案件定性及法律适用提出书面意见，对是否需要采取强制措施进行审查。书面意见应当包括提前介入工作的基本情况、审查认定的事实、定性意见、补证意见及需要研究和说明的问题等内容。"同时，为了促进监检衔接中检察机关提前介入工作的顺利开展，最高人民检察院出台了《提前介入规定》，从提前介入的案件类型、介入时间、介入主体，商请提前介入的程序、介入的工作方式等方面进行明确，为规范开展提前介入工作提供了标准和依据，对于检察机关提前介入监察机关职务调查进行了详细规定。2021年6月15日，中共中央印发了《关于加强新时代检察机关法律监督工作的意见》，明确要求完善监察机关商请检察机关派员提前介入办理职务犯罪案件工作机制。

除了在立法上完善检察机关提前介入监察机关职务犯罪案件调查外，在司法实践中，最高人民检察院和地方各级检察机关也在积极推进对监察机关的提前介入工作。检察机关提前介入监察委员会调查工作主要是对证据收集、事实认定、案件定性等提出意见和建议，确保准确适用法律。在具体介入方式上，可以通过听取监察委员会关于案件事实和证据情况的介绍、查阅案件监察文书和证据材料等方法进行，对于需要对证据合法性进行审查的，还可以提请调看讯问被调查人、询问证人同步录音录像。"目前每起中管干部职务犯罪案件检察机关均提前介入，各地职务犯罪案件提前介入工作总体开展状况良好，提前介入比例逐步提升。"[1]国家监察体制改革以来，各级监察委员会立案调查职务犯罪案件并陆续移送检察机关审查起诉。同时，各地监察委员会商请检察机关提前介入办案活动的现象也不断增加，提前介入工作已经

---

[1] 张辉、靳丽君："检察机关办理职务犯罪案件有何成效"，载《检察日报》2020年5月21日。

成为检察机关一项新的工作实践。如灵宝市人民检察院突出"三个注重"、强化监检衔接，对监委调查的所有案件均做到了提前介入，提前介入意见全部得到采纳，认定的事实和意见均被法院采信，较好实现了监委调查与检察机关刑事诉讼活动的无缝对接，在提前介入监察机关职务犯罪案件调查的过程中注重"程序保障""实体审查""质量效果"，进一步增强提前介入的规范性、精准性、时效性。监察体制改革以来，佛山市区两级监察委员会对于办理的重大、疑难、复杂职务犯罪案件主动商请检察机关提前介入，监检办案程序衔接顺畅，监察机关和检察机关办案程序的无缝衔接，大大提高了反腐败的工作合力。

2. 监检衔接提前介入之障碍及反思

虽然对于检察机关提前介入监察机关的职务犯罪案件调查已经有明确的法律依据和较大的实践成果，但从目前关于监检衔接提前介入的法律法规和规范性文件来看，关于检察机关提前介入监察机关职务犯罪案件调查的内容仅仅是原则性的规定，缺乏具体的操作流程，对于检察机关提前介入的时间、范围、方式并没有明确性的规定，并且检察机关的提前介入工作主要还是依靠监察机关的商请介入，存在着很大的被动性，不利于促进监检业务的衔接。因而，笔者拟从以上几个方面对检察机关提前介入监察机关的职务犯罪案件调查存在的障碍进行探究，从而促进检察机关提前介入监察机关职务犯罪案件调查制度的完善。

（1）提前介入案件类型与操作流程标准模糊。当下检察院介入案件的类型和范围不甚明确。2018年4月出台的《工作衔接办法》第二章对检察机关提前介入监察案件进行了规定。其第12条规定了最高人民检察院介入国家监察委员会的案件范围为重大、疑难、复杂案件。2019年修订后的《人民检察院刑事诉讼规则》第256条第2款亦规定了"商请介入"的原则。上述规范为提前介入的制度化提供了依据，但由于规定过于原则，使得实践中对其理解和适用存在一定的出入，如由于对"重大、疑难、复杂"缺乏统一的标准，使得该规定的适用十分灵活。同时，虽然最高人民检察院出台《提前介入规定》，对提前介入的案件类型、介入时间、介入主体，商请提前介入的程序、介入的工作方式等进行了明确，但该规定仅仅是最高人民检察院单方面出台的法律文件，对于监察机关并不具有约束力，且《提前介入规定》对介入案件的范围、介入案件的时间、介入案件的手段也均存在模糊与不周延之处。

《提前介入规定》第 4 条虽然对介入案件的范围进行了细化，但是第 3 款其他需要提前介入的案件的兜底条款规定很容易因监检双方职责不同而产生不同的解读，从而使提前介入的案件范围难以达成一致，致使提前介入工作难以顺利启动，不能有效开展。第 5 条规定，检察机关提前介入应当在案件进入审理阶段、调查终结移送审查起诉 15 日以前。而根据司法实践经验，监察机关审查调查部门调查终结移送给案件审理部门时，往往距离留置时间的最后期限已不足 15 日，有的只剩下四五日甚至更少。在这种情况下，监察机关仍提请检察机关提前介入，留给检察机关的介入时间并不充分，在如此仓促的情况下，难以保障提前介入的工作质量，且即使提出意见和建议，监察机关也没有充裕的时间对检察机关提出的意见进行完善补正等。如此一来，检察机关提前介入的价值和意义就不大。第 7 条规定，检察机关提前介入可以采取听取监察办案人员介绍、查阅案件文书和证据材料、调看讯问、询问同步录音录像及其他必要的工作方式。该条前 3 项对检察机关的工作方式均作出了具体的规定，而在第 4 项则用"其他必要"这样模糊的词语进行限定。在"其他必要"这类模糊词语的限定下，检察机关对什么样的情况才属于"其他必要"的情况难以把握，而碰到检察机关认为必要、监察机关认为不必要，或者监察机关认为有必要、检察机关可能认为无必要的情况又该如何处理，《提前介入规定》并没有明确具体规定，这样就可能出现一旦监察机关认为有必要，检察机关就需要提前介入的情况。[1]

（2）监察机关提前介入程度有待商榷。从目前提前介入的适用率看，检察机关提前介入监察机关对职务犯罪案件调查的适用率过高。提前介入适用率高缘于多种因素的相互作用，既是基于监察机关与检察机关查办职务犯罪案件的职责牵连性和人员转隶所形成的天然亲密性，[2]也是因为"两反转隶"后检察机关专注于强化法律监督和保障诉权实现的双重价值，适应以审判为中心的刑事诉讼制度改革的考量。但笔者认为，检察机关提前介入适用超过必要限度，有可能导致提前介入机制功能定位异化。《宪法》第 127 条第 2 款确立了监察机关与检察机关互相配合、互相制约原则。根据《监察法》

---

〔1〕 蔡健等：" 检察机关提前介入职务犯罪案件问题研究"，载《汉江师范学院学报》2019 年第 4 期，第 106~111 页。

〔2〕 吕晓刚：" 监察调查提前介入实践完善研究"，载《法学杂志》2020 年第 1 期，第 50~56 页。

与《刑事诉讼法》，我国当前形成了监察机关专司调查，检察机关负责审查起诉的职务犯罪追诉模式，二者之间以移送审查起诉为界限，已经形成了互相配合、互相制约的法定职责分工和权力配置体系。如果检察机关过度介入监察机关的职务犯罪调查：一方面，可能会有监察机关与检察机关"联合办案"的风险，检察机关因参与监察调查，在后续审查起诉阶段不愿自我否定，审查起诉程序所应当发挥的过滤功能被虚置，其造成的直接后果可能是使得检察机关又回归到之前对职务犯罪自侦自诉的局面。另一方面，可能会拖累监察调查效率，过度耗费检察资源，对于检察机关而言，案多人少矛盾愈加突出，本已捉襟见肘的办案力量如果大量投入提前介入，势必会影响其聚焦审查起诉主业，而且案案覆盖式的介入模式也不利于将有限的办案资源集中于重大疑难复杂案件，影响介入实效。

（三）监检留置程序适应与转换衔接问题研究

监察体制改革后，为了适应监察机关自身职能履行需要，依法赋予监察委员会留置的调查手段，替代了之前中国共产党纪律检查机关进行案件检查时"双规"[1]的工作手段，使得监察机关查办公务人员违纪、违法行为时剥夺被调查者人身自由的强制性措施不再依据党内法规，而是获得了国家法律的正式授权，不仅充分保障了调查行为的合法性，还使得监察机关直接通过留置程序获得证据达到法定起诉标准后可以直接移送检察机关审查起诉，改革了之前先移送检察机关立案侦查，重新固定转化证据后再移送审查起诉的繁琐程序与司法资源浪费的弊端，使得监检衔接联合打击公务人员职务犯罪案件的流程更为顺畅，极大地提高了办案效率。监察机关的留置权作为监察机关为保障调查活动的顺利进行，依法限制或剥夺被调查人人身自由的监察强制措施，[2]集专门性、独立性、权力行使强制性、主动性等特性于一体，[3]区别于刑事强制措施，因而在调查结束移送检察院审查起诉后留置程序转换如何与刑事诉讼衔接是监检衔接的重要课题。目前，监检两机关在留置程序

---

[1] "双规"：《中国共产党纪律检查机关案件检查工作条例》第28条规定，凡是知道案件情况的组织和个人都有提供证据的义务。调查组有权在规定的时间、地点就案件所涉及的问题作出说明，有关组织和个人必须如实提供证据，不得拒绝和阻挠。

[2] 熊瑛："留置概念研究——从留置性质的角度切入"，载《法治研究》2021年第1期，第79~90页。

[3] 孟穗、冯靖："监察调查与刑事诉讼的衔接问题研究"，载《河北法学》2019年第4期，第185~196页。

的适用与转换衔接流程等问题上已有相关立法规范与经验探索。监察委员会在采取留置的条件、场所、时间和相关程序等问题上虽然已经有了较为详尽的规定，但法律规范总是存在滞后性，不可能事先对所有内容都规定得尽善尽美，因而笔者拟检视现有监检留置程序衔接的相关立法和司法实践，对监检两机关存在的衔接不顺问题予以探究，以期对促进留置程序中的监检衔接有所裨益。

1. 监检留置程序适应与转换衔接之立法与司法现状

（1）监检衔接留置程序之立法规范。《监察法》第22条第1、2款规定："被调查人涉嫌贪污贿赂、失职渎职等严重职务违法或者职务犯罪，监察机关已经掌握其部分违法犯罪事实及证据，仍有重要问题需要进一步调查，并有下列情形之一的，经监察机关依法审批，可以将其留置在特定场所：（一）涉及案情重大、复杂的；（二）可能逃跑、自杀的；（三）可能串供或者伪造、隐匿、毁灭证据的；（四）可能有其他妨碍调查行为的。对涉嫌行贿犯罪或者共同职务犯罪的涉案人员，监察机关可以依照前款规定采取留置措施。"第41条第1款规定："调查人员采取讯问、询问、留置、搜查、调取、查封、扣押、勘验检查等调查措施，均应当依照规定出示证件，出具书面通知，由二人以上进行，形成笔录、报告等书面材料，并由相关人员签名、盖章。"第43条第1、2款规定："监察机关采取留置措施，应当由监察机关领导人员集体研究决定。设区的市级以下监察机关采取留置措施，应当报上一级监察机关批准。省级监察机关采取留置措施，应当报国家监察委员会备案。留置时间不得超过三个月。在特殊情况下，可以延长一次，延长时间不得超过三个月。省级以下监察机关采取留置措施的，延长留置时间应当报上一级监察机关批准。监察机关发现采取留置措施不当的，应当及时解除。"第44条第3款规定："被留置人员涉嫌犯罪移送司法机关后，被依法判处管制、拘役和有期徒刑的，留置一日折抵管制二日，折抵拘役、有期徒刑一日。"《刑事诉讼法》第170条第2款规定："对于监察机关移送起诉的已采取留置措施的案件，人民检察院应当对犯罪嫌疑人先行拘留，留置措施自动解除。人民检察院应当在拘留后的十日以内作出是否逮捕、取保候审或者监视居住的决定。在特殊情况下，决定的时间可以延长一日至四日。人民检察院决定采取强制措施的期间不计入审查起诉期限。"《人民检察院刑事诉讼规则》第142条规定："对于监察机关移送起诉的已采取留置措施的案件，人民检察院应当在受理案件后,及时对犯罪嫌疑人作出拘留决定,交公安机关执行。执行拘留后,留置措施自动解除。"第 145 条规定:"人民检察院应当自收到移送起诉的案卷材料之日起三日以内告知犯罪嫌疑人有权委托辩护人。对已经采取留置措施的,应当在执行拘留时告知。"第 146 条规定:"对于监察机关移送起诉的未采取留置措施的案件,人民检察院受理后,在审查起诉过程中根据案件情况,可以依照本规则相关规定决定是否采取逮捕、取保候审或者监视居住措施。"《工作衔接办法》第 18 条第 1 款规定:"对被调查人采取留置措施的国家监察委员会应当在正式移送起诉 10 日前书面通知最高人民检察院移送事宜。"第 22 条规定:"……国家监察委员会对被调查人的留置措施自其被检察机关采取强制措施之时自动解除。……对于正在被留置的被调查人,一般应当予以逮捕。如果犯罪嫌疑人涉嫌的罪行较轻,或者患有严重疾病、生活不能自理,是怀孕或者正在哺乳自己婴儿的妇女,不逮捕不致发生社会危险性的,可以采取取保候审或者监视居住措施。"《监察法实施条例》第 92 条规定:"监察机关调查严重职务违法或者职务犯罪,对于符合监察法第二十二条第一款规定的,经依法审批,可以对被调查人采取留置措施。监察法第二十二条第一款规定的严重职务违法,是指根据监察机关已经掌握的事实及证据,被调查人涉嫌的职务违法行为情节严重,可能被给予撤职以上政务处分;重要问题,是指对被调查人涉嫌的职务违法或者职务犯罪,在定性处置、定罪量刑等方面有重要影响的事实、情节及证据。监察法第二十二条第一款规定的已经掌握其部分违法犯罪事实及证据,是指同时具备下列情形:(一)有证据证明发生了违法犯罪事实;(二)有证据证明该违法犯罪事实是被调查人实施;(三)证明被调查人实施违法犯罪行为的证据已经查证属实。部分违法犯罪事实,既可以是单一违法犯罪行为的事实,也可以是数个违法犯罪行为中任何一个违法犯罪行为的事实。"第 93 条规定:"被调查人具有下列情形之一的,可以认定为监察法第二十二条第一款第二项所规定的可能逃跑、自杀:(一)着手准备自杀、自残或者逃跑的;(二)曾经有自杀、自残或者逃跑行为的;(三)有自杀、自残或者逃跑意图的;(四)其他可能逃跑、自杀的情形。"第 94 条规定:"被调查人具有下列情形之一的,可以认定为监察法第二十二条第一款第三项所规定的可能串供或者伪造、隐匿、毁灭证据:(一)曾经或者企图串供,伪造、隐匿、毁灭、转移证据的;(二)曾经或者企图威逼、恐吓、利诱、收买证人,干扰证人作证的;(三)有同案人或者与被调查人存在密切关联违法犯罪的涉案人员在逃，重要证据尚未收集完成的；（四）其他可能串供或者伪造、隐匿、毁灭证据的情形。"第95条规定："被调查人具有下列情形之一的，可以认定为监察法第二十二条第一款第四项所规定的可能有其他妨碍调查行为：（一）可能继续实施违法犯罪行为的；（二）有危害国家安全、公共安全等现实危险的；（三）可能对举报人、控告人、被害人、证人、鉴定人等相关人员实施打击报复的；（四）无正当理由拒不到案，严重影响调查的；（五）其他可能妨碍调查的行为。"第96条规定："对下列人员不得采取留置措施：（一）患有严重疾病、生活不能自理的；（二）怀孕或者正在哺乳自己婴儿的妇女；（三）系生活不能自理的人的唯一扶养人。上述情形消除后，根据调查需要可以对相关人员采取留置措施。"第97条规定："采取留置措施时，调查人员不得少于二人，应当向被留置人员宣布《留置决定书》，告知被留置人员权利义务，要求其在《留置决定书》上签名、捺指印。被留置人员拒绝签名、捺指印的，调查人员应当在文书上记明。"第98条规定："采取留置措施后，应当在二十四小时以内通知被留置人员所在单位和家属。当面通知的，由有关人员在《留置通知书》上签名。无法当面通知的，可以先以电话等方式通知，并通过邮寄、转交等方式送达《留置通知书》，要求有关人员在《留置通知书》上签名。因可能毁灭、伪造证据，干扰证人作证或者串供等有碍调查情形而不宜通知的，应当按规定报批，记录在案。有碍调查的情形消失后，应当立即通知被留置人员所在单位和家属。"第99条规定："县级以上监察机关需要提请公安机关协助采取留置措施的，应当按规定报批，请同级公安机关依法予以协助。提请协助时，应当出具《提请协助采取留置措施函》，列明提请协助的具体事项和建议，协助采取措施的时间、地点等内容，附《留置决定书》复印件。因保密需要，不适合在采取留置措施前向公安机关告知留置对象姓名的，可以作出说明，进行保密处理。需要提请异地公安机关协助采取留置措施的，应当按规定报批，向协作地同级监察机关出具协作函件和相关文书，由协作地监察机关提请当地公安机关依法予以协助。"第100条规定："留置过程中，应当保障被留置人员的合法权益，尊重其人格和民族习俗，保障饮食、休息和安全，提供医疗服务。"第101条规定："留置时间不得超过三个月，自向被留置人员宣布之日起算。具有下列情形之一的，经审批可以延长一次，延长时间不得超过三个月：（一）案情重大，严重危害国家利益或者公共利益的；（二）案情复杂，涉案人员多、金额巨大，涉及范围广的；（三）重要证据尚未收集完成，或者重要涉案人员尚未到案，导致违法犯罪的主要事实仍须继续调查的；（四）其他需要延长留置时间的情形。省级以下监察机关采取留置措施的，延长留置时间应当报上一级监察机关批准。延长留置时间的，应当在留置期满前向被留置人员宣布延长留置时间的决定，要求其在《延长留置时间决定书》上签名、捺指印。被留置人员拒绝签名、捺指印的，调查人员应当在文书上记明。延长留置时间的，应当通知被留置人员家属。"第 102 条规定："对被留置人员不需要继续采取留置措施的，应当按规定报批，及时解除留置。调查人员应当向被留置人员宣布解除留置措施的决定，由其在《解除留置决定书》上签名、捺指印。被留置人员拒绝签名、捺指印的，调查人员应当在文书上记明。解除留置措施的，应当及时通知被留置人员所在单位或者家属。调查人员应当与交接人办理交接手续，并由其在《解除留置通知书》上签名。无法通知或者有关人员拒绝签名的，调查人员应当在文书上记明。案件依法移送人民检察院审查起诉的，留置措施自犯罪嫌疑人被执行拘留时自动解除，不再办理解除法律手续。"第 103 条规定："留置场所应当建立健全保密、消防、医疗、餐饮及安保等安全工作责任制，制定紧急突发事件处置预案，采取安全防范措施。留置期间发生被留置人员死亡、伤残、脱逃等办案安全事故、事件的，应当及时做好处置工作。相关情况应当立即报告监察机关主要负责人，并在二十四小时以内逐级上报至国家监察委员会。"

（2）监检衔接留置程序之司法现状。重庆市人民检察院与市监委、市高级法院共同出台《关于办理职务犯罪案件加强协作配合的实施办法》《关于办理贪污贿赂刑事案件收集、审查证据工作指引》等，搭建起了职务犯罪案件办理的基本框架。仅 2018 年，该市检察院就与市监委共同召开相关会议二十余次。双方围绕《监察法》与《刑事诉讼法》的对接、留置与刑事强制措施的对接、证据的收集与采信等问题深入沟通、统一认识，有效提升了职务犯罪案件办理质效。此外，重庆市人民检察院还专门出台了《重庆市检察机关办理监察机关案件办法》，先后建立提前介入、捕诉一体化、留置措施与强制措施的对接、案件线索移送机制，完善了检察机关的办案机制，规范了办理监察机关移送案件程序和个案指导机制。鹤壁市人民检察院与监察委探索建立了"四横六纵"职务犯罪案件办理工作机制，就如何与监察机关有效衔接，保障留置措施与刑事强制措施的无缝衔接、在刑事审判的证据标准上形成共识等一系列问题进行规范。2019年11月26日，为进一步加强和规范浙江监察机关监督执法工作，推进反腐败工作法治化、规范化，新修订的《浙江省监察业务运行工作规程（试行）》和《浙江省监察留置措施操作指南（试行）》正式印发，该操作指南共计7章136条，涵盖监察范围、监察职责、监察权限、监察程序、监察管理等内容。山西省和北京市则在调查措施使用规范中明确留置措施，并形成了一系列基层监察委留置措施的流程图，图示如下。

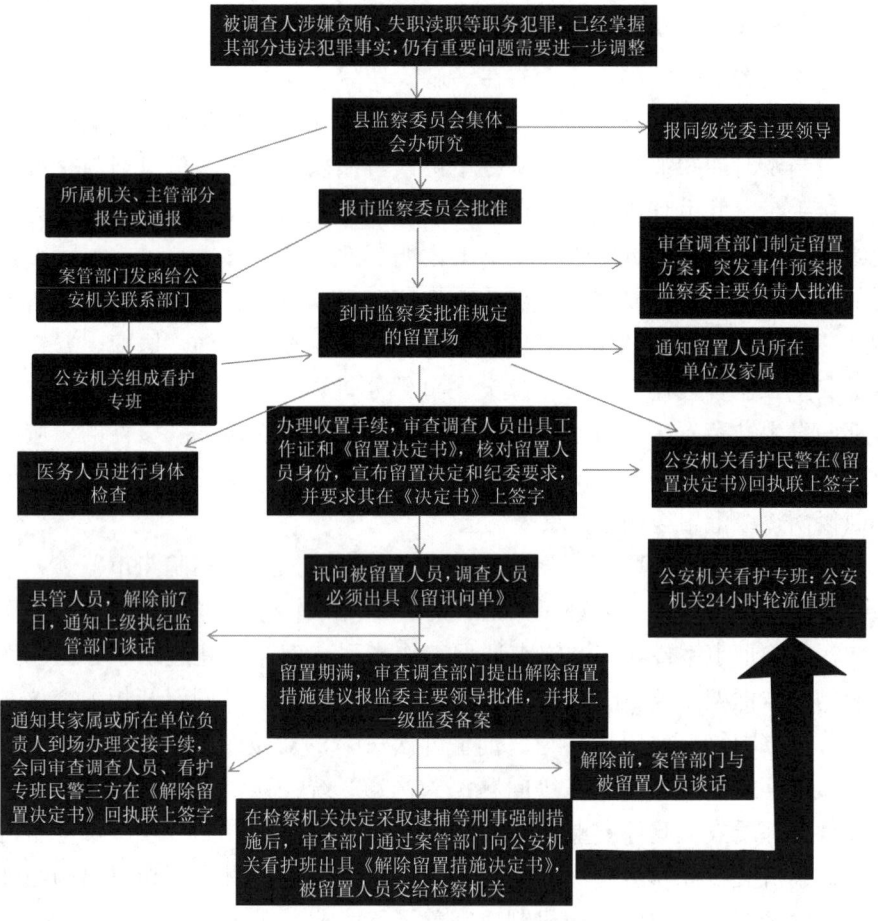

2. 监检衔接留置程序之检视

（1）先行拘留体系和性质之界定模糊。《刑事诉讼法》第170条规定，对于监察机关移送起诉的已采取留置措施的案件，人民检察院应当对犯罪嫌人先行拘留，留置措施自动解除。同时由于按照《刑事诉讼法》的规定，拘留由公安机关执行，检察机关受理监察机关移送的采取留置措施的案件后，内部需要办理拘留手续，对外需要协调公安机关执行，实践中一般无法做到在受理案件的同时就同步拘留，因而《人民检察院刑事诉讼规则》第142条也规定对于监察机关移送起诉的已采取留置措施的案件，人民检察院应当在受理案件后及时对犯罪嫌疑人作出拘留决定，交公安机关执行。执行拘留后，留置措施自动解除。需要特别注意的是，此处的"先行拘留"与《刑事诉讼法》第82条规定的公安机关对现行犯或者重大嫌疑分子的"先行拘留"，在适用机关和适用条件上均有所不同。此处先行拘留的前提条件是"监察机关移送起诉的已采取留置措施的案件"，适用机关是检察机关，且对于监察机关移送起诉的已采取留置措施的案件是一律先行拘留，这是此次《刑事诉讼法》修改的新规定。通说认为，这里的"先行拘留"是一种临时性、过渡性的强制措施，目的是将犯罪嫌疑人从监察调查转入刑事诉讼程序。[1]这虽然有利于办案机关操作的制度设计，但没有充分考虑到被留置人的合法权益保障，同时也容易造成司法资源的浪费。如实践中存在检察机关对于留置的案件是否可能存在不需要先行拘留可以直接转为取保候审或监视居住措施的情况，但由于《监察法》和《刑事诉讼法》的规定，检察机关必须先行拘留才能转换为其他强制措施，严格限制了检察机关的独立决定强制措施的权力。并且，有学者认为，《刑事诉讼法》规定的拘传、取保候审、监视居住、拘留和逮捕五种强制措施，遵循从轻到重、由急到缓的法理逻辑，构成了一个完整的强制措施体系，在具体适用时也应循律而行，即一般应先采取拘留后再升格为逮捕。当前的立法规定是先行留置而后适用拘留，而留置本质上形同逮捕，这体现了先重后轻、先缓后急的适用逻辑。这种"程序倒转"的逻辑背离了刑事强制措施体系的整体逻辑，由此制造了强制措施体系的逻辑混乱。[2]

（2）退回补充调查之程序衔接问题。退回补充调查是指监察机关移送审查起诉的案件须补充核实而适用先行拘留、逮捕等强制措施的审查起诉前置性程序而回流至监察调查的程序。《监察法》第47条规定退回补充调查的期

---

〔1〕 江国华：《中国监察法学》，中国政法大学出版社2018年版，第113页。
〔2〕 左卫民："一种新程序：审思检监衔接中的强制措施决定机制"，载《当代法学》2019年第3期，第59~65页。

限为1个月，补充调查以2次为限。同时《工作衔接办法》第38条规定："最高人民检察院决定退回补充调查的案件，补充调查期间，犯罪嫌疑人沿用人民检察院作出的强制措施。被指定的人民检察院应当将退回补充调查情况书面通知看守所。国家监察委员会需要讯问被调查人的，被指定的人民检察院应当予以配合。"根据《工作衔接办法》，对已进入审查起诉程序的职务犯罪嫌疑人，发现其具有需要补充核实情形而适用退回补充调查程序的，实行对职务犯罪嫌疑人适用刑事审查起诉阶段的强制措施——"留人"，通知看守所"留人"看守监管执行，与对退回补充调查适用监察调查程序的"退案"，实行"退案""留人""羁押执行"三者分离，即审查起诉程序、看守监管执行程序与监察调查程序三者并立同时运行的特殊程序运行模式。这种程序倒流与三者并立运行模式有悖于"正当程序"的价值理念，有悖于刑事诉讼程序前后相继的刑事诉讼规律。另外，退回补充调查沿用审查起诉阶段对职务犯罪嫌疑人所适用的刑事强制羁押措施缺乏科学性。这是因为，限制人身自由的强制措施只能由法律设定。对审查起诉阶段需退回补充调查的职务犯罪嫌疑人采取何种限制人身自由的强制措施仍存在立法空白，最高人民检察院和国家监察委员会虽然通过《工作衔接办法》以规范性文件的方式明晰了对审查起诉阶段退回补充调查的犯罪嫌疑人沿用刑事强制措施，但是正如上所说，限制人身自由的强制措施只能由法律设定，以规范性文件对其进行规定，效力的正当性与权威性值得探讨。

（四）监检业务衔接之证据适用困境

"以审判为中心"最重要的核心议题即以证据为中心，坚持"证据裁判"原则的要求。在国家监察制度改革中，监察证据与刑事证据的有效衔接对于进一步推进反腐败斗争、进一步深化法治反腐具有重要意义，而监察机关在办案过程中也一直强调要主动对接以审判为中心的诉讼制度改革。对于在监察调查中获取的证据种类和适用，《监察法》第33条进行了原则性规定，明确了监察机关根据《监察法》的相关要求而获得的物证、电子数据、证人证词、音频视频资料以及被调查者的供述等材料，可在刑事案件诉讼中作为证据来使用。上述规定使得监察证据虽然具备进入刑事诉讼的资格，但其最终能否成为定案的根据还需要根据《刑事诉讼法》的有关规定对证据的证据能力和证明力进行审查判断，因而从形式上看，检察机关对监察证据的评价和审查与普通刑事案件原则上没有差异。但是，监察机关毕竟不同于侦查机关，监察机关在官方正式文件中已明确其非司法机关。两者的区别不仅限于主体上的差异，监察调查的程序方式及严格性的不同造成了在此过程中获取证据的效力与侦查机关有很大的不同。因而，监检业务的开展在证据方面的衔接问题区别于公安机关与检察机关在证据衔接上的问题，对司法实践的开展提出了新的挑战。主要表现为：证据的种类范围与《刑事诉讼法》的规定有所不同；监察机关移送检察机关审查起诉的证据范围模糊；检察机关对于监察机关在监察调查中采取刑讯逼供、暴力取证等形式非法取证的刚性制约措施不足。因而，我国还需要予以探究完善。

1. 监检业务证据衔接之立法与实践现状

（1）立法现状。《监察法》对监察机关职务犯罪案件调查过程中的证据收集和证据效力给予了原则性的规定。《监察法》第33条规定："监察机关依照本法规定收集的物证、书证、证人证言、被调查人供述和辩解、视听资料、电子数据等证据材料，在刑事诉讼中可以作为证据使用。监察机关在收集、固定、审查、运用证据时，应当与刑事审判关于证据的要求和标准相一致。以非法方法收集的证据应当依法予以排除，不得作为案件处置的依据。"第40条至第44条展开规定了监察机关调查取证的程序。第45条第4款规定对涉嫌职务犯罪的，监察机关调查终结后移送检察院审查起诉的程序。《工作衔接办法》对国家监察委员会监察调查中的证据标准与要求、证据材料的内容、证据材料的移送方式、证据收集的方式及被指定的人民检察院对取证合法性的审查、需要补充提供证据时应当采取的程序，以及非法排除证据的情形与处理程序作出了规定。《人民检察院刑事诉讼规则》第65条也明确规定监察机关在监察调查中所取得的证据材料在刑事诉讼中可以被作为证据使用。第73条和第74条、第341条也规定了人民检察院对监察机关或侦查机关通过非法取证行为获得的非法证据应该予以排除，并可以要求监察机关或者公安机关另行指派调查人员或者侦查人员重新取证。必要时，人民检察院也可以自行调查取证。

（2）实践现状。证据衔接是否通畅会直接影响到职务犯罪案件的办理效果，虽然为了促进监检证据的衔接问题，最高人民检察院和国家监察委员会已经通过《刑事诉讼法》《刑事诉讼规则》《工作衔接办法》等法律法规文件予以规定，但现有规定仍较为原则，对于实践中的证据运用（特别是非法证据排除）的程序规定较为薄弱，缺乏具体可操作性。通过网上检索可以发现，也有少部分地方各级检察院与监察委正在通过联合出台相关的规范性文件的方式促进监检衔接,但能否在办案过程中取得良好的衔接效果仍有待考证。笔者在裁判文书网上以"贪污罪""非法证据排除"为关键词进行检索,发现自2018年以来的刑事判决案例,申请排除非法证据进而成功排除非法证据的比例相对较低,法庭不予排除非法证据的理由也各不相同:有的是以申请排除非法证据的线索不足为由予以拒绝,有的被告人在庭前会议申请排除非法证据后又撤回申请,有的以检察机关出具在监察调查期间不存在刑讯逼供等应当排除非法证据的情形证明文件为由驳回排除非法证据申请的情况,还存在以监察调查期间的监控录像不属于依法调取刑事诉讼证据材料的范围为由对排除非法证据的申请予以驳斥的情况,具体详见李某贪污罪二审刑事判决书([2019]皖13刑终186号)。实践中,贪污犯罪中非法证据排除的成功率较低也是缘于监检在证据上的衔接不到位,特别是在现行立法下,由于没有明确规定监察机关有提供同步录音录像的义务,导致检察机关要经过监察机关的同意才能够调取,[1]进而使得检察机关在审判阶段面对被告人非法证据排除申请时常常无力回应、陷入被动,严重影响庭审效果。

2. 检监衔接证据适用之障碍及反思

(1) 移送的证据种类和范围模糊。现行立法对监察机关监察调查完毕后向检察机关移送材料的范围规定较为模糊。2018年颁行的《中国共产党纪律检查机关监督执纪工作规则》对职务案件调查程序作出了系统的规定,具体包括"谈话函询""初步核实""审查调查"和"审理"四个阶段。与证据移送范围相关的问题在于,谈话函询阶段的谈话和函询材料、初步核实阶段的谈话材料以及审查调查阶段的谈话、讯问材料是否均应作为"被调查人的供述和辩解"移送司法机关。由于上述规定的语焉不详,导致司法实践中监察机关移送检察机关审查起诉的证据材料范围不一,操作混乱。

(2) 对监察调查中非法取证行为的制约不足。检察机关对监察机关非法取证制约的不足主要体现在两个方面:一是对于非法证据排除的路径具有实践障碍;二是对非法取证行为制约的刚性不足。监察证据虽然具备进入刑事诉讼的资格,但其最终能否成为定案的根据还需要根据《刑事诉讼法》的有关规定对证据的证据能力和证明力进行审查判断。根据《刑事诉讼法》第59

---

[1] 南京市人民检察院课题组,潘科明:"监检衔接中的证据问题探析",载《中国检察官》2020年第21期,第37~40页。

条第 1 款的规定，检察机关对证据收集的合法性承担证明责任，而播放讯问时的同步录音录像以及调查人员出庭作证则是最基本的证明方式。但是，《监察法》第 41 条第 2 款规定："调查人员进行讯问以及搜查、查封、扣押等重要取证工作，应当对全过程进行录音录像，留存备查。"《工作衔接办法》第 27 条规定，被指定的人民检察院应当对取证合法性进行审查。最高人民检察院认为需要调取与指控犯罪有关并且需要对证据合法性进行审查的讯问录音录像，可以同国家监察委员会沟通协商后予以调取。无论是《监察法》还是《工作衔接办法》，均规定对于调查人员进行讯问以及搜查、查封、扣押等重要取证工作过程中的录音录像是"留存备查"而非"随案移送"，这无疑不利于检察机关在出庭作证时承担证据收集合法性证明责任。监察机关工作的特殊性虽然决定了其工作程序的保密性要求高，但在现行制度改革之下，监察机关对职务犯罪调查具有很大权限，虽然其自身内部设置了制约监督机制，但仍然可能存在监察机关在职务犯罪案件调查中采取非法手段或者程序不当获取证据的情况，进而导致证据"三性"中的真实性与合法性不能得到保障。特别是职务犯罪案件，容易出现典型的"一对一"证据，而且大量是言词证据，此时不仅不利于检察机关在审查起诉时排除非法证据，更是会给检察机关在法庭庭审时证明证据收集的合法性带来实践挑战与困境。

（3）证据移送程序衔接不畅。证据移送程序是连接监察调查人和检察机关进行审查起诉的渠道，是监察程序与诉讼程序衔接的桥梁，监察机关只有将相关证据移送检察机关才可能导致刑罚的最终后果。根据《监察法》第 46 条的规定，监察机关对涉嫌犯罪取得的财物，应当随案移送检察机关。2020 年底，国家监察委员会、最高人民法院、最高人民检察院、公安部联合下发的《衔接机制意见》也涉及了证据衔接方面的制度机制，对反腐败斗争的深入开展起到了积极的作用。但是，现行立法与规范性文件对于证据移送仅仅进行了原则性表述，对移送程序并未作出具体的操作规定。在司法实践中，囿于检察机关与监察机关关于证据移送方面并未形成统一的规范性文件，并且囿于监察体制改革还处于初步阶段，由监察机关和检察机关管辖标准不一引发的二者在管辖范围上的不一更是对证据的移送过程提出了更大的挑战。特别是职务犯罪不同于普通的刑事犯罪，为了避免受到本地因素的种种影响，多为指定管辖和异地管辖，这无疑加大了证据移送的难度，因而受多重因素影响，证据移送程序衔接也是监检衔接目前的薄弱环节。

第三节　检察机关在"监检"衔接中的实践探索

一、监检管辖衔接之完善对策

（一）绝对的监察主导制度之修正

如上所述，在并案管辖中坚持监察机关的绝对主导制度存在不少弊端。由于自身人员与业务素养尚未达到将所有涉嫌职务犯罪的相关案件均并案纳入管辖范围的程度，因此盲目地将涉嫌职务犯罪的案件均并案由监察机关管辖会造成办案效率的低下，影响办案质量。基于此，我国应当对绝对的监察主导制度予以修正。在刑法理论上，谦抑原则是刑法干预必要性的基本原则，在其他法律足以抑制某种违法行为的情形下，就没有必要通过刑法加以处罚，其目的在于限制刑罚权的过度扩张。程序是权力行使的载体，在程序法上，同样也存在着程序的谦抑性问题，即程序设计应当严格限制权力行使的范围，对权力行使保持谨慎与克制的立场，避免与其他国家公权力机关发生冲突以及对公民生活过度干预。因而，监察权的行使应保持适度谦抑性原则。应借鉴刑事诉讼中的分案管辖中的主从罪标准，由负责主罪的侦查机关为主要侦查机关，负责次罪的侦查机关予以配合。如在一人既涉嫌职务犯罪，又涉嫌非职务犯罪犯有数罪时，当主罪为非职务犯罪，次罪为职务犯罪时，就不宜坚持绝对的监察主导管辖制度，适度地对监察主导制度进行限缩，此时应根据案件的具体情况考虑采用以其他机关侦查为主、监察机关调查为辅助的机制。

（二）构建监察机关与检察机关案件管辖协商机制

《监察法》与《刑事诉讼法》对职务犯罪案件管辖标准的规定不一致容易导致两种管辖的错位，造成监检衔接机制的不畅通。因而，应当根据程序协同原则的要求，通过合理设置管辖权转移的具体规则，实现监察管辖与司法管辖的对接。[1]具体的做法是：检察机关主动同监察机关构建案件管辖协商机制，共同出台对双方均有约束力的规范性文件，使得监察机关在确定案件管辖时，综合考虑案件情形，考虑《刑事诉讼法》对案件管辖的相关规定，使得监察机关调查工作的程序机制可以同检察机关受理公诉案件的管辖级别

---

[1] 钱小平："监察管辖制度的适用问题及完善对策"，载《南京师大学报（社会科学版）》2020年第1期，第131~141页。

相适应，而不是仅仅以干部管理权限作为监察机关普通管辖的标准。在监察机关进行案件调查时应当根据案件的具体情形，以干部管理权为主要标准，兼顾调查结束后移送审查起诉时检察机关和人民法院的受案级别，确定案件管辖和被指定管辖的监察机关的级别，从而提升案件办理的效率、降低司法成本。在监察机关对案件管辖的标准问题把握不清时，可以协同同级的人民检察院就具体的个案管辖进行工作协商，在参考检察机关的建议后再同上级监察机关请示确认是否对相关案件进行管辖。

二、监检提前介入衔接之完善对策

（一）细化提前介入的操作流程

首先，要严格限定检察机关提前介入监察机关职务犯罪案件调查的范围，完善提前介入案件遴选机制。如上所述，现行法律规范和相关规范性文件对于"重大、疑难、复杂"缺乏统一的标准，犯罪行为的隐蔽性、调查手段的滞后性与证据收集的有限性使得大多数职务犯罪案件都可被认为是重大、疑难、复杂的。所以，界定检察机关刑事检察部门提前介入的案件范围时，难以适用"一刀切"的标准，不可避免地要存在一定的弹性空间。《提前介入规定》第4条第3款其他需要提前介入的案件的兜底条款规定弹性过大，最好以穷尽列举的方式对介入案件范围进行限缩，增强实践中提前介入制度的可操作性。同时，对于监察机关商请提前介入的案件，检察机关不应一律提前介入监察机关的职务犯罪案件调查，而是应当进行必要的审查，确属自身介入范围的案件应当积极介入，不属于证据标准、案件定性及法律适用问题，自身无法提供建议的，则应当及时向提出商请的监察机关说明理由。其次，提前介入的时间应当以案件的疑难复杂程度为依据，而不应局限于案件进入审理阶段后，如果案情较为复杂，则应当在调查阶段介入，如果案情相对简单，则可以不介入或稍缓介入。除此之外，还可以依据不同的证据种类、取证方式等，选取不同的介入时间。总体而言，检察机关提前介入时机的确定应具体案件具体分析，有具体取证要求的具体对待，不宜作统一规定。[1]最高人民检察院副检察长陈国庆也指出，一般是案件进入审理阶段后再提前介

---

[1] 参见朱全宝："论检察机关的提前介入：法理、限度与程序"，载《法学杂志》2019年第9期，第58~67页。

入,但不排除个别案件可以在调查阶段介入。[1]对提前介入的时间限制过严,将导致提前介入所具有的协助功能无法得到充分发挥。对于时效性要求极高的调查活动,如果不在调查实施阶段就提出证据补充和完善意见,有可能导致证据灭失或被污染。目前,部分检察机关已经开始探索将提前介入的时间前置化:上海市人民检察机关将介入的时间提前至监察委案件调查阶段;北京市人民检察机关将介入的时间提前至监察机关案件初核阶段;深圳市则规定得更为模糊,将检察机关提前介入的时间规定为正式移送案件之前,给检察机关在案件介入时间上更大的选择自由。[2]另外,《提前介入规定》第7条第4项用"其他必要"这样模糊的词语对检察机关提前介入监察机关职务犯罪案件调查进行了限定,主要是考虑到现行监检衔接处于初步探索阶段,用兜底性条款有更大的操作弹性,可以不断地将新的介入方式纳入其中。现行各地检察机关提前介入的工作方式以检察官听取监察机关办案人员介绍案件的基本情况结合阅卷的方式较为普遍,提前介入的检察官通过这种方式熟悉案情后,有针对性地提出案件事实、证据上存在的问题,再提出补证意见和建议。这一方式简单易操作,也最为直观,成了实践中的通行方式。[3]笔者认为,提前介入的手段应以柔性引导为主,柔性引导在效果上或许体现得不明显,但是监察机关更易于接受,有利于监检之间的配合,也契合监检"配合制约"的关系格局。[4]检察官的介入意见建议可能会存在片面性甚至失误。因此,仅依靠《提前介入规定》所表述的几项工作方式难以保证提前介入检察官全面、准确地把握案件的整体情况。笔者建议,检察机关应当建立职务犯罪类案专办检察官制度,在收到提前介入书面通知后,应当及时指派检察官带队介入,并成立工作小组。人民检察院提前介入监察委员会办理职务犯罪案件工作,经检察长批准,由检察官或检察官带队成立办案组介入检察机关可列席监察机关对重大案件的讨论,检察机关派出的检察小组成员应当是

---

〔1〕 陈国庆:"刑事诉讼法修改与刑事检察工作的新发展",载《国家检察官学院学报》2019年第1期,第16~39页。

〔2〕 虞浔:"职务犯罪案件中监检衔接的主要障碍及其疏解",载《政治与法律》2021年第2期,第150~160页。

〔3〕 刘航:"公诉部门提前介入侦查程序机制探讨——以贪污贿赂案件为切入点",载《山西省政法管理干部学院学报》2015年第1期,第103~105页。

〔4〕 何静:"检察介入监察调查:依据探寻与壁垒消解",载《安徽师范大学学报(人文社会科学版)》2020年第6期,第105~111页。

专门办理职务犯罪案件的类案检察官,保障专业素质的过硬,提出相关的证据要求,并交换意见建议。

(二)检察机关提前介入程度与监察权独立之关系之把握

国家监察体制改革中的侦诉关系问题:一方面,牵涉监察权、检察权性质和关系等基础理论问题;另一方面,涉及在我国治理腐败犯罪中能否形成侦诉体系的有效合力,进而影响控诉效果和反腐败成效。因此,我们十分有必要对国家监察体制改革的侦诉关系展开更为深入的探讨。

理论界对监察权性质的回答莫衷一是,具体而言,存在"监察调查权完全不同于刑事侦查权"与"监察调查权本质上就是刑事侦查权,监察调查权是刑事侦查权的一部分"两种针锋相对的观点。[1]虽然目前检察机关提前介入监察调查的做法在很大程度上是简单套用检察机关提前介入侦查活动的实践经验,但是根据国家监察委员会的权威性解释,监察权不属于侦查权,其是独立于侦查权的一种特殊权力,检察官过度提前介入监察机关的职务犯罪案件调查可能会干预监察机关自主行使调查权,扰乱监察机关专司调查、检察机关负责审查起诉的职务犯罪追诉模式,影响检察机关与监察机关按照法定职能分工形成的职务犯罪追诉"生态"。同时,势必会占用大量的检察资源,分散检察人员的精力,耽搁和影响正常的审查起诉工作,过多的亲历性使得检察权有"侵入"监察权和监检"联合办案"之嫌,还有可能使得检察机关办案人员对案件事实"先入为主",进而恶化被调查人的处境,甚至变相剥夺被调查人的救济机会。所以,对检察机关而言,应当聚焦主业,全力做好审查起诉和诉讼监督工作,把握好自身在提前介入过程中的职能定位。在现行的法律规定之下,要把握好检察机关提前介入程度与监察权独立的关系,即应当尊重监察机关调查的主体性权力,以监察调查为主,以检察建议为辅;以案件审阅为主,以亲历调查为辅。此举的目的在于突出监察机关职务犯罪调查的主体性地位和权力,避免喧宾夺主、混淆检察机关引导与监察调查的职能。一般而言,检察机关的提前介入更宜作为一种事后的引导和监督,尽可能地减少案件调查阶段的介入,对提前介入监察机关职务犯罪案件调查保持适度谦抑性。

---

[1] 井晓龙:"监察调查权与检察侦查权衔接研究",载《法学杂志》2020年第12期,第113~121页。

三、监检留置程序适用与转换衔接完善之对策

（一）先行拘留定位背离之矫正

如前所述，监察机关移送检察起诉后，检察机关应当先行拘留，这是区别于普通刑事拘留的，是一种临时性、过渡性地将犯罪嫌疑人从监察调查转入刑事诉讼程序的措施。这种定位本质上符合强制措施的适用目的，即保障诉讼程序的顺利进行，立法者据此将拘留作为检察机关衔接检察机关移送起诉犯罪嫌疑人的强制措施。监察机关调查起诉后移送检察机关审查起诉即标志着从监察调查程序进入刑事诉讼程序，虽然现行《监察法》将监察机关的调查时限规定为"3+3"，最长6个月的调查期限，进而给人一种留置本质上形同逮捕的印象，但是监察调查措施并非刑事强制措施，其并不应适用《刑事诉讼法》强制措施"从轻到重、由急到缓"的法理逻辑，不应将监察调查措施与刑事强制措施相提并论，为了批判而批判，将监察机关调查之后由检察机关先行拘留作为现行立法规范的不足之处。

笔者认为，由于案件移送审查起诉的证据标准实际上已经高于逮捕的证据标准，根据《监察法》第33条的规定，监察机关在收集、固定、审查、运用证据时，应当与刑事审判关于证据的要求和标准相一致，这表明经由监察机关移送审查起诉时案件调查工作已经基本完成。此时，进入刑事诉讼阶段，检察机关决定对犯罪嫌疑人采取强制措施时应该根据案件情况、犯罪嫌疑人的社会危害性程度和预防再犯罪的需要以及保证刑事诉讼的顺利进行综合判断，而不应由《刑事诉讼法》直接强制性规定，对于监察机关移送起诉的已采取留置措施的案件，人民检察院应当对犯罪嫌疑人先行拘留。此处的"应当"完全封闭了检察机关强制措施的决定空间，因而有必要对相关规范进行反思，从立法上对检察机关必须绝对采取拘留措施进行修正，将《刑事诉讼法》第172条的"应当"改为"可以"，使得检察机关对监察机关移送审查起诉的职务犯罪案件犯罪嫌疑人能够拥有较大的强制措施决定权，根据犯罪嫌疑人采取强制措施的必要程度决定相应的强制措施种类。同时，笔者认为，可以借鉴司法实践中的刑拘直诉制度，即对于不是特别复杂的职务犯罪案件，检察机关可以在作出拘留决定后在拘留期限内审查相关案卷材料，如果认为事实清楚、证据确实充分，可以直接提起公诉，从而减少变更强制措施的繁琐程序，提高诉讼效率、节约司法资源。

（二）退回补充调查程序衔接之完善

笔者认为，退回补充调查阶段对犯罪嫌疑人应采取留置措施还是刑事强制措施这一问题的关键所在是明晰退回补充调查阶段属于刑事诉讼阶段还是监察调查阶段。有学者认为，从现行法律规范的角度看，退回补充调查处于监察调查阶段，正如在审判阶段退回补充侦查不能被认为仍处于审判阶段。从《监察法》法条表述来看，其采取"退回补充调查"显然是认为其属于监察调查阶段。对于退回补充侦查，《刑事诉讼法》显然将之作为侦查阶段处理，需要办理换押手续，案件处理权归于公安机关，其有权依法作出不再移送审查起诉的决定。据此可以推论，退回补充调查也处于调查阶段。[1]对此，也有其他学者持不同观点。如有学者认为，补充调查权来源于公诉权，退回补充调查后不属于调查阶段。[2]还有学者认为，补充调查的案件还处于审查起诉阶段，监察机关的调查只是对检察院审查起诉工作的配合，监察机关只能对证据材料和案件事实进行补充调查，不能对被调查人进行留置。[3]笔者对此也比较赞同。对于检察院审查起诉的案件，需要退回监察机关补充调查的，虽然相关的案卷材料、补充调查决定书、补充调查提纲等被退回监察机关，但由于起诉意见并未撤回，案件仍然系属检察院，本质上还处于审查起诉阶段。[4]如卞建林教授所言："因为退回补充调查并未改变案件已进入审查起诉阶段的事实，且无论是从便利与效率方面考量，还是基于对被羁押人监管安全方面的考量，都无必要再重新恢复适用留置措施。"[5]

同时，国家实施某种基本权利干预措施必须有法律的明确授权。根据《立法法》第 8 条和第 9 条，"限制人身自由的强制措施和处罚"事项只能制定法律，这种涉及人身自由权的立法属于法律绝对保留事项。因此，当国家对公民基本权利进行干预时，必须存在法律上的明确授权。留置措施的适用

---

[1] 谢小剑："监察调查与刑事诉讼程序衔接的法教义学分析"，载《法学》2019 年第 9 期，第 67~77 页。

[2] 参见陈卫东："职务犯罪监察调查程序若干问题研究"，载《政治与法律》2018 年第 1 期，第 19~27 页。

[3] 王飞跃："监察留置适用中的程序问题"，载《法学杂志》2018 年第 5 期，第 36~41 页。

[4] 董坤："法规范视野下监察与司法程序衔接机制——以《刑事诉讼法》第 170 条切入"，载《国家检察官学院学报》2019 年第 6 期，第 128~141 页。

[5] 卞建林："配合与制约：监察调查与刑事诉讼的衔接"，载《法商研究》2019 年第 1 期，第 20 页。

必须遵循法律保留原则和比例原则。因而，在检察机关退回监察机关补充调查阶段，无需再由监察机关重新采取留置措施，而应继续采用检察机关的刑事强制措施应被规定在《刑事诉讼法》和《监察法》之中，为补充调查后继续采用刑事强制措施提供有力的法律保障，以保障刑事强制措施适用的权威性与正当性。

四、监检衔接证据适用完善之对策

（一）明确移送的证据种类和范围

一般认为，"言词证据必须是立案之后才能作为刑事诉讼证据使用。包括初核阶段在内的一切监察立案前所形成的言词证据，均不能直接作为刑事诉讼证据使用，必须在监察立案后重新转化"。[1]据此，只有纪委监察机关在审查调查阶段所获取的谈话和讯问材料才属于"被调查人的供述和辩解"，谈话函询阶段的谈话和函询材料以及初步核实阶段的谈话材料不在随案移送的范围内。但在职务犯罪的侦办过程中，虽然谈话函询与初步核实属于立案前的"非正式"阶段，但根据《监督执纪工作规则》第28条、第34条等有关条款，纪检监察机关开展的证据收集和调查核实工作亦应遵循严格的程序，履行必要的手续。可以说，与正式立案之后的审查调查和审理阶段相比，谈话函询和初步核实只是所处的阶段不同，从程序和证据角度来看，四个阶段之间并不存在实质差异。既然如此，如若主张纪检监察机关在谈话函询和初步核实阶段收集的材料并不属于严格意义上的证据因而无需随案移送，则实质上意味着，在正式的审查调查阶段之前，实际地创设了秘密化的内部程序，这将不利于实现纪检监察机关办案程序公开化。同时，全部证据随案移送有利于保持纪检监察机关违纪、违法、犯罪处置程序的同一性，也有利于保障被调查人及其辩护人刑事辩护的有效性。通过比对被调查人在不同阶段所作供述，发现其间的矛盾和问题，属于减损被调查人有罪供述之证明效力的有效方式。从纪检监察机关的调查效果和被调查人的供述规律上看，被调查人在先期的谈话函询与初步核实阶段所作笔录或记录，无罪辩解的可能更大；考虑到调查过程中难以完全排除刑讯逼供、威胁、引诱、欺骗等非法讯问方法的采用，

---

[1] 李勇："《监察法》与《刑事诉讼法》衔接问题研究——'程序二元、证据一体'理论模型之提出"，载《证据科学》2018年第5期，第574页。

被调查人的早期供述与辩解很可能更接近于案件事实本身。鉴于此，将纪检监察机关在谈话函询与初步核实阶段所收集的被调查人的供述与辩解作为证据材料随案移送，能够为被告人与辩护人在案件审判阶段的辩解与辩护提供有力的证据或佐证，事实上有利于而非有悖于被调查人诉讼权利之保障。[1]

（二）检察机关对监察调查中非法取证行为的制度制约的建构

对监察调查中非法取证行为制约的制度构建可以从两个方面着手。一方面，为了满足庭审质证需要，可以以立法或者监检联合制定规范性文件的形式进一步扩大录音、录像用途，在留存录音、录像备份件的同时，将录音、录像原件随案移送，以供控辩双方根据庭审质证需要随时申请法庭播放，从而不会因控方措手不及而影响庭审的连贯性。同时，可以借鉴现行《刑事诉讼法》中的侦查人员出庭作证程序，探索建立监察人员出庭作证机制，强化庭审规则对监察调查的反向引导规则。目前，现行《刑事诉讼法》已确立了侦查人员出席法庭说明情况的权利与义务，但因监察人员并非侦查人员，其是否应当出庭，以何种身份出庭等问题仍在讨论之中。鉴于证据收集者出庭是定案证据质量的有效保证，也是落实庭审实质化的必然要求，应明确调查人员出庭的身份定位，规定不出庭应负的法律责任及引发的法律后果。"职务犯罪的调查者并不会因调查案件特殊而被免除作证义务"，这在域内外司法实践中早已达成共识，只是在出庭时的具体身份上有所区别。比如，新加坡贪污调查局的调查员出庭作证身份是"控方证人"。[2]而我国学界根据取证人员出庭说明情况的内容差异而将其定位为不同身份：若出庭对证据合法性进行说明，则属于程序证人；若出庭对实物证据来源的合法性和可靠性进行说明，则属于辨认鉴真证人。[3]但无论是何种证人，其证人角色定位均未改变，均应当适用证人作证规则，在深化监察体制改革过程中，可以将其作为控方证人身份予以明确，且规定经法院通知，调查人员需要出庭说明情况而不出庭的，监察机关应当责令其出庭作证。否则，应当承担相关证据被排除，不得作为定案证据的法律后果。另一方面，将对监察人员非法取证的调查核实

---

[1] 赵冠男："论职务犯罪监察调查程序中刑事证据规则的构建"，载《湘潭大学学报（哲学社会科学版）》2020年第5期，第29~34页。

[2] 任建明主编：《反腐败制度与创新》，中国方正出版社2012年版，第335页，第30~39页。

[3] 张保生："非法证据排除与侦查办案人员出庭作证规则"，载《中国刑事法杂志》2017年第4期，第92~101页。

权整合至检察机关保留的有限侦查范畴内。[1]为了防止监察人员在监察调查中可能存在的刑讯逼供、暴力取证行为，除了保留检察机关对监察人员非法取证的自侦权之外，还应在刑事实体法上将监察人员纳入刑讯逼供罪、暴力取证罪的犯罪主体范围内，从而解决对检查、调查人员刑讯逼供、暴力取证行为制约刚性不足的问题，进而为证据收集的合法性与真实性提供保障。

（三）构建完善证据移送衔接机制

要推动检察机关和监察机关证据移送程序的衔接，促进证据衔接的法律法规文件的制定和具体可供操作的体制机制平台的建立，二者缺一不可。因而，一方面，检察机关与监察机关应通过联合制定统一的规范性文件形式就证据移送程序出台具体的操作细则与管理办法，建立职务犯罪案件证据收集审查的基本要求和案件材料的移送清单，使得在监检证据移送过程中形成一套双方达成共识的程序机制。另一方面，可以借鉴现行司法体制改革下侦检电子卷宗一体化机制的构建经验，构建单独的、全国性统一性的监检电子卷宗一体化平台，将监察调查结束后应当移送检察机关的证据材料录入电子卷宗一体化平台，实现监检办案的信息共享，确保涉案证据移送处置的顺畅，进而提高移送效率与办案质量，同时节省司法资源，使得证据的衔接程序更加科学、高效。

---

[1] 李海峰："庭审实质化背景下监察调查取证规则的检视与完善"，载《社会科学》2020年第5期。

第六章 "捕诉一体化"改革的理论与实践

CHAPTER 06

批准逮捕和提起公诉是《刑事诉讼法》赋予检察机关的两项职权。在我国刑事诉讼流程中,公、检、法三者存在递进式关系:侦查阶段,在确认犯罪嫌疑人具有社会危害性且需要进一步调取证据,需要采取限制人身自由的逮捕措施时,检察机关作为法律监督主体对公安机关逮捕权进行审核;公诉阶段,检察机关又以控方角色,接收公安机关提交的案件事实和初步证据,并向法院提起公诉。在看似分工明确的流程中,检察院承担着承上启下的关键作用,虽为同一机关行使,但检察院在两个环节中的身份角色及权力性质一直是各方学者讨论的热点,也是不同历史时期国家司法改革的重点。

第一节 "捕诉一体化"制度概述

一、"捕诉一体化"的历史脉络

梳理在不同背景下适合我国国情的制度选择,对当下司法改革尤其是变动频繁的"捕诉一体制度"具有长远意义。

(一)第一阶段:捕诉一体(1979年至1999年)

捕诉一体的改革与我国历史背景及整个司法体制处于恢复期不无关系。1978年至1996年被称为社会主义法治建设恢复期,以十一届三中全会[1]为标志开启了拨乱反正、以为经济稳步发展提供司法保障为目标的重建。

---

[1] 十一届三中全会提出"有法可依,有法必依,执法必严,违法必究"的法治建设十六字方针,标志着我国社会主义法治建设进入新的历史时期。

1978年8月，根据五届人大一次会议通过的《宪法》，以及发布的《关于重新设置人民检察院有关事项的通知》，最高人民检察院设置刑事检察厅，主要负责审查批捕、提起和支持公诉等工作。1983年，《人民检察院组织法》进行修改，对地方各级检察院内部机构设置作出抽象性规定，至于是"捕诉分离"还是"捕诉一体"，最高人民检察院并没有具体规定。于是，地方各级检察机关根据实际情况及1982年最高人民检察院厅室机构的调整来设置内设机构。"据相关资料来看，当时只有北京、上海等直辖市部分基层检察院实行捕诉一体"，[1]大部分基层检察院人力有限、水平有限、案件相对简单，且仿照最高人民检察院只设置刑事检察部门同时负责审查批捕和起诉。

讨论捕诉关系便离不开"检察机关提前介入侦查"的问题。检察引导侦查在捕诉一体模式下就是公诉引导侦查，而在捕诉分离时二者才有相区别的必要。因此，在讨论捕诉一体问题时，离不开对提前介入的思考。

1982年，在整顿社会治安的过程中，司法机关总结出了提前介入的经验，即人民检察院在审查逮捕或审查起诉重大刑事案件前，必要时可派人参加公安机关侦查活动，为批准逮捕和提起公诉做好准备；1989年至1993年，最高人民检察院在每年的报告中都会列举检察机关提前介入的数据，足以显示其重视程度；1996年《刑事诉讼法》修正，加强了证据在庭审中的作用，最高人民检察院在一次侦查监督工作会议上首次提出"引导取证"概念，将引导取证与法律监督并列作为检察机关提前介入的任务。

综上，在这一历史时期，稳定社会局面，快速处理案件是主题，对检察理论的探究不够深入，对检察机关、检警关系的粗线条勾勒以及检察人员素质等多方面原因导致权力建构不清晰，法律监督不完善。笔者认为，问题的症结不是由捕诉一体制度带来的，其弊端有无法回避的历史局限性，各种改革措施之间是相互配合、彼此影响的关系，不是一项措施可以左右的。况且，本就没有完美的制度。人的认知是螺旋式上升、波浪式前进的，不能有"以前尝试过捕诉一体制度但发生了诸多问题，而后被捕诉分离代替，所以捕诉一体不适合我国实际"的推论。

（二）第二阶段：捕诉分离（1999年至2007年）

该段时期正处于我国第一轮司法改革的大背景下。1997年，第十五次全

---

〔1〕 洪浩："我国'捕诉合一'模式的正当性及其限度"，载《中国刑事法杂志》2018年第4期，第28~42页。

国人民代表大会明确了法院、检察院工作的具体目标,并以"强化法律监督,维护公平正义"作为探索检察院管理体系和运行模式的方向。

为了加强内部制约和监督,1998年10月21日,最高人民检察院颁布实施《关于完善人民检察院侦查工作内部制约机制的若干规定》(已失效),提出了将审查逮捕和起诉分设不同部门的构想;1999年2月印发《检察工作五年发展规划》,将刑事检察厅分为审查逮捕和审查起诉两个部门;2000年又将其名称改为侦查监督厅和公诉厅,突出二者职能差异。在捕诉分离后,检察机关引导侦查的推行受到极大阻力,检警关系、职能冲突等问题引起了学者广泛批评。2002年,最高人民检察院发布《人民检察院引导侦查取证试行办法(讨论稿)》,但最终没有正式通过。同年,全国刑事检察工作会议提出"坚持、完善和巩固提前介入制度",此后各省相继制定规范性法律文件以保存这一制度。

此次司法改革强调检察院法律监督职能,完善内部和外部监督,但抓住监督的同时淡化了公、检、法机关的配合与协作,引导侦查中引导取证也和冲突的法律监督职能一起从中央文件中销声匿迹。三机关缺乏沟通的直接结果就是出现权力空白,反而不利于内部监督。

(三)第三阶段:捕诉一体(2007年至今)

第二轮司法改革以十七大为标志,"此次改革重点很明确:结合中国国情,加强司法监督,解决人民群众最不满意的司法腐败问题",[1]从优化检察职权配置、全面推行检务公开、拓宽监督渠道、加强队伍专业化建设等方面加强监督。

2007年党的十七大报告指出:我国要"深化司法体制改革,优化司法职权配置,规范司法行为,建设公正高效权威的社会主义司法制度"。自此各地市开始在未成年人检察、知识产权、金融等部门进行捕诉一体探索。这一探索立刻引起了学术界肯否两派的激烈争论。2018年7月,全国人大监察和司法委员会、最高人民检察院联合邀请8名法学家去往无锡市和苏州市实地调研,8月又邀请7名法学家前往吉林省调研。经过两次实地调研,理论界对这一问题有了更为深刻的认识,就全面推广捕诉一体达成共识。2019年1月,

---

[1] 高一飞、陈恋:"检察改革40年的回顾与思考",载《四川理工学院学报(社会科学版)》2018年第6期,第8页。

最高人民检察院内设机构改革新鲜出炉，正式建立捕诉一体制度。这意味着是否落实捕诉一体的争论成为过去式，捕诉一体制度在我国全面推行。

2015年最高人民检察院印发的《关于加强出庭公诉工作的意见》明确指出："对重大、疑难、复杂案件，坚持介入范围适当、介入时机适时、介入程度适度原则，通过出席现场勘查和案件讨论等方式，按照提起公诉的标准，对收集证据、适用法律提出意见，监督侦查活动是否合法，引导侦查机关（部门）完善证据链条和证明体系。"该意见将检察院提前介入侦查定位于加强公诉能力而非法律监督，进一步明晰了提前介入的职能，为后续改革措施打下了坚实基础。

二、第三阶段"捕诉一体"的基本内涵

通过上述对"捕诉一体"制度的历史梳理可知，我国自新中国成立后曾三次调整捕诉关系，分别为捕诉一体—捕诉分离—捕诉一体。不同时代背景下所需的理论侧重点亦不同，虽然捕诉一体制度在改革中浮浮沉沉，但并不能因此否定该项制度，也不能认为本次重启捕诉一体就是对新中国成立初期制度的复制，在经历了一体和分离之后，我们对审查批捕权和起诉权的性质及二者关系有了更为深刻的认识，此次司法改革中捕诉一体的内涵早已超越历史。

（一）捕诉一体的内涵

所谓"捕诉一体"可以被归纳为，对于本院管辖的同一刑事案件的适时介入、审查逮捕、延长侦查羁押期限审查、审查起诉、出庭公诉、诉讼监督等办案工作，原则上由检察机关同一办案部门的同一承办检察官承办，[1]旨在更好地适应检察权结构调整，强化检察一体化和专业化建设，深化落实司法责任制。

捕诉一体是逮捕与公诉的权力一体、人员一体，但并不是程序一体。就权力一体而言，二者也不是简单叠加，而是将审查批捕工作的内容延续至后续侦查、公诉甚至庭审中。2018年12月21日，最高人民检察院专家作出了《关于规范表述"捕诉一体"的问答》，将"捕诉一体"区别于原"捕诉合

---

[1] 叶青："'捕诉一体'与刑事检察权运行机制改革再思考"，载《法学》2020年第7期，第57~65页。

一",二者是动态改革和静态运行的关系。回答指出:原"捕诉合一"是指将两项权力集中在一个机关行使,而"捕诉一体"办案机制则是统一行使办案机构专门负责办理一类或几类刑事案件,由同一办案组或检察官全过程负责同一刑事案件的批捕起诉监督等一系列工作。因此,在检察院内设机构改革下,"捕诉合一"已完成,下一步在检察权行使过程中称作"捕诉一体"更符合工作实际。从名称变化可知其内涵升级,原"捕诉合一"只是两项权力的叠加,而"捕诉一体"改革则是系统性的权力整合,二者为一体两面。将起诉阶段的需求提前至嫌疑人具有足够社会危害性,公安机关需要逮捕继续调取证据时,是侦查、起诉阶段的有机结合,共同形成"大控方"格局,服务于庭审,全面提高办案质量与效率。就人员一体而言,有些检察院采取公诉或批捕检察官搭配原批捕或公诉检察官助理的工作模式,二者相互配合、相互学习。从内容上来看,原批捕检察官需要学习公诉阶段的审查标准和办案流程,任务相对较重,而原公诉检察官在学习审查批捕的工作中又存在身份转换等问题,由此形成的诸多讨论(比如批捕阶段与起诉阶段标准混淆、内部监督机制匮乏、承办人时间紧张等问题)在一定程度上与两类检察官的一体不无关系。

(二)与第一阶段概念的内涵差异

"因为曾经有过被否定和叫停的历史,捕诉一体化的卷土重来引起了学界和司法界的空前关注,并再度引发强烈的批评和反对。反对者所持的理由与若干年前有的学者所持的理由大体相同,与若干年前不同的是,虽然遭到更为激烈的反对,但是最高检察机关的决心却并未因此而动摇,反而坚定地提出将捕诉一体化作为组建专业化刑事办案机构的切入点和突破口在全国检察机关推行。"[1]部分反对者的理由仍建立在法制体系恢复期我们对捕诉一体制度的认知上,但在当前这一历史时期,我国的现实背景、法治需求、改革方向都与当初不可同日而语,理论界更应关注改革措施的横向联动以及对制度弊端的弥合。

首次采用捕诉一体时,我国检察制度正处于全新的探索阶段,在模仿苏联体系的背景下,《宪法》赋予了检察机关独特的法律监督职能,具体职权之一即为审查批捕权,这是与其他两法系检察制度的重大区别,也是极富中国

---

[1] 陈实:"论捕诉一体化的合理适用",载《法商研究》2019年第5期,第14页。

特色的制度创新。在六十多年的艰辛探索中，法律监督职能已然成为保障法律实施的坚实屏障。而在检察机关诉讼职能与诉讼监督职能的关系上存在泛监督说，即认为二者密不可分，都具有法律监督性质。笔者认为，如此便混淆了公诉与监督，一同混淆的还有权力与身份。当然，这种精确区分只存在于理论中，实务中很难准确判断检察人员在行使某项权力时到底是哪种权力还是二者皆有。针对权力性质后文会重点论述，此处只表明笔者在理论上严格区分诉讼与监督的观点。对检察机关进行溯源可知，其诞生便是代表国家而起诉，公诉权是检察机关的核心权力，其本质是国家追溯主义，以国家名义对犯罪嫌疑人提起公诉。

两种性质不同的权力被同时赋予检察机关，但 1978 年最高人民检察院只设置了一个刑事检察厅负责刑事案件所有流程，在实际操作中也是捕诉混合，没有侧重和区分。1999 年分设为两个部门，此轮改革的重点是加强内部监督，一定程度上也是在纠正上一阶段内部监督不足导致权力混乱的现象。但是，2019 年重启捕诉一体不是重蹈历史的覆辙，而是在摸索中发挥制度最大优势，弥补制度本身无法避免的弊端。此轮司法改革的一系列措施具有更强的紧密性与关联性。捕诉一体与员额制改革、认罪认罚从宽、以审判为中心的改革是相互联动、彼此弥合的关系。因此，捕诉一体在发挥自身价值时其他改革也会消解部分冲突，这是其与第一次捕诉一体制度最大的不同。

三、捕诉分离与捕诉一体的优劣

（一）二者在法理上皆可证成

1. 审查批捕权与审查起诉权可以分离

批捕权和起诉权能否分离取决于两者的性质和发挥的作用，批捕权就是对逮捕权的司法抑制，国家权力的分配会影响权力运行效果，公安机关的逮捕行为直接限制行为人的人身自由，如何行使逮捕权则事关人权、事关行使逮捕权能否达到预期目的。对权力的限制有两种：一是在权力形成过程中进行法治设定，即在立法过程中就对可能存在滥用权力的风险进行规避，严格限制权力边界和内涵；二是在权力运行过程中通过程序、相关国家机关及其他监督主体从内外部进行权力控制，达到制衡目的，防止由权力过于集中带来的腐败。当前世界各国虽然对逮捕权的设置各有不同，但作为直接关系人身权利的政府权力一定会受到限制。逮捕权具有行政性，对于该行政性权力，法治国家建立了司法审查和救济程序,即从事前批准和事后救济两方面对逮捕权分治。以我国为例,逮捕权的实施主体为公安机关,但决定机关为检察院,而事后救济的权力则被赋予公安、检察院及权利人三方,三方都可提起羁押必要性审查,从而使对权力的分散达到相互制约与平衡,防止逮捕权滥用引发冤假错案。而公诉权性质则存在行政权说、司法权说及混合说。

审查批捕是对批捕权的司法抑制,《宪法》规定检察院具有法律监督与公诉职能,审查批捕侧重于对逮捕权的控权和监督,且审查批捕权虽在检察院,但诉讼阶段却为侦查阶段,而公诉权则为起诉阶段,二者诉讼阶段亦不同,发挥的法律效果也存在差异。因此,审查批捕与审查起诉的性质与阶段均可区分,捕诉分离可以成立。

捕诉分离的改革背景即为加强法律监督,尤其是内部监督,二者人员分离,虽同为检察人员但侦查监督部门负责审查批捕,公诉部门负责审查起诉,各司其职、互不干涉,若持公诉权为行政权观点,则二者权力性质相异,身份职能不同,理应分属不同部门。批捕权本就为逮捕权的司法审查,在侦查阶段,公安机关运用侦查权收集证据调取与案件事实相关材料,而辩护律师在此阶段的权利受限,形成了公安机关一家独大的局面,极易成为滥用权力侵犯人权的灰色地带,鉴于公诉阶段尚未到来,检察院与公安机关又碍于面子与工作配合等问题主动监督意识不强,审查批捕中检察机关的介入在侦查阶段形成了三方对峙局面。检察人员以准法官的姿态居中判断犯罪嫌疑人是否符合逮捕条件,同时监督公安机关在调查取证过程中有无违法行为。综上可知,捕诉分离有以下几点优势:①保障人权;②加强监督;③权力分立,各司其职。

捕诉分离在理论上更具合理性,但在实践中存在的问题自1999年二者分离至今已全部暴露。

第一,批捕检察官只关注是否符合逮捕条件,而不会全局考虑案件起诉乃至庭审时证据是否达到标准。在实践中,批捕检察官的职责范围仅限于是否符合逮捕条件,如果符合,则公安机关逮捕犯罪嫌疑人往往又会陷入逮捕终结的陷阱,即有一定的证据证明其有犯罪事实并具有一定的社会危险性,逮捕就意味着侦查阶段终结,直接将案件移送起诉阶段。但逮捕的初衷是更方便保存证据,充实公诉阶段所需的证据,防止犯罪嫌疑人串供、毁灭证据、伤害他人等,但逮捕即提起公诉,结果往往是证据"带病"进入公诉,甚至进入审判。批捕检察官认为后面还有公诉检察官再次进行审查，所以自己没必要那么严格，而公诉检察官则会认为之前自己的同事已经审查过证据，自己简单看看就可以，如此两阶段便撕扯出了一段推诿的真空地带。如果公诉检察官发现证据存在问题提出补充侦查或者排除非法证据，则会浪费更多的时间，此时侦查人员的注意力已经转移到其他案件，证据又具有时效性，能否再次取得又是一项难题。

第二，检察人员重复劳动，浪费司法资源。批捕检察官在批捕阶段需要阅卷、审查案件事实和证据情况、会见并询问当事人、听取律师意见，再决定是否逮捕。在审查起诉阶段换了一位检察官还是以上流程，积极的方面是对案件的两次把关，但另一方面则是司法资源的极大浪费以及使检察人员重复劳动。

第三，捕诉分离就是为了加强内部制约，侦查监督部门与公诉部门分别对案件进行审查，起到相互监督的作用。但实际操作中对于同事很难做到指出错误，因此实际上内部制约的效果并不是很明显。

2. 审查批捕权与审查起诉权可以一体

首先，上文中提到，捕诉一体是指行使权力的人员、部门一体，并不是权力一体。所以，理论上两项权力仍是独立的，分属的诉讼环节也不会变，而人员一体造成的监督职能短缺是客观的，需要其他方面的改革予以弥合。

其次，审查批捕与起诉同属检察院职能范围，对二者的调整也是检察机关内设机构的调整，并不具体涉及公安机关或法院的职能和机构变动，从这一点上来说，二者一体不存在障碍。

最后，2019年最高人民检察院在内设机构调整时并没有独立设置法律监督部门，同时其"在办案中监督，在监督中办案"的思路在此次改革中得到了凸显，这与捕诉分离的思想显然不同。

捕诉一体在理论上仍有很大的讨论空间，在实践中如何运用也有不少值得完善之处。但在落实该制度的两年间，捕诉一体的效果是显而易见的。

（1）提高诉讼效率。检察人员在审查逮捕阶段对案件事实和证据进行全面核实，对所需的证据列明补充侦查提纲，再交由公安机关补充侦查，在公诉阶段只需对新发现的案件事实及新收集的证据进行审查即可，减少了承办人的重复劳动时间、降低了案件比。近几年，社会转型过程中矛盾凸显，刑事案件仍呈高发态势。"2017年全国检察机关侦查监督部门审查批捕人数为

135万人，同比增长24.4%，公诉部门受理移送起诉人数突破200万，同比增长19.8%，检察机关案多人少的矛盾凸显。"[1]捕诉一体制度改革减少了重复劳动，加强了侦检配合，整合了司法资源，提高了效率。

（2）提前介入引导侦查的能力明显增强。公诉检察官在侦查阶段介入的主要作用为引导侦查，提高证据质量，促进证据收集的全面性和准确性，便于日后起诉。强化对侦查活动的"靶向"监督，切实发挥检察机关在诉前程序中主导把关作用。提前介入侧重于引导侦查，浙江省人民检察院于2019年6月4日发布的《浙江省检察机关刑事案件捕诉一体办理工作规则（试行）》第16条规定："检察官开展提前介入的，应当引导侦查机关依法全面收集、固定证据，应当对强制措施适用、案件定性、和法律适用等提出意见，并监督侦察活动是否合法。"

（3）少捕慎捕保障人权。捕诉一体落实后，逮捕后轻判率大幅下降。有学者就某省会城市五个基层法院展开实地调研发现："五个基层检察院中除A院的捕后轻判率同比持平外，其他四个检察院分别同比下降21.05%、41.3%、100%、66.67%。"[2]减少对犯罪嫌疑人的逮捕羁押率是保障人权的重点，尤其是对可能判轻刑的羁押率更是应该重视，无逮捕必要则不捕，将是否逮捕与审判结果相联系，公诉人员在作逮捕决定时需通盘考虑，在这一点上，捕诉一体制度的推定效果十分显著。

（4）提升队伍专业化。在捕诉一体制度下，为了更好地完成批捕和起诉工作，检察官必然要不断扩充知识的深度与广度，发挥审前主导作用，引导侦查，服务于审判。这就需要全局思维和细节考量，既要在法律规定的范围内，又要协调公安、法院、被害方、嫌疑人及辩方等诸多主体利益，反向要求检察人员综合素质不断提高。

捕诉一体在带来诸多变化的同时，其在理论和实践中的问题仍争论不断，针对其弊端后文会重点阐述。无论是一体还是分离均各有利弊，如何选择取决于我国司法现状，即何种制度可以利大于弊，解决实务中的突出矛盾。

---

[1] 简言："'捕诉合一'：提供更加优质'法治产品'"，载《检察日报》2018年6月21日。
[2] 胡波："'捕诉一体'运行考察与配套机制完善"，载《人民检察》2020年第4期，第25页。

(二) 捕诉一体更适合当前社会及司法环境

1. 我国国情是推动捕诉一体改革的动力

良好的社会效果是制度选择的前提，一项适合的制度最终的落脚点一定是服务于人民，切实解决人民在生活中遇到的困难，实现社会公平正义。

首先，我国当前司法现状着重表现为司法效率低，案多人少的矛盾凸显。司法效率意味着资源投入与法律效果之间的比率，一般各国都追求以较低的投入换取显著的法律效果，但效率不能经过严密的计算以数据形式表现，以明确划分某一条标准线，即达到标准线就意味司法效率高，因此不断提高效率成了各国共识。捕诉一体制度将原来两阶段工作量归于一人，任务量的增加对检察官是不小的挑战，但效率的提高毋庸置疑，审查逮捕阶段检察官对案件事实和证据已经全面详细掌握，如需补充侦查可制作《补充侦查提纲》，使侦查工作更具方向感，而在公诉阶段对已熟悉的事实和证据只需审查侦查机关新提供的部分即可，便利两份审查报告的撰写，极大地缩短了案件在检察机关停留的时间，提高效率的同时防止案件久拖导致腐败滋生。

其次，两反转隶催生检察机关强化法律监督。改革前检察机关诉讼监督职能虽有限，但反贪污反渎职的侦查权在一定程度上弥补了监督手段的匮乏，权力转隶也可被认为是一种契机，唯有祛除原有检察体制中不符合新时代法治发展要求的部分才能重新整装再出发。实行捕诉一体改革，能够通过批捕权和公诉权弥补监督职能的削弱，在办案中监督，在监督中办案，用好检察权，用好法律监督权。

最后，我国一直以来以侦查为中心的诉讼格局形成了逮捕羁押率畸高的局面，在捕诉分离时期，批捕检察官不用承担无罪逮捕或轻罪逮捕的结果，因此对是否逮捕的裁量自由度高，而公诉检察官要求补充侦查的瑕疵证据或不充分证据难度大、耗费时间长，案件久拖也意味着犯罪嫌疑人羁押时间越长。

2. 我国司法改革发展方向是捕诉一体改革的目标

党的十八届四中全会《决定》明确提出，要"推进以审判为中心的诉讼制度改革，确保侦查、审查起诉的案件事实证据经得起法律的检验。全面贯彻证据裁判规则，严格依法收集、固定、保存、审查、运用证据，完善证人、鉴定人出庭制度，保证庭审在查明事实、认定证据、保护诉权、公正裁判中发挥决定性作用"。有论者指出："捕诉分开，必然会使得刑事诉讼诉前以审判为中心的取向被弱化。站在整个刑事诉讼的角度看，与其强化体制内审批的监督，不如强化庭审开放式实质性的监督，过多地强调内部监督，还可能会徒生许多内耗，转移庭审在定案上的中心地位。"〔1〕以审判为中心的诉讼制度改革重点就是以证据为中心，转变旧时以侦查为中心的办案模式，需要检察机关作为中轴线在搜集证据的最初环节（侦查）及利用证据定罪量刑的最终环节（审判）起主导作用，捕诉一体制度初期，通过对审查逮捕介入搜集证据，虽然检察机关提前介入侦查，但由于专业性和诉讼环节的限制，仍以公安机关为主，检察机关只起到指导作用，对所需证据及证据质量把关，使之在进入起诉环节就保证合格，公诉检察官对起诉流程及庭审现场更富有经验，因为是自己要出庭支持公诉，质证环节独立面对法官和被告方，证据是否充足合理会直接影响公诉检察官庭审表现，因此对证据的把握会更加严格，充分发挥检察监督与公诉职能，结合全案通盘考虑最终服务于庭审。

2018年10月26日，第十三届全国人民代表大会常务会院会第六次会议作出《关于修改〈中华人民共和国刑事诉讼法〉的决定》，将认罪认罚从宽制度在试点中积累的可复制、可推广、行之有效的实践经验上升为法律，从立法上对改革试点成果予以确认。认罪认罚从宽制度既是程序制度，又是实体制度，覆盖范围广，以其灵活性贯穿刑事诉讼全过程。从实体上看，可认罪认罚的范围没有罪名和预期刑罚的限制；从程序上看，认罪认罚从宽适用于任何阶段、任何诉讼程序。同时涉及公安、检察院、法院、国家安全机关等多部门，其内涵之丰富凸显了制度弹性。在捕诉一体中，检察机关在审查批捕阶段便可启动认罪认罚从宽机制，在犯罪嫌疑人认罪认罚从宽情况下，考虑退赃、补偿等量刑情节，决定是否批准逮捕，此时检察官与之前不同的是其既拥有批准逮捕的权力，又有审查起诉、定罪量刑的权力，在批捕阶段就可以以公诉阶段减轻量刑为效果，在证据主义和客观义务原则下，引入认罪认罚从宽制度，在签署认罪认罚具结书之后可酌情不予逮捕。同时，认罪认罚代表悔罪态度好，主动配合司法人员核实案情补充证据，为后续审查起诉时的精准量刑提供参考依据。在庭审阶段，法官对认罪认罚的案件一般采取简易程序审理，对检察人员的量刑建议以"一般应当采纳"为原则，因此

---

〔1〕 "一线检察官：到底为什么支持捕诉合一？"，载http://www.yidianzixun.com/article/0JFtceV6/amp，最后访问时间：2021年12月16日。

承办人在审查逮捕和审查起诉环节更具主动性，发挥审前主导作用提高司法效率。

在我国刑事强制措施中存在事实上的重罪案件从快批捕现象，即对于不认罪但有证据证明犯罪事实的案件，以及认罪认罚的重大敏感案件从快批捕。但对可能判处三年以下有期徒刑的案件却没有类似规定。随着捕诉一体制度和刑罚轻缓化的实施，轻罪不捕成了可能。首先，不捕的决定就是认罪认罚的结果，认罪认罚表明悔罪态度好，轻罪表明社会危险性低，加之检察人员减轻量刑的承诺，适用认罪认罚从宽制度的轻罪案件应以无逮捕必要不批捕为原则，减少审前羁押率。其次，在捕诉一体制度落实前，公安机关认为如果不予批捕则对无固定居所或无固定工作人员释放之后，再次羁押难度较大，往往导致轻罪羁押。在捕诉一体制度中，对犯轻罪但工作住所不固定的人员可告知逃跑可能会加重刑罚的后果，避免其畏罪潜逃，对于公安机关则说明虽然犯罪嫌疑人不予逮捕但仍会以轻罪起诉，降低了公安机关对被害人无法交代的担忧。

综上，捕诉一体制度既有优势也有仍需在实践中不断改进之处，但对其的理解不能停留在历史记忆中，捕诉一体制度改革符合我国国情对司法的呼唤，与新时代司法改革总目标同向，与同期改革措施相辅相成，具有理论和实践合理性。

第二节 "捕诉一体化"的理论争议与实践难题

一、捕诉一体的表现形式

我国《宪法》第37条规定："中华人民共和国公民的人身自由不受侵犯。任何公民，非经人民检察院批准或者决定或者人民法院决定，并由公安机关执行，不受逮捕。禁止非法拘禁和以其他方法非法剥夺或者限制公民的人身自由，禁止非法搜查公民的身体。"可见，我国《宪法》赋予检察机关批准逮捕的权力。同时，《刑事诉讼法》第80条规定："逮捕犯罪嫌疑人、被告人，必须经过人民检察院批准或者人民法院决定，由公安机关执行。"批准逮捕的权力从抽象的宪法规定到具体的诉讼法落实，并没有确切指明其应属于检察院的哪个职能部门，第169条"凡需要提起公诉的案件，一律由人民检察院审查决定"则在《刑事诉讼法》中确定了检察机关的公诉权。因此，从法律规定上来说，"捕诉一体"或"捕诉分离"都有其法律依据。

两项权力从法律表现角度都隶属于检察机关。有观点认为"捕诉一体"改革只是检察机关的内设机构调整，在诉讼法上并无障碍。如张建伟教授认为："这种捕与诉的分与合，对外的诉讼法效力并无二致，不因捕与诉的分合而产生诉讼法效力上的差异。因此，'捕诉合一'并无诉讼法理上的障碍。"也有观点认为："检察机关一直存在一种片面甚至错误的认识，即只把捕诉关系问题当作其内设机构设置的问题予以对待，认为捕诉是分立还是一体化属于其内部业务机构管理问题，并不涉及刑事程序法理。"笔者更赞成后者的观点，机构是权力运行的载体，机构变动意味着权力整合，并不只是内部管理优化，也是对职权的进一步调整。检察机关的主要职能为法律监督和公诉，公诉权是各国通行的检察机关与生俱来的权力，而法律监督则是在吸收苏联的基础上开辟了具有中国特色的检察体系，因此，我国检察机关职能的复合性也体现了《宪法》规定的公、检、法三机关"分工负责，相互配合，相互制约"的关系，职能复杂性也体现了权力的复杂性、身份的多重性甚至角色的冲突性。捕诉一体最直观的表现为两项权力一人行使，公安机关只需与一位检察官交接，在节省人力、提高效率的同时必然带来对质量及行使权力透明度的疑问，这都是"捕诉一体"制度改革在理论与实践中亟须解决的问题。

二、反对者的核心理由：两权性质相异

（一）批捕权的性质

批捕权是逮捕权的批准，逮捕权是公安机关依据宪法和法律的授予，对公民人身自由实施较长时间的限制。其具有行政性，即国家为管理和保障社会良性运行，单方启动强制力量剥夺公民部分权利，具有单方性、强制性、主动性等特点。前文提及，审查批捕权是对行政权的司法裁量行为，该观点站在批捕权为司法权的立场上阐述，这也是理论上多数学者的观点。

在此之前还有行政权说，认为检察机关是行政机关，其行使的权力也为行政权，但我国检察机关与行政机关并列设置，在机构设置上并无行政色彩。从双重管理体制上来说的确有行政化的特点，但该种特点主要表现在管理体制、隶属关系和组织架构上，并不能代表其权力性质，因此该观点已退出历史舞台。法律监督说认为检察机关具有宪法赋予的法律监督者的地位，同时，

审查逮捕的内容可被理解为监督侦查机关是否符合批捕条件，搜集证据过程是否合法等。但是，审查逮捕的目的是保障逮捕权的顺利行使，是一项程序性权力由刑事诉讼法调整，而法律监督权则是与行政权司法权立法权相并立的一项实体权利，二者性质不同，因此审查批捕权不是法律监督权。还有观点认为，审查批捕具有行政和起诉双重性质，这也是基于我国检察机关职能的双重性所进行的判断。

司法权说认为审查逮捕是司法对行政权的控制，具有中立性、裁量性、被动性。在我国审查批捕模式中，公安机关在侦查阶段认为需要逮捕进一步查找证据或嫌疑人社会危害性较大时，可向检察院提请批准逮捕，这便体现了被动性。在该模式中，侦查机关、犯罪嫌疑人及检察机关形成准司法的三方格局，以检察院居中独立判断，就侦查机关掌握的犯罪事实及证据能否决定犯罪嫌疑人应被逮捕，在该格局中检察机关化身准法官，依据批准逮捕的标准居中裁判。所以，审查批捕权应为司法权。在此阶段，检察官身份具有中立性，既不是监督也不是起诉，如此才能保证限制人身自由的强制措施不被滥用。

（二）起诉权的性质

起诉权是公诉权的一部分，公诉权包括提起公诉权、不起诉权、支持起诉权、变更诉讼权和抗诉权五项基本权能。从公诉的起源可知，随着国家对犯罪危害社会本质认识的逐渐深化，犯罪侵犯的不只是私人利益，更是对整个社会秩序的破坏，国家介入居中行使刑罚权也是避免私人肆意复仇的客观要求。基于犯罪的双重性，起诉时必然不能只考虑被害人一方，结合国家利益与个人利益来决定是否起诉才是现代国家合格的追诉人，这种角色一般公民担任均不具公正性、权威性，只能由经过专业训练、具有专业素养的检察官承担。同时，国家赋权于专业人士代表国家行使权力，也是承担责任的表现，现代国家的主要任务之一便是保护公民合法权益，维护社会稳定、持续发展，创造良好的社会环境，发现犯罪惩罚犯罪自然而然成了国家职责。封建国家多年以来通过行使行政权进行专政独裁统治，资本主义兴起后加强对政府权力的控制，以及重新调配三权关系，分权学说就此诞生，制衡思想不仅体现于三权关系，在一权内部也予以贯彻，司法独立、审控分离、控辩平衡等成了现代刑事诉讼制度的显著特征。

公诉权属于检察机关，我国检察机关为司法机关，是否可以推论公诉权的性质为司法权？我国司法构造与两大法系国家有所不同，我国检察机关既有以公诉权为主的司法属性，又有在组织和隶属关系上体现的行政属性，若以权力所属的机关单位性质为标准判断权力的性质，则公诉权更难以界定。大多数捕诉一体制度的反对者均持公诉权为行政权一说，批捕权为司法权，二者性质不同，因此不可交由一人行使。何为司法权，经历了从"法律适用论"到"终局的权威的判断权"的过程。"法律适用论"认为，司法就是司法机关依据法定职权和程序，具体应用法律处理案件的专门活动，这种定义未免陷入了循环论证的"死胡同"，而且该定义将司法的具体表现抽象成司法的性质未免以偏概全，且以国家司法机关为行使司法权的主体本身就存在巨大模糊性，到底是被定义为司法机关所以行使的权力是司法权，还是行使具有司法特性的权力使之成为司法机关，该学说始终无法解释清，遂逐渐被抛弃；"判断权说"认为运用法律或者法律渊源以纠纷解决为基本目标的终局的、权威的判断权，司法的本质就是将高度抽象的法律重新运用于复杂的社会生活，通过独立意志去判断从而形成结论。而行政权则是以强制性、执行性、法定性、直接性、优益性、拓展性等为特点。笔者认为，起诉权在检察机关请求法院作出实体审判的权力时是请求权，并且具有是否请求的判断权，判断证据是否符合法律规定的起诉条件？是则启动请求权，请求法院作出实体性裁决？否则不启动请求权即启动不起诉权。因此，起诉权应具司法性质。

（三）二者一起行使的弊端分析

基于对两项权力性质的差异理解，反对者认为在此基础上将二者交由一人行使会使审查批捕环节异化，与其基本功能相悖。

前文已论述，审查批捕权具有准司法性，要求检察机关居中独立判断是否批准逮捕，判断依据只有法律规定的逮捕标准以及侦查阶段的事实和证据，但捕诉一体将审查批捕与后阶段的起诉相联系，这就极易导致批捕的独立性丧失，变为起诉工具。其标准向起诉靠拢，功能为起诉服务。检察机关在该过程中原本建构的三方制衡关系，即侦查机关、检察机关、犯罪嫌疑人，检察机关居中裁判，与日后在审判环节形成的三方关系，即检察机关、审判机关、被告人，检察机关与被告人变为对立关系，为了在庭审中更有利于自己出庭支持公诉，同一位检察官在审查批捕阶段无法做到客观中立。有学者担忧起诉权被虚置，如"审查批捕权与公诉权由同一办案检察官或检察官团队行使后，检察官在批准逮捕时将难以仅依照审查批捕的证据标准来操作，而是秉承起诉的大局观，不诉不捕，既捕即诉。如此一来，批捕权的行使将在事实上成为刑事案件是否符合提起公诉条件的实质审查，而审查起诉权则面临被虚置的风险"。[1] 也有学者担忧批捕权被虚置，如"公诉部门在检察机关一直居于核心地位，捕诉合一后存在公诉权兼并批捕权的担忧"。[2] 还有学者认为："羁押措施既能防止当事人继续危害社会，又可防止其在审判及审前调查时不在场，且羁押所形成的精神抑制和物理隔离，有利于获取有罪供述，并防止各种证据风险。因此，对控诉最有利的方法，当然是使嫌疑人、被告人处于羁押状态。"[3] 审查逮捕渐渐带有西方刑事诉讼程序中"预审"的色彩，无论哪种倾向，二者的独立地位均因合一而被削弱。

对于捕诉关系，最高人民检察院制定的《人民检察院审查逮捕质量标准》对逮捕质量进行了细化，对故意或重大过失导致的错捕，该捕不捕的情形要追究责任人员纪律及法律责任，这就会导致"办案检察官在行使审查批捕权时将增加更多外在的客观压力。此时检察官极有可能为了案件在能够逮捕犯罪嫌疑人后顺利起诉而人为提高刑诉法中有关逮捕条件的证据标准，造成该捕不捕或一旦批捕就势必提起公诉的情势，也造成了司法实践中批捕率的非正常降低，犯罪分子逍遥法外的情形"。[4] 捕诉一体制度落实后，实践中逮捕率出现小幅上涨，与该种责任制不无关系。据最高人民检察院2020年工作报告，逮捕人数较前一年上涨了2.9%。我国2017年全国检察机关批准逮捕人数107万，为历史峰值，2020年在实行捕诉一体制度后人数突破108万。在确切的数据下，有论者认为是起诉便宜主义"入侵"，导致审查逮捕沦为起诉的工具，同时混淆了二者的判断标准。笔者认为，这种担心不无道理，虽然与更多的反对者在权力性质上所持观点相异，但批捕权独立性弱化是不争的事实，其与提高司法效率、完善证据能力、服务于庭审又是一体两面的关系，如何在看到捕诉一体带来效益的同时弥补其反作用，需要理论和实践做出更多的探索。

---

[1] 彭森磊："捕诉一体视域下审查批捕权的异化与回归"，载《实事求是》2020年第3期，第75页。

[2] 闵丰锦：《"捕诉一体"论》，知识产权出版社2020年版，第44页。

[3] 龙宗智："检察机关内部机构及功能设置研究"，载《法学家》2018年第1期，第149页。

[4] 彭森磊："捕诉一体视域下审查批捕权的异化与回归"，载《实事求是》2020年第3期，第78页。

三、我国与两大法系主要国家在捕诉关系方面的对比

反对者的主要观点为二者权力性质不同，捕诉一体会破坏审查批捕权的独立性和中立性。有学者认为："反对'捕诉合一'的论者，实际上是将批捕权转给法院行使的坚定主张者，期望像许多国家那样实行司法令状制度，由法官签发逮捕证、羁押令，反对检察机关作为控诉方享有批准和决定逮捕的权力。很明显，他们反对'捕诉合一'的理由，植根于这一内心想法——在这一目标尚未达成之前，退而求其次，期望检察机关捕诉分离。"[1]笔者支持这种观点，纵观该类反对者，其论述的起点皆为二者性质差异，终点则为批捕权归属的转移，捕诉分离则是转移批捕权的权宜之策，仿照西方实行司法令状主义，但司法改革实践却在捕诉分离环节制止了对其归属的讨论，明确批捕权归检察机关且与公诉权交由一人行使，对支持司法令状主义的学者可谓是"雪上加霜"。两大法系主要国家均采取司法令状主义，是否意味着我国也应采取该种模式？

西方国家采取逮捕和批准逮捕分离，且批准逮捕需经过司法审查，才可达到司法权对行政权的控制和监督。英美法系采取检警分离方式，侦查阶段形成的三方模式为侦查机关、犯罪嫌疑人和法官，法官对羁押方式和理由通过预审的方式进行判断。在美国，警察对于已经被逮捕且无延迟必要的嫌疑人，将其送到最近的联邦治安法官或州地方法官处，由法院以预审开庭审理，侦查机关和嫌疑人可采取对抗式辩论。在英国，实施逮捕前要向治安法官提出申请并出示证据说明理由，逮捕后侦查机关只有36个小时可用作调取证据，如需延长则要向治安法官提出申请。一旦进入起诉阶段，侦查机关便无羁押权，必须及时将犯罪嫌疑人交由治安法院，由治安法院决定是否羁押。大陆法系则采取检警一体化，检察官享有侦查权，警察则是侦查权的辅助，在需要羁押犯罪嫌疑人时，由检察机关向法院提起申请，法院掌握决定逮捕和签发逮捕令的权力。同时，当事人主义在大陆法系的不断渗透也使得羁押决定程序日渐公开透明，在保障人权限制公权方面有所突破。在法国，侦查权属于检察官与司法警察，同时预审法官也享有部分侦查权。在此模式下，

---

[1] 张建伟："'捕诉合一'的改革是一项危险的抉择？——检察机关'捕诉合一'之利弊分析"，载《中国刑事法杂志》2018年第4期，第19页。

预审法官既是羁押的决定者，又是判断理由的搜集者，这种身份设置在一定程度上影响了预审法官的中立性，即便实践中其参与侦查活动的可能性较小，因为对追诉犯罪的倾向较小，但法律规定中预审法官有这项权力，不可否认其理论和实践都存在偏颇的风险。在德国，法官签发逮捕令有两种启动形式：一是依据检察官申请；二是在特殊情形下可依职权签发。这与司法中立被动的特点相违背，虽然符合职权主义的特点，法院有权启动逮捕，但通过司法权签发逮捕令侧重于对侦查权的控制和监督而不是取代侦查权。德国对羁押程序的规定十分严谨，从移交犯罪嫌疑人到法官讯问都必须毫不迟延。

通过上述对两大法系主要国家司法令状主义的简单梳理，我们可以发现，无论是哪种法系，检警关系如何，都采取司法法令状主义。这意味着法系之分和检警关系与是否将批捕权移交法院关系不大。"所谓司法权与行政权的性质归属，以及究竟要不要以听证或者司法审判的方式进行上述决定或者批准活动，与这种制度设计关系不大。将羁押权转移给法院，与其说与羁押权的司法性质和行使方式与采取审判或者听证方式有关，不如说与司法权控制侦查权的意图有关。"[1]审查逮捕的初衷是引入中立的司法权对行政权限制人身自由进行监督，其本质是控制和限权行为：首先，引入司法权基本是各国的共识，但是对行使司法权的机关又存在差异。在西方国家检警一体制度下，检察机关为行政机关，只有法院被称为司法机关，才可行使司法权。因此，在该模式下，签发羁押令的行为应当由法院行使。但我国与多数大陆法系国家一致为检警分离，法、德、日等国依然将审查逮捕的权力置于法院，检察机关只有公诉职能，在我国检察机关为公诉和法律监督双职能，检察机关发挥审前主导作用，其地位较其他国家高，在特殊的检察体制下，不可一味效仿或因追求一致性而忽视本国国情。其次，如何行使司法权又有争论，西方国家通过法官预审方式，开庭形成三方对峙以辩论彰显司法特性，而我国批捕权置于检察机关已经使部分学者意见重重，检察机关在审查逮捕时又采取类似行政审批的方式，更使部分学者不可接受。笔者认为，我国将审查批捕权赋予检察机关：一方面是因为我国检察机关与别国地位不同，强大的双重

---

[1] 张建伟："'捕诉合一'的改革是一项危险的抉择？——检察机关'捕诉合一'之利弊分析"，载《中国刑事法杂志》2018年第4期，第20页。

职能使之可以兼顾司法和监督；另一方面，减轻法院负担，我国案件量逐年递增，若再将批捕权归于法院，其开庭次数和工作量则会成倍增长，更不利于审判环节对案件的把握。而对于何为司法方式，笔者认为，开庭固然有其历史传统及符号意味，但抓住内核不拘泥于形式才是提高司法效率的关键。我国检察机关审查逮捕时不仅要阅卷，还要讯问犯罪嫌疑人，听取律师意见，以及后续进行羁押必要性审查。因此，审查逮捕时保留司法内核、采取灵活便捷方式更为我国所适宜。

四、捕诉一体是我国当前司法改革的合理选择

2014年党的第十八届四中全会提出"推进以审判为中心的诉讼制度改革"，2016年最高人民检察院联合五部门发布《关于推进以审判为中心的刑事诉讼制度改革的意见》。此次改革目的有二：一是扭转长期形成的侦查为中心的诉讼制度；二是构建以庭审为中心，重视证据，查清事实，将"未经人民法院判决不得认定为犯罪"落到实处。在改革的大方向下，捕诉一体将直接监督侦查机关的检察机关借由审查批捕环节链接公诉，强化检察机关通过捕和诉两个环节干预侦查，加强对侦查活动的监督，同位检察官带着公诉进入审查批捕，将后续是否提起公诉及出庭质证的压力带入审查批捕，在证据形成时就保证质量能够发挥最大效用，而不是带病进入公诉，通过救济程序纠正错误。可见，捕诉一体本身就与"审判为中心"的诉讼制度改革同向，选择捕诉一体制度是推进以审判为中心的诉讼制度改革的题中应有之义。

在十八届四中全会推出的多项改革措施中，员额制改革是对司法专业队伍的大变革。通过筛选的方式将内部人员分为三类，即员额检察官、检察官助理及行政人员，只有员额检察官才有办案资格。首先，从人员方面为提高捕诉一体办案质量优化人力。同时，随着一线办案检察官数量锐减，若再实行捕诉分离，则会使本就紧缺的人手更加捉襟见肘，因此需要筛选专业能力更强的检察官赋予更大的权力。其次，有权力的同时必然有对权力的制约，司法责任制改革加强了对员额检察官的制约，以"谁办案谁决定、谁决定谁负责"的原则，增强办案人员责任心，终身负责制使检察人员在办案时的目光不能仅停留在当下，而是要提高案件质量，为各个环节自己的决定负责，让每一个案件经得起历史的考验。捕诉一体制度是在2019年初经过试点后推行的，从改革措施的时间线可以看出，一步一步地引出捕诉一体，以审判为中心确立改革方向，员额制改革筛选专业能力强的一线人员，司法责任制是对即将赋权的限权，后捕诉一体制度将两项权力赋予一人可谓顺理成章。若此时出台的是捕诉分离则会与前期改革方向及铺垫相背而驰。

纵然有司法责任制和员额制保驾护航，但笔者并没有否认捕诉一体制度在一定程度上对批捕权的中立性、独立性有所影响。但反对者的思路为捕诉一体侵害批捕权、独立性，因此不仅应当实行捕诉分离，还要将批捕权转隶给法院，且通过诉讼听证等方式才能保证批捕权的独立性，未免有偷梁换柱、声东击西之嫌。其最终目的并不是考察捕诉一体制度，以及如何弥补一项新制度中的漏洞，使之更长久更稳定地为司法改革服务，而是如何推翻和否定。笔者认为这是不可取的，至于如何在捕诉一体制度中强化对监督者的监督，增强批捕权的独立性，仍需学界共同努力。

五、"捕诉一体化"改革中的实践问题

（一）审查批捕与审查起诉标准问题

审查的初衷就是判断案件事实和证据是否符合证明需要达到的标准，捕诉一体后捕诉两个阶段虽未合一，但贯穿两阶段的人员合一，工作内容合一，直接带来的影响便是捕诉标准的趋同。

根据1979年《刑事诉讼法》，批捕的标准为："对主要犯罪事实已经查清，可能判处徒刑以上刑罚的人犯，采取取保候审、监视居住等方法，尚不足以防止发生社会危害性，而有逮捕必要的，应即依法逮捕。"但在实务中，侦查机关如何理解"对主要事实已经查清"，如何在有限的办案时间里查清事实，对实践的挑战巨大。于是，侦查机关开始利用收容方式达到实质逮捕的效果，但由于缺乏监督和管理，收容制度常常出现侵犯人民群众合法利益的情形。于是，1996年《刑事诉讼法》修改时将收容制度废除，同时为了侦查便利降低逮捕标准，将"对主要事实以查清"改为"有证据证明有犯罪事实"。自此，我国逮捕率不断上升。由此，我国逮捕标准与起诉标准便出现了层级划分，起诉标准为"事实清楚，证据确实充分"，较逮捕标准有了确实充分的要求，不局限于存在证据证明。但两标准的划分也使得侦查阶段与公诉阶段对证据和事实的认定存在差异。低标准的逮捕证据往往无法达到诉讼阶段的要求，公诉检察官在审查起诉时常常面临证据不足、证明力不够需要补充侦查等问题，耗费时间及大量司法资源。因此，即便《刑事诉讼法》修改后降低逮捕标准，但实务中侦查人员与审查批捕人员为了侦查阶段与起诉阶段的衔接，仍以旧时较高标准来审查逮捕，导致侦查终结，审查逮捕与审查起诉的标准混淆，违背证明标准渐进的认知规律。在捕诉分离时二者虽然在理论上可以清晰划分，但实践中却又不自觉地弥合两阶段的不配适性。"一旦实行'捕诉合一'，逮捕与公诉由同一检察官负责，两者的证明标准将发生混同，要么导致逮捕的标准居高不下，要么导致公诉标准的降低，检察机关由此将陷入捉襟见肘、左右为难的尴尬境地。"

捕诉一体会延续甚至加重二者标准混淆的问题。从目前的司法实践来看，"捕后必诉"和"捕后必判"较改革之前更为明显。在捕诉合一模式下刑事检察已经是"谁批捕，谁起诉，谁办案，谁负责"。批捕虽然是侦查阶段的强制措施，但最终是否逮捕由检察机关作出，作出决定的检察人员则要承担逮捕后果的责任。侦查机关只具有提请义务，而检察人员是否逮捕与之后是否起诉有重要链接。若不符合逮捕标准，检察机关不予逮捕，则首先的压力来自侦查机关，犯罪嫌疑人的不予羁押对物证、书证搜集，犯罪嫌疑人口供、证人证言的真实性以及其自身的人身危险性都是不可控的，可能会给予嫌疑人毁灭罪证和串供等逃脱法律制裁的时间和空间，使侦查机关前功尽弃。其次则是被害人的压力，我国检察机关在刑事案件中吸收被害人的权利，以国家立场追诉，是否逮捕犯罪嫌疑人与被害人心理感情及案件破获有直接关系，进而被害人在偏激的心理下易采取上访投诉甚至骚扰跟踪威胁办案人员等行为干扰司法机关的正常办案过程。若逮捕，无罪羁押检察机关需要承担国家赔偿责任，轻罪羁押也是检察院内部考核的重要指标。因此，如果符合逮捕标准，则意味着一定要起诉，如果要起诉就要符合起诉标准，此逻辑非常直接，有强迫起诉之嫌。检察引导侦查使侦查阶段的证据调取最终服务于起诉直至庭审，旨在表明检察机关在引导侦查工作时就以可以起诉为标准、为目标来搜集证据，虚化批捕环节标准，使在侦查阶段就被打上"犯罪嫌疑人"标签的被告人一路"绿灯"进入庭审，检察机关层层把关审核的监督职能失效。

浙江省人民检察院于 2019 年 6 月 4 日印发的《浙江省检察机关刑事案件捕诉一体办案工作规则（试行）》指出："案件质量是检察工作的生命线。捕诉一体办案机制改革后，在提高办案效率的同时也要切实提高办案质量。要严格执行审查逮捕、审查起诉两个阶段不同的法定条件与证明标准，深入开展实质审查,严防变相提高逮捕标准,严防够罪即捕,严防凡捕必诉,确保不同阶段的办案质量。"理论和实务界都发现了捕诉一体制度对逮捕标准的弱化,有学者提出是否存在高于逮捕标准、低于起诉标准的中间状态？"虽然刑事诉讼法对逮捕和起诉的证明标准有明确规定,在'捕诉分离'时因办案人员不同而把握程度不同,但在'捕诉一体'模式下,由一名检察同时负责审查捕和审查起诉,不仅会促使承办检察官对逮捕条件从严把握,而且这种'从严把握'的参照标准就是起诉标准。从这个角度说,'捕诉合一'改革后人为'拔高'逮捕标准,实则是逮捕应有标准的回归。'捕诉一体'改革后,检察官在审查捕时,在至少一项犯罪事实上,必须达到事实清楚,证据确实、充分,排除合理怀疑的证明标准,在其他犯罪事实、量刑事实上则暂时不做要求,待作出批捕决定时一并提出下一步侦查意见。毕竟,捕虽然是为了保障诉讼的强制措施,但逮捕之后案件是以起诉为原则,以不起诉为例外的。也因此,'捕诉一体'改革后,如果说存在'高于逮捕标准、低于起诉标准'的'中间状态',那就是建立在逮捕案件至少一项犯罪事实'事实清楚,证据确实、充分,排除合理怀疑'基础上,尚未查清的'其他犯罪事实、量刑事实'就是'中间状态'。"[1]论者认为,提高逮捕标准是逮捕标准的应有回归,"中间状态"则意味着犯罪事实中至少有一项可以符合起诉标准,对其他事项不做要求。笔者支持此观点,在检察引导侦查的理念下,发挥检察机关审前主导作用,加强对侦查阶段证据收集程序及内容合法性的监督,要求检察人员最终对庭审证据负责,对案件后果负责。

司法责任制是检察官保障公正与保证不同阶段办案质量的必然遵循。在不准逮捕与支持公诉两种要求的张力下,检察官在处理审查逮捕标准时必然要向较高的起诉标准靠拢,所获得的证据才更符合起诉和庭审的要求。而批捕与起诉又为两个阶段,完全依起诉标准审查逮捕则会倒向"构罪即诉""凡捕必诉"的危险境地。因此,在保证两阶段相对独立的前提下,提高证据能力,必然有一个严格并超出但不越界的批捕标准。但实际操作远没有理论如此精细,如何把握高于但不超出的度,使抽象的文字更具操作性,上文论者给了我们一个标准,即"至少一项犯罪事实符合起诉标准,对其他事项不做要求"。笔者认为,此标准仍属模糊,涵盖范围大,且审查批捕时检察官依据

---

[1] 闵丰锦：《"捕诉一体"论》,知识产权出版社2020年版,第42页。

证据和事实在两项标准之间相互徘徊，本身就有越界嫌疑，况且上述标准还要求至少一项犯罪事实符合起诉标准，更是协助了起诉标准对批捕标准的"蚕食"。因此，审查逮捕标准实质性提高是改革方向的要求，但如何提高，提高的标准以及标准独立性的界限，如何在捕诉一体人员合一后进一步突出边界模糊的背景下通过制度设置给予检察官能动性的同时划分边界，是理论与实务界共同亟须探索的问题。

(二) 员额检察官的时间分配问题

在捕诉一体制度落实后，不仅员额检察官人数大大降低，其工作内容也由之前的一项转变为审查批捕与审查起诉，需要同时处理批捕和起诉，工作压力大、责任更大，在保证公诉准确性基础上，批捕的及时性使办案人员的时间呈现碎片化特征。"检察官为了确保案件在五个工作日内审查完毕，往往先将精力集中于批捕案件的办理，导致原本可以适用速裁程序的案件因为超过法定办案期限，只能转为简易程序，无法快速办理。"[1]公安机关为避免在侦查阶段延期有时会选择将大量案件在较长节假日前移送审查批捕，而检察人员在节假日前收到需处理的案件后则要在7日的法定期间内决定，此处的法定期间包括节假日，这在无形中剥夺了检察人员的休假时间。"除了批捕案件本身的时间期限要注重外，还需重点调整批捕案件和公诉案件之间的权衡。在基层案多人少是现实，特别是员额制之后，留在检察官手上的案件绝大多数都是复杂疑难的案件，在这种情况下，如果积累的案件多了，如何安排两类案件的办理时间就会成为问题，有时候不得不中断正在认罪思考和办理过程中的公诉案件。面对这样的形势，就必须更加及时地边办案边做笔记，只有一想到什么点就马上记下来，才可能在中断公诉案件办完批捕案件后能接上原来公诉案件的思路。"[2]不知何时会被分到的批捕案件将办案时间打碎，在有限的7日内审查批捕成了核心。在认罪认罚从宽制度下，速裁程序的案件审查起诉期为10天到15天，若超期办理则直接转为简易程序，此后果尚在办案人员控制范围内。但简易程序相较于速裁程序仍属程序复杂，办案人员投入精力较大，同时部分检察院有对速裁案件的考核比例要求，基于此，审查批捕的介入会导致速裁案件的"流产"，在速裁案件中多为一年以下有期

---

[1] 闵丰锦：《"捕诉一体"论》，知识产权出版社2020年版，第42页。
[2] 该段引自基层检察人员办案手记。

徒刑的案件，要在最低限度 10 日内审查起诉，若不利用休息日以及排除案件在检察机关内部流转的时间，对该类案件的审查起诉时间将屈指可数。因此，时间的碎片化导致办案人员应接不暇的同时，对其办案专业程度也会打折扣。

（三）专业化程度问题

如何在有限的时间里实现程序设置的目标和价值，保证捕诉一体的专业性需要三个方面的考量：第一，能否通过程序性控制发挥审查逮捕与起诉的职能；第二，如何通过内部考核机制保证案件的公平公正；第三，如何持续提高员额检察官的"法外"知识专业化程度。

首先，审查批捕权具有司法性质，在司法性的表现形式上，之前主要通过公开听证方式开展诉讼化审查逮捕案件，捕诉合一后则大大简化了审查逮捕诉讼化的体现。主要原因就在于时间紧凑，提高效率必然有所舍弃，诉讼化的形式则成了"捕诉一体"放弃的首选。

那么，在没有程序和形式的规范下，审查逮捕的方式便为讯问犯罪嫌疑人、查阅案件、听取律师意见。而传统审查方式在捕诉一体制度下又存在诸多问题：①讯问犯罪嫌疑人的实际效果降低。在捕诉分离时，当检察官在审查批捕阶段讯问犯罪嫌疑人时，其往往有不认罪或翻供现象，因为检察官的介入对公安机关起到监督作用，同时涉及逮捕则意味着案情较重，即便以后判缓刑也有留有案底的风险，犯罪嫌疑人希望通过检察机关推翻公安机关的结论或者主张冤屈。捕诉一体后，审查逮捕中立性降低，批捕与起诉的检察官为同一人，即便阶段不同、要求不同，对同一个人的判断如无新证据也基本不会变化，其陈述内容与效果将大致相当，嫌疑人希望通过存在差异的两阶段翻供基本不可能，起诉便利性已经影响到了批捕独立性。②律师辩护效果难度大。两层检察官对案件的梳理是内部监督的一种体现，而辩护律师在审查批捕与起诉阶段的存在则是外部监督的表现。但随着认罪认罚从宽制度的展开，刑辩律师发挥作用的空间不断被压缩，一般逮捕的案件就会起诉，起诉的案件又不会是无罪，如果上诉检察院则可以抗诉。"检察权在削弱之后呈现反弹扩张的趋势，对于辩护工作的开展可能存在不利因素，长此以往可能造成'检察定案'的现象。"[1]因此，时间碎片化导致审查批捕诉讼化形式难以实现，回归传统审查方式又矛盾重重。笔者认为，这涉及如何设计并

---

[1] 闵丰锦：《"捕诉一体"论》，知识产权出版社 2020 年版，第 42 页。

强化内部监督与外部监督、如何调节诉讼化的形式与办案时间的冲突。

第二个部分则为内部考评机制，这体现了内部监督职能及能否有效发挥职权。"多年来，检察机关对于不捕率、不诉率进行比例控制，要求过严，捕后不诉，诉后判决无罪，成为检察官办案的梦魇。由此造成的弊端，是办案检察官精神压力过大，畏惧心理强化，造成缺乏担当的司法人格。这种状况，在'捕诉合一'之后会得以延续，'捕诉合一'之后错捕、错诉对应着同一个检察官，则其责任加大，让检察官过虑于错捕、错诉，而畏首畏尾。"[1]在"捕诉合一"模式下，批捕人员可能为了提高公诉的成功率，通过批捕限制犯罪嫌疑人的人身自由，从而减小侦查人员的取证阻力。如果案件移交公诉阶段，公诉人对侦查阶段的事实证据进行推翻，难免会陷入自我否定的尴尬境地，也会对提起公诉造成不利影响。依此逻辑回溯，不科学的绩效考评是导致一系列问题的根源。容错范围和纠错机制体现考评机制的弹性，在检察官权力与责任的压力不断增加下，考评机制可以强化内部监督的同时，对责任压力的消解也有举足轻重的地位，要防止权力膨胀、责任重压、监督不到位等交叉环节产生灰色空间。

第三个部分为检察人员处理案件类型化与自身知识结构的矛盾。检察院将案件依据类型划分不同部门，不同部门的员额检察官办理不同类型的案件，但捕诉分离时不是横向划分，而是根据案件阶段的纵向划分，办案人员会接触到任何类型的案件。捕诉一体后，案件处理呈类型化趋势，案件复杂程度直接决定办案效率及工作量。而案件是否复杂除了客观因素，办案人员主观对其认知也占很大比例，而主观认知需要以专业知识为基础，检察官在法律领域为专业人士，但在金融、知识产权、环保、国家安全等专业领域则不可避免地有所欠缺。捕诉一体制度可以使检察官更加专业，但通往专业需要过程，这种短暂的空白与混乱可能成为冤假错案藏身之所。

以上三个部分直接或间接影响了办案人员的专业性，在追求效率与公平的新制度下成了反对捕诉一体论者的有力武器，也是改进捕诉一体制度，不断配适实践需求的新契机。

---

[1] 张建伟："'捕诉合一'的改革是一项危险的抉择？——检察机关'捕诉合一'之利弊分析"，载《中国刑事法杂志》2018年第4期，第24页。

第三节 "捕诉一体化"的实践探索

一、"捕诉一体"应当坚持的原则

（一）坚持惩罚犯罪与保障人权的统一

惩罚犯罪与保障人权是刑事诉讼法的基本原则，是其基础价值的重要体现，是既对立又统一的关系。严格依法办案，注意把握不同阶段的动态平衡，做到各有侧重，在审查批捕环节注重证据收集和程序监督，切忌人为过度提高逮捕证据标准，从而背离批捕中检察机关的角色定位。坚持逮捕独立性，在确保符合批捕标准的前提下，保障侦查工作有效展开。同时，对社会危险性较低、认罪态度好、调取证据难度较低的情况可以不捕，降低轻罪逮捕率。在审查起诉时，证据事实等已趋于成熟和完整，定罪起诉可能性较大时通过贯彻程序正义注重保障人权。

（二）坚持维护公平与提高效率的统一

捕诉一体办案机制在精简人员和流程方面发挥巨大作用，但公正是效率的基石，没有公正，再高的效率也是在破坏司法权威。而在"构罪即捕""凡捕必诉"的惯性思维下，我们应格外重视公正与效率的关系。检察机关的客观义务在于其不应当仅履行追究犯罪的控诉职能，而是应当超越这一职能，代表国家维护法律权威与尊严，成为法律的捍卫者，这是检察官独有的理念和品质。

（三）坚持依法办案与宽严相济的统一

依法办案是维护法律统一和权威的基础，是司法人员职责的必然要求。宽严相济的刑事政策必须依照法律的规定，做到宽严有据。捕诉一体改革使权力集中，且与认罪认罚制度相结合，检察官手中权力过大。宽严相济的刑事政策往往会左右犯罪嫌疑人是否羁押及量刑等关键问题，容易滋生腐败和权力滥用。因此，强调依法办案和权力监督成了保障正确行使权力的重点，严格落实依法办案原则与宽严相济的刑事政策必须相统一。

二、诉讼化审查逮捕机制的建构有利于批捕权的改良

（一）逮捕诉讼化是逮捕权本质回归的方向

逮捕诉讼化改革是学界近几年讨论较多的议题，笔者认为，这是对审查

逮捕本质探索的回归。由于批捕权与起诉权有相同的性质，二者行使方式一致，即主要通过检察官阅卷，讯问犯罪嫌疑人及听取律师意见等，由检察官一人决定是否逮捕或起诉。在捕诉一体改革前，这两个性质相同、行为方式相同的权力由两位不同的检察官行使，两者有一定的相互监督作用。但改革后权力集中，形成两阶段相同处理方式并监督减弱的局面。既然两者性质和行为方式乃至权力归属都一致，为何逮捕要诉讼化改造，而起诉不用诉讼化改造？这是因为逮捕属于侦查阶段，对案件事实和证据调取认识模糊，明确定罪的可能性较低，可能需要逮捕犯罪嫌疑人进一步明晰事实，核实证据，这也是检察机关居中审查的原因。而审查起诉是在侦查终结后，公安机关认为犯罪嫌疑人有较大可能构成犯罪，有较充分的证据证明其存在犯罪行为，检察机关在有补充侦查和不起诉的权力的同时，公安机关已经有所把握的案件构罪可能性仍占上风。因此，检察机关应当提起公诉，而以不起诉为例外。法官庭审是诉讼化的最直接表现，开庭审理的性质和方式是追求诉讼化最完美的模式，这一模式已经在庭审中体现，因此检察机关提起公诉便是对诉讼化最大的支持，不用独立设置其诉讼化改造。

"逮捕诉讼化转型，是指改变以往审查逮捕程序书面、封闭、行政化审查方式，构建一种检察官居中裁断，侦查机关、辩护律师充分参与、相互对抗的司法审查程序。"[1]逮捕诉讼化是对以往审查逮捕形式将逮捕本质异化的回归，对逮捕独立性的探索具有重要意义。

"抛却'以侦查为中心'的诉讼格局不谈，就审查逮捕制度本身而言，其核心问题在于只有'查'而无'审'，亦即当下的逮捕审查程序绝对依赖于书面材料的查阅，行政性明显而司法性缺失，这种'审查'称为'审批'似乎更为恰当。审批式的逮捕批准模式由于缺乏对审机制，导致检察人员很难完全了解案件的真实情况，信息的不充分使得检察机关很容易作出批捕决定，一方面造成了对犯罪嫌疑人人权的不当侵害与司法资源的浪费，同时也使得案件又进入了'侦查中心主义'的轮回之中，对后续诉讼行为产生难以忽视的影响。"[2]逮捕的诉讼化改造就是要从"查"变"审"，综合各方意见行使

---

[1] 孙谦："司法改革背景下逮捕的若干问题研究"，载《中国法学》2017年第3期，第40页。
[2] 郭烁："捕诉调整：'世易时移'的检察机制再选择"，载《东方法学》2018年第4期，第138页。

判断权,以减少专业化带来的"视觉障壁",使审查逮捕的司法性得到更好的体现。

不当羁押和逮捕是直接侵犯人身自由的行为,其具有的"权利干预"色彩,应通过诉讼化方式审查予以限制。2012年《刑事诉讼法》增加规定了人民检察院审查批捕时讯问犯罪嫌疑人和听取辩护律师意见的程序,提出了捕后继续羁押必要性审查要求,这为检察机关实现审查逮捕诉讼化奠定了基础。讯问犯罪嫌疑人和听取律师意见都是使第三方介入原审查批捕这一封闭环节,不以检察院单方书面审查为唯一方式。但捕诉一体改革和认罪认罚从宽制度,使犯罪嫌疑人的翻供及律师的辩护意见大大弱化。面对负责审查批捕的检察官仍要负责后续起诉和量刑这一事实,为了获得较低的量刑意见一般选择认罪认罚的犯罪嫌疑人及律师通常不会有其他意见。引入讯问和听取辩护律师意见是逮捕诉讼化改革的基础,但在捕诉一体和认罪认罚从宽制度下,逮捕诉讼化的进一步推进会受到一定程度的抵消。

(二) 问题的关键在于诉讼化的方式及如何选择

"司法活动有两方面的特征:一是在活动方式上,司法主体直接审理案件,确定事实和法律适用,具有亲历性、判断性和独立性;二是在行为构造上,采用对抗与判定的'三方组合'结构,司法主体在兼听双方意见的基础上判断和处置。"[1]要在实质上把握诉讼化的内涵,而不局限于表现为庭审的单一。"学者所谓'司法化''诉讼化',是将'司法''诉讼'作狭义理解,即将其等同于审判,'司法方式''诉讼方式'也便成为法院开庭审理的代名词。检察机关审查批捕和审查起诉,多年来被学者诟病为行政审批方式。"[2]因此,对诉讼化司法化的理解不应局限为某一方式,而是要拓展思维寻找更能体现其概念内涵的表现形式。同时,如何运用该方式也是实践中必不可少的问题。对于诉讼化的理解不同,各检察院试点探索模式不同,实务中对其称谓也不同,主要有公开听证、公开听审和公开审查三种。如2011年5月浙江省嘉兴市南湖区人民检察院制定《审查逮捕阶段听证暂行办法》、2014年6月黑龙江省人民检察院发布《黑龙江省检察机关普通刑事案件逮捕前公开审

---

〔1〕 孙谦:"司法改革背景下逮捕的若干问题研究",载《中国法学》2017年第3期,第40页。

〔2〕 张建伟:"逻辑的转换:检察机关内设机构调整与捕诉一体",载《国家检察官学院学报》2019年第2期,第74页。

查工作指导意见（试行）》、2017 年 3 月广西壮族自治区人民检察院发布《广西检察机关审查逮捕案件"诉讼化式审查"试点工作指导意见》。

1. 公开听证

公开听证是检察院适用最广泛的诉讼化审查批捕方式。公开听证是对原书面审查最直接的颠覆，在批捕时引入第三方是实现程序正义的基本理念，如在"捕诉一体"中，检察院中立性受到质疑后重新介入何种第三方便成了主要的问题。

公开听证的主体组成除了检察机关和侦查机关，还应具有其他中立方，比如人民监督员重点对嫌疑人是否具有社会危险性等事实问题发表意见。人民监督员为普通百姓，与司法工作人员相区别，其专业特性应与批捕案件相关。若为重大复杂案件应成立听证小组，从不同角度给予嫌疑人社会危险性的意见。公开听证的范围，有些学者主张对重大疑难复杂、有分歧的案件适用审查逮捕听证制度，[1]有学者主张扩大逮捕必要性公开审查的范围，[2]也有地区将审查逮捕听证案件以列举式划分范围。如贵州省遵义市则将"听证"的案件范围规定为："（一）案情相对简单，基本事实清楚，犯罪嫌疑人在侦查阶段对案件事实的供述基本稳定，与公安机关提请批准逮捕书认定的涉嫌犯罪的基本事实一致；（二）案件不涉及国家安全、国家秘密、商业秘密、个人隐私；（三）案件不属于应当逮捕的情形。"[3]笔者认为，首先要明确不是所有的审查逮捕案件都需要公开听证，这对检察官的时间精力和司法资源都是极大浪费。所以公开听证应是有限的，应以重大疑难复杂有分歧为一类，特殊人群如未成年人，特殊利益如涉及公共利益较多的为二类，有针对性地划分公开听证范围，在程度和类别角度同时勾勒。2020 年 9 月最高人民检察院印发的《人民检察院审查案件听证工作规定》第 4 条规定了检察院可以召开听证会的范围，明确在审查逮捕阶段核实评估犯罪嫌疑人是否具有社会危险性时可以召开听证会。2021 年 8 月，最高人民检察院又出台《人民检察院羁押听证办法》，进一步明确了可以羁押听证的案件范围、听证人员的组成及

---

[1] 胡波："'捕诉一体'运行考察与配套机制完善"，载《人民检察》2020 年第 4 期，第 25 页。

[2] 叶青："关于'捕诉合一'办案模式的理论反思与实践价值"，载《中国刑事法杂志》2018 年第 4 期，第 3~11 页。

[3] 郭烁："捕诉调整：'世易时移'的检察机制再选择"，载《东方法学》2018 年第 4 期，第 140 页。

听证程序等。

2. 公开听审

听审相较于听证最大的区别在于"审",重点突出检察官准法官的角色。如浙江省永康市审查逮捕的"听审"范围原则上适用于全部案件,但以存在逮捕必要性争议的案件为重点,"重大疑难复杂、社会影响较大的案件,侦查机关、犯罪嫌疑人及辩护人提出申请的,以及新类型案件都属于应当听审案件",而对于"涉及未成年人、商业秘密、个人隐私等情形的案件"实行不公开听审。2015年4月,重庆市铁路运输检察院制定《重庆铁路运输检察院审查逮捕案件公开审查实施办法(试行)》,将公开审查案件的范围限定在"案件事实清楚,证据收集完整,在是否具有社会危险性,是否构成犯罪上争议较大或者社会影响较大的审查逮捕案件",规定了"案件以听审会方式进行",视情况邀请人大代表、政协委员、人民监督员,或者犯罪嫌疑人居住地社区居委会村委会人员等组成听审团。

笔者认为,从上述各地检察院对所谓"听审"的规定可知,其适用的案件范围以及程序和方式与听证几乎没有差别,二者都存在的问题是公开听审或听证后的结果检察官是否必须采纳,或者只作为参考,又或是以何种方式表现或记录在审查逮捕报告中,这是两种方式都未涉及的部分。

3. 公开审查

部分检察院则使用"公开审查"的措辞。比如,福建省人民检察院在全省范围内进行审查逮捕案件公开审查,听取多方当事人代理人意见,邀请人大代表、政协委员和社区代表等第三方,以及新闻媒体;浙江省人民检察院通过公开审查,增加侦辩双方对社会危险性证据的举证、质证和逮捕必要性的辩论;武汉市人民检察机关制定的公开审查工作规程将适用"公开审查"的案件范围限定于"公检两方对犯罪嫌疑人是否具有社会危险性有分歧意见的案件;事实清楚、法律适用上有分歧的案件;有一定社会影响、公开审查能起到社会教育意义的案件"这三种情形,并且将"涉及国家秘密、商业秘密或个人隐私;当事人拒绝进行公开审查;未成年人犯罪"排除在适用范围外。

(三)诉讼化审查可能面临的风险

1. 公开听取意见流于形式

虽然各检察机关规定了适用逮捕诉讼化的范围和人员构成,但对其形成的书面意见的效力并无规定,若意见没有一定制约力,则是否公开对审查逮捕的影响力甚微，使逮捕诉讼化改革流于形式。同时，在审查逮捕 7 日的法定期间内，案件到检察官手中时往往可能只剩 5 天，检察官阅卷，讯问犯罪嫌疑人需要 1 天到 2 天时间，而组织公开听证则需要 2 天时间，在时间压力下容易形成过早判断，审查丧失实质性，出现先定后听的现象。

2. 侦查阶段过度公开不利于后续侦查

侦查的秘密性和公开审查批捕存在巨大矛盾。侦查阶段案件事实尚未调查清楚，证据收集也处于黄金时间，逮捕的本质是便利侦查。但若公开审查邀请各类第三方甚至新闻媒体，则必然会公开现有证据，大家在现有事实和证据基础上发表意见，便很有可能加剧逮捕定罪的趋势。同时，侦查阶段的秘密性使律师都没有阅卷的权利，也就是最详细、最完整的证据链条和事实在侦查终结前连律师不得插手，只能当案件进入公诉阶段、检察院审查起诉时律师才有阅卷权，而公开审查不仅公开的是未成熟的证据而且主体也不限于律师，即会有更多的人接触到碎片化的证据，逮捕定罪趋势会更加明显，会对后续调查造成较大阻碍。

（四）如何构建诉讼化审查模式的探析

1. 以听取各方意见为中心扩大辩护人权利

审查批捕时，在坚持当下阅卷、讯问犯罪嫌疑人和听其辩护律师意见的同时，应结合具体案件听取第三方专业意见，并将形成的专业意见或危险评估直接反映在审查批捕报告中。其形式是否公开则不做要求，可以采取对抗式辩论，也可采取书面审查。笔者认为，引入第三方专业评估，以便从实质上加入监督和其他专业力量，是否公开则由具体案件的具体需求来定，切勿"一刀切"浪费司法人员的时间精力及司法资源。

同时，刑事辩护人的权利和介入范围应随检律关系变化而变化。捕诉一体改革后，检律关系重配合，区别于庭审中的对抗式。在认罪认罚从宽制度刑事辩护律师再无阅卷权的基础上，参与感更低，在案件事实和证据方面作用不大。律师角色的弱化在外部监督司法机关及保障嫌疑人合法权益方面形成了严峻的漏洞，在审查批捕环节扩大辩护人介入范围促使发生偏离的逮捕诉讼化改造回归正途，也是强化律师地位和作用的重要途径。

逮捕诉讼化改造的另一出发点在于防止检察官权力腐败，以及防止起诉便利主义导致的"凡捕必诉"。公开逮捕的理由与公开审判的理由一致，逮捕是剥夺嫌疑人人身自由的强制措施，在公开逮捕理由时兼顾侦查秘密的要求，列明触犯的罪名、具体法律依据，主要侧重于对羁押必要性的释法说理，有效预防和化解社会矛盾。

2. 对重大疑难复杂案件启动司法听证

采取公开手段的听证应从更高层面统一措辞。有学者认为"公开听证""公开听审""公开审查"过度强调公开，而改为"司法听证"有利于审前程序与审判程序的良好衔接，以及审前听证的彻底诉讼化。[1]启动司法听证的案件集中于重大疑难复杂，该类案件的审查逮捕期限不限于 7 日，可依申请延长。司法听证的启动应以犯罪嫌疑人及其辩护人的申请为主、检察官依职权启动为辅，禁止先入为主，防止为了听证而听证，使得听证形式化。而对参与听证的人员应以检察官居中，犯罪嫌疑人及其辩护人、被害人及其代理人、侦查人员为主，形成三方格局。同时，第三方的选择应与本案无关，以案件涉及的专业领域或其他相关主体为主。人民监督员或人大代表政协委员不做强行要求，其只是政治概念，在面对具体案件犯罪嫌疑人的社会危险性评估时不一定能发挥身份作用，因此其不是司法听证的必要选择。对于听证模式，笔者认为也不必"一刀切"，即必须使用书面审理或对抗式辩论，关键在于案件分歧程度，分歧程度大或辩护人据理力争的可以申请当庭辩论，但对于稍加解释即可或分歧矛盾较小的采取听取意见的方式即可。

三、引导侦查中如何处理公诉职能与监督职能

（一）稳重逐步完善，顺应司法理念

改革是循序渐进的，我国 1996 年和 2012 年两次对《刑事诉讼法》的大修都沿着维护程序正义、保障人权、约束侦查权的方向进行。虽然改革对原制度的调整较大，但其内容则是之前经过严格论证和试点的，或在其他条文中有所体现的，正式入法是对其加以强化。任何刑事司法制度的巨大变革需要当前犯罪形势、立法技术以及刑事政策的配合。我国当前处于巨大的历史机遇期，进入新时代发展快车道，犯罪形势随着我国在国际社会中的影响力不断增强，并受其影响不断加大，国际竞争拓展互联网、人工智能、芯片等高科技新技术新领域，致使人类所处环境发生巨变，直接影响其行为方式。因此，当前的犯罪形势较以往呈现出了新变化、新特征。

---

[1] 闵丰锦：《"捕诉一体"论》，知识产权出版社 2020 年版，第 179 页。

在刑事政策方面,坚持以"审判为中心"的诉讼制度改革的核心是庭审实质化,对控方提供的证据质量有了更高的要求,检察机关需要作为大控方的主导,引导实质性侦查。以上种种机遇一同推动司法改革,以全面依法治国总目标为方向,革故鼎新。我国正处于快速立法时代,法律的触手已经深入社会生活各个领域,规范各项变化多端的不稳定因素使法律规范下的社会基本盘保持稳定,创造良好社会环境。当前,捕诉一体制度与其他改革共同推进全面依法治国,其不仅涉及捕诉关系,更与认罪认罚从宽制度、检察部门内设机构改革、检警关系、逮捕权归属、检察院法律监督属性、检察引导侦查的内涵等诸多问题相关联,可谓牵一发而动全身。

(二)理清三机关的定位和关系

公、检、法三机关"分工负责,互相配合,互相制约"的关系是被写入《宪法》层面不可动摇的原则,是三机关的权力源头,也是我国在长期司法实践探索中总结出的具有中国特色的理论,在社会不断变化但三机关关系表述不变的情况下,重新理解和定义其内涵是对具体权力调整的理念改造。

在法解释学中,法教义学的研究方法在对源头概念的解释方面效果明显,是提高当前立法体系稳定性和适用性的有效方式。"分工负责"是保证刑事诉讼程序各阶段独立性的规定,三机关地位平等、各司其职,在检察引导侦查的语境下,两机关是既平等又独立的关系,这意味着检察机关介入时不是侦查机关的"手把手教学",不是对案件事实和证据的无限制任意干预,而是在尊重侦查阶段的程序正义的前提下起到"指挥棒"的作用,积极发挥能动性配合侦查机关调查取证。同时,分工负责还体现在审查逮捕与审查起诉两阶段的相互独立上。捕诉一体将平面式递进关系转变为阶层式递进关系。改革前强调两机关两阶段的独立性,侦查终结的案卷对于检察机关来说是全新的。改革后侦查终结移送起诉的案卷,因为检察官在批捕阶段有所了解,因此在起诉阶段便以更严格的标准审查,以事实和证据为准深化对其实质性考察。"相互配合"是在分工负责的前提下使刑事诉讼程序流转更加顺畅,对所需的证据质量在源头把关,检察机关是评价侦查结果的主体,也是配合侦查机关获得结果的主体。这个过程虽然看似是检察机关既做裁判者又做运动员,但配合的前提是分工负责,尊重主体的独立性是配合的前提。因此在检察引导侦查时,检察机关的定位应当是辅助,这意味着侦查机关仍为主导,对二者的关系和诉讼阶段没有越界。检察机关对侦查机关确认的事实和搜集的证据只起到方向性的指引，不直接干涉和控制侦查，对证据形成初期进行基础性勾勒，便于检警在有效打击犯罪方面形成合力。"互相制衡"主要表现在检察机关对侦查机关的制约上。从刑事诉讼流程来看，检察机关处于下游，没有实质性工作需要侦查机关制约；从庭审经验来看，检察机关直接出庭支持起诉，对庭审中所需证据的标准和证据突袭等不可测的变化掌握较多，二者相互形成表面静态实质动态的制衡关系。有学者在捕诉一体制度落实后越发提倡检警一体化，正是看到了改革方向，将检警关系更紧密地联系在了一起。[1]但与其他大陆法系国家不同的是，我国三机关的制衡是在分工负责、相互配合前提下实现的，即便检警相互配合的成分在改革中成为重点，也不意味着二者一体化进程加速，检察机关的法律监督职能和三机关关系皆具有宪法属性，短期内不会改变。

（三）基于独立监督部门的构想分离侦查监督

1. 泛监督的客观实践中诉讼监督能否分离

上文提到，虽然理论将提前介入的职能清晰地分为诉讼和诉讼监督，但实务中泛监督现象严重，介入即存在监督，但又无实际制裁措施，导致监督不力。在捕诉一体下强化检警配合，忽视了检察院法律监督者的定位。因此对于提前介入存在两种观点：一是诉讼职能和诉讼监督并存；二是将诉讼监督职能从提前介入中分离出来。对此上文已有论述。

首先，要讨论的是诉讼监督能否从提前介入中分离出来。"从诉讼制度沿革史上看，诉讼职能本来不依赖于诉讼监督职能而长期存在，至今大多数国家检察机关没有诉讼监督职能，只有诉讼职能，可见诉讼职能与诉讼监督职能是可分的。另外，通过诉讼监督的内容、程序以及监督主体的设定等方面，也可以将诉讼监督职能与诉讼职能分开，使诉讼监督与诉讼形成铁路上的双轨。"[2]对此，笔者持相同观点，监督程序与被监督程序天然地相互关联但又保持距离，正是这种与生俱来的距离使监督者处于中立第三方，二者的关系越少越利于监督，因此将监督职能从提前介入中抽离没有理论阻碍。

其次，监督是我国检察机关体现宪法属性的独有职能，其他法系和其他

---

[1] 闵丰锦：《"捕诉一体"论》，知识产权出版社2020年版，第129页。

[2] 张建伟："逻辑的转换：检察机关内设机构调整与捕诉一体"，载《国家检察官学院学报》2019年第2期，第69页。

国家检警关系没有借鉴意义。正因为监督职能为我国独有，因此强化监督，体现监督，把检察机关监督职能落在实处，更好地保障机关内部廉洁性以及诉讼程序整体有效性才是对宪法赋予的权力最大的尊重。

最后，对于在应当分离和可以分离前提下如何分离，实践中有两种做法："一种是部门内分开，即于侦查监督部门及公诉部门内设监督专组专门从事诉讼监督业务，如北京市人民检察院第二分院曾经采取的机构设置方式；另一种则是部门分离，即在批捕部门、公诉部门外，另设刑事诉讼监督部门，专司侦查监督与审判监督等监督职责，如湖北省人民检察院曾进行的机构设置改革。"[1]在这两种观点下主张部门分离占多数，如"当前检察机关审前主导的重心在于引导侦查、形成侦诉合力，侦查监督职能被边缘化。所以，权衡利弊，应实行'引导侦查职能'与'侦查监督职能'的分离，即将侦查监督职能在当前已成立的刑事检察部等办案部门中分离出来，成立专门的侦查监督部门……比较折中的方式是将侦查监督职能从办案检察官职权上剥离出来，成立专门的侦查监督部门，以防止在审前主导下，检警双方配合有余而制约不足的风险"。[2]

在第二种观点下，将诉讼职能与监督职能相分离，且监督职能独立成部门，专职负责对诉讼的监督，笔者认为该种观点不现实。这种构想在检察机关内再设置独立部门，与现有的检察机关内设部门相并列，此时监督部门则要负责全院案件的诉讼监督工作，且在监督过程中其接触案件仍属首次，与捕诉分离并无不同，耗费的时间和人力成本回到改革之前，效率再次被独立的监督部门拉低。而员额检察官的人数主要集中于办案一线，监督部门员额检察官构成将会十分紧缺，且无法用非员额人员审查员额检察官承办的案件。检察机关"在办案中监督，在监督中办案"的指导理念，将办案与监督合二为一，作为检察权行使的一体两面，同时在最高人民检察院内设机构改革方案中，并无监督部门独立分立的设置。因此，从这两方面来说，独立部门的构想不成立。

对于第一种观点，在部门内设置监督小组，该种方式看似不违背检察机

---

[1] 龙宗智："检察机关内部机构及功能设置研究"，载《法学家》2018年第1期，第146页。
[2] 易文杰："'捕诉一体'下检察机关审前主导的理论困境与突破"，载《江西警察学院学报》2019年第5期，第119页。

关内设机构改革，在部门内部设置监督小组也更具针对性、专业性。但无论是部门还是小组存在的问题都是将监督从办案加监督中抽离，抽离后给予的主体都是非办案的第三方，只要是这种模式，就避免不了人员紧缺及效率低下的问题，捕诉一体改革的最大优势将被化解。

2. 独立诉讼性质的内部监督构想

在上文的分析中，我们可以知晓，捕诉一体作为检察机关提前介入的手段，与提前介入存在相同的质疑，即检察机关的诉讼职能与诉讼监督职能的冲突。二者权力来源和性质、工作人员的身份地位均有不同，若为强配合而弱监督，不仅有悖于宪法赋予的监督职能，对检警相互制约亦无利好，因此二者分离才是应有之义。对于分离的方式，笔者认为将监督抽离给予非办案第三方的任何形式在当前的司法改革大潮中没有立足之地。虽然监督者越独立越能发挥监督效果，但我们应当探索在分离的必要性下，如何通过制度设计在监督与被监督主体合一中发挥监督的最大效果。

检察机关办案模式的改革已由"三级审批"层层内部行政化的管理模式转变为承办检察官在职权内独立决定、独立承担责任的司法责任制。但对独立责任和独立权力的制约来源于检察委员会、检察官联席会议等行政色彩浓厚的手段，行政性的监督不应当作为司法机关内部监督的主要方式。弱化行政内部制约机制，完善人民监督员等其他非权力主体的参与性，并将此制度法律化规范化，是强化内部制约诉讼化的方向。

有学者提出了诉讼监督案件化构想。"所谓'诉讼监督案件化办理'，是指在诉讼监督领域内，对被监督对象的重大违法行为，按照统一的证据标准和程序要求进行法律监督的司法活动。也就是说，对于诉讼活动中较为严重的违法行为，检察官要改变以往的办事模式，按照处理案件的标准来进行办理。一般来说，我们可以将诉讼活动中的违法行为分为三大类，即一般违法行为、重大违法行为和涉嫌构成职务犯罪需要追究刑事责任的行为。其中，一般违法行为是指在办理诉讼案件过程中发现的事实清楚、情节较轻，无需进行专门调查或核实的违法行为。对这类违法行为，通常采取口头监督方式即可。涉嫌职务犯罪的行为是指司法工作人员涉嫌利用职权实施的非法拘禁、刑讯逼供、非法搜查等侵犯公民权利、损害司法公正的行为，对这类违法行为，通常由检察机关采取立案侦查的方式进行监督。重大违法行为是指情节严重，或者需要启动调查、核实程序，或者需要制发法律监督文书的违法行为，对这类违法行为，可以采取办案的方式进行法律监督。"[1]笔者认为，该种方式为我们提供了全新的思路和理解，当诉讼和诉讼监督集中于一人时，在诉讼方面，检察机关只有配合和引导的职能，没有控制侦查机关的权力，二者本就是互相配合的关系。而监督案件化集中于侦查机关的重大违法行为，检察机关的自侦权本就包含对司法工作人员职务犯罪的侦查，而重大违法行为论者并没有明确指出，笔者认为有所多余。既然司法工作人员的职务犯罪由检察机关负责侦查，则重大违法行为必然不包含职务因素，即为普通刑事犯罪，则检察机关无权因其身份启动调查权，所以检察机关在重大违法行为上无侦查权，也无所谓案件化办理。在捕诉一体制度下，检察机关审查逮捕时往往正是侦查人员履行职务的行为，二者的交集也集中在业务方面，因此获得侦查机关职务犯罪线索的可能性较大。基于此，通过内部考核或制度化法律化规定，审查批捕检察官在提前介入时发现侦查人员违法违规的相关线索要汇报，在此线索下以立案调查的方式判断是否存在违法违规行为，作出处理决定，并送达相应文书。2021年10月最高人民检察院和公安部出台《关于健全完善侦查监督与协作配合机制的意见》，进一步健全完善侦查监督与协作配合机制，该意见专门设立了侦查监督与协作配合办公室，首要完善监督制约机制，其次健全协作配合机制。由此可见，内部制度化的规定是完善检察监督的重要抓手。

四、准确把握审查批捕与审查起诉标准的区别

"两审"标准的混淆主要表现在审查逮捕标准的人为提高。有些学者认为提高后的标准是对逮捕应有标准的回归。[2]"捕诉一体模式下，由一名检察官负责审查逮捕和审查起诉，不仅会促使承办检察官对逮捕条件从严把握，而且这种从严把握的参照标准就是起诉标准。"笔者认为，关键在于如何正确理解"有证据证明有犯罪事实"和"人身危险性"。

（一）批捕阶段有证据和有犯罪事实不是起诉阶段标准的降低

批捕阶段的逮捕标准为"有证据证明有犯罪事实"，而该阶段的犯罪事实与证据有主次之分。在认罪认罚从宽案件中，只要求对主要案件事实有认识，

---

[1] 邓思清：“捕诉一体的实践与发展”，载《环球法律评论》2019年第5期，第49页。
[2] 闵丰锦：《“捕诉一体”论》，知识产权出版社2020年版，第42页。

通常强调一点则易忽略另一点,即对次要事实和证据的关注明显低于要求的主要内容。但在捕诉一体制度中,检察官在审查逮捕时对主要证据和事实进行核实后,在审查起诉阶段容易放松警惕,认为之前已经了解案情和掌握相关证据,进而对案件大意处理,导致原本居于次要地位的事实和证据在起诉阶段成了"错案杀手",导致起诉阶段证明标准下降。因此,批捕和起诉标准有程度的高低之分,同时正视两者内容差异,严格每个环节办案质量,是防止冤假错案的重要方式。

(二)贯彻"以社会危险性条件为核心"的方法

"羁押条件也分为证据条件、刑罚条件和社会危险性条件。羁押条件具有以下特点:一是证据条件的要求较低,导致羁押审查程序几乎不需要实质审查实体事实和证据。二是刑罚条件有所规定,但非必要条件。三是社会危险性条件是共同的羁押条件,并且是核心条件。这在理论上是没有任何争议的。"[1]2015年,最高人民检察院和公安部出台《关于逮捕社会危险性条件若干问题的规定(试行)》,详细规定了除《刑事诉讼法》第79条第2、3款规定的情形外,应当严格审查是否具备社会危险性条件。社会危险性条件需要通过证据内容体现,需要相应程度的刑罚设置,坚持通过证据体现社会危险性。审查批捕证据分为两类:一类证明犯罪事实,同时体现嫌疑人以往的社会危险性;第二类是专门证明社会危险性的,此类证据侧重于对未来危险性的评估,因此审查逮捕的核心——社会危险性——需要通过证据来体现。

同时,如何评估证据的社会危险性,在实际操作层面具有现实意义。"目前我们一些地方检察机关已经在尝试对社会危险性进行科学评估、综合评估、量化评估。在未成年人检察工作中,已经较为普遍采取了委托第三方机构对未成年人的日常表现出具报告的方法来评估其人身危险性。探索社会危险性的科学评估方法,是贯彻落实以社会危险性条件为核心的重要措施。但需要注意的是,不能仅凭侦查机关收集的相关证据来进行社会危险性评估,因其控诉的立场会导致所收集的证据具有偏向性。"[2]侦查机关的调查取证侧重于证明嫌疑人有罪,检察院审查逮捕的意义也正在于此,即居中判断是否符合逮捕所需的社会危险性条件,但捕诉一体制度落实后,检察官中立地位受到

---

[1] 孙谦:"司法改革背景下逮捕的若干问题研究",载《中国法学》2017年第3期,第31页。
[2] 孙谦:"司法改革背景下逮捕的若干问题研究",载《中国法学》2017年第3期,第32页。

了威胁，其在判断社会危险性的同时不可避免地要考虑后续起诉，因此可以引入第三方进行社会危险性评估。

五、加强数字化、专业化程度和内部考评

捕诉一体化改革需要加强检察人员专业化培训。此次改革以案件性质划分检察部门，类型化办案趋势明显，因此对检察人员的要求不限于法学专业。

首先，随着法学教育和司法考试改革稳步推进，青年法学人才已成为检察队伍的主力军，基本专业素养提升是持之以恒的，无论在校园还是工作岗位，完善刑法、刑事诉讼法知识体系以适应新时代检察工作需要均是提升检察工作专业化的新要求。

其次，社会分工细化，意味着犯罪方式细化，新型犯罪也是这种社会趋势在纵向的延伸。这就要求检察官在处理案件时不能局限于法学，所接触的类型化案件的相关知识也是检察官在入职后亟须补充的空白。我国近几年在国家安全、环境保护、科技创新、知识产权保护、金融等方面快速发展，对复合人才的需要更加迫切。因此，学校和检察院在应对该种变化时应积极主动地提供课程安排或学习机会，将复合型人才培养作为人才储备的立足点和着眼点。

最后，利用大数据、区块链、"互联网+"等数字技术，研发规范化、标准化、便利化的智慧检务应用，切实量化审查批捕阶段社会危险性评价指标，在减轻检察人员工作量的同时做到有效监管。2021年最高人民检察院发布《检察机关贯彻少捕慎诉慎押刑事司法政策典型案例（第一批）》，重点提到"山东省东营市运用电子智能监管平台有效防止非羁押人员脱管脱逃问题发生；浙江省杭州市运用'非羁码'对非羁押人员进行全方位、全时段、无死角监管"，[1]"广州南沙区加强智慧检务建设，陆续打造出审查逮捕社会危险性量化评估机制、多平台防护的未检工作等8个创新品牌，智能量刑辅助系统、侵害违法犯罪信息查询制度等56项'微创新'案例"。[2]智能化、数字

---

[1] "最高检就《检察机关贯彻少捕慎诉慎押刑事司法政策典型案例（第一批）》答记者问"，载http://www.scio.gov.cn/xwfbh/gfgjxwfbh/xwfbh/44194/Document/1717158/1717158.htm，最后访问日期：2021年12月3日。

[2] 钟亚雅、招阳："审查逮捕如何做到更客观精准 广州南沙：探索建立社会危险性量化评估机制"，载《检察日报》2020年10月10日。

化的新手段正成为提高检务效率、规范羁押行为的"新高地"。

内部考评机制对检察工作有直接导向作用，也是深化内部监督的方式之一。逮捕标准的提高已成为现实，存疑不捕率和轻罪不捕率的升高对逮捕取证提出了更严格的要求。在内部考评机制中，应加强对捕后轻判率的考核，倒逼检察官对没有逮捕必要嫌疑人不予逮捕，降低由防止起诉阶段抓捕犯罪嫌疑人困难导致必捕的影响，提高对社会危险性的综合考量，降低不当羁押率，兼顾惩罚犯罪和保障人权双重价值。要在内部考核中淡化对捕后不诉的评价。逮捕和起诉本就是两套存在差异的标准，随着证据调取的完善，犯罪嫌疑人符合不起诉的可能性仍然存在，但"凡捕必诉"的旧观念以及捕诉一体制度中捕诉的界限的逐渐模糊却在潜移默化中强化了捕诉关系，使逮捕成为起诉的前提，导致捕后轻刑率略微上升。逮捕和起诉本就有着不同的价值取向和评价标准。因此，降低对捕后捕诉的评价有利于批捕独立性建构。

内部考核中批捕和起诉的相对脱离使起诉也更具能动性。公诉一直是检察机关的核心职能，起诉权更是人们对检察机关工作的直接认知，而不起诉、撤诉或无罪判决则被认为是检察机关不作为、乱作为的表现。因此，在上述情形下，应分类对待：若是检察官存在重大过失或故意则应追究责任；若处理符合法定程序，只是证据和事实有所变化，或法院对案件的认知与检察院有所区别，则应避免归入错案。内部考评机制在撤诉或无罪判决中的适用应更细化和灵活。

第七章 不起诉工作实证研究
CHAPTER 07

根据我国《刑事诉讼法》的规定，不起诉，是指人民检察院对公安机关侦查终结移送起诉的案件和自行侦查终结的案件进行审查后，认为犯罪嫌疑人的行为不符合起诉条件或没有必要起诉的，依法不将犯罪嫌疑人提交人民法院进行审判、追究刑事责任的一种处理决定。不起诉是人民检察院对案件进行审查后依法作出的处理结果之一，其性质是人民检察院对其认定的不应追究、不需要追究或者无法追究刑事责任的犯罪嫌疑人所作的一种诉讼处分。它的法律效力在于不将案件交付人民法院审判，从而在审查起诉阶段终止刑事诉讼。

在刑事诉讼发展史上，关于不起诉制度有起诉法定主义和起诉便宜主义之说。中国现行《刑事诉讼法》基本是以起诉法定主义为主，兼顾起诉便宜主义。这实际上是兼顾了起诉法定主义与起诉便宜主义的长处，以使诉讼程序更为合理和科学。不起诉是公诉的组成部分，与修改前的《刑事诉讼法》相比，不起诉的情况有了很大变化。例如，绝对不起诉在过去是以撤销案件处理的，相对不起诉过去是免予起诉的。而增设存疑不起诉，保留追诉权，即检察机关认为证据不足，不符合起诉条件，如果有新的证据符合起诉条件，检察机关仍可以起诉。

目前，在检察机关的不起诉工作实践中，依然存在着法律文书语言表达有失规范、释法说理流于形式、相对不起诉标准掌握偏宽、存疑不起诉案件办理自治性不足等诸多问题。上述问题的存在与当前刑事司法政策对不起诉工作的倾斜、侦查取证环节存有瑕疵、法律监督存在盲区、办案责任追究不严、办案人员业务素能不高等因素不无关系。鉴于此，应坚持实践与理论相结合,从检察政治属性、规范流程标准、优化改进机制、防范廉政风险、提升人员素能等方面探索进一步规范和加强不起诉工作的有效途径,建构起检察机关不起诉工作规范化、科学化工作机制,概括提炼出具有普遍性意义的、可供全省乃至全国范域检察机关借鉴的做法。本章将以义乌市人民检察院2018年以来受理的侦查机关移送审查起诉案件9778件、13 444人为研究样本,分析在"少捕慎诉慎押"司法改革背景下,检察机关不起诉工作的现状、存在问题和完善对策。

第一节　不起诉案件办理现状及存在问题

伴随"少捕慎诉慎押"理念深入人心,尤其是认罪认罚从宽制度的实施,检察机关不起诉权的运用愈加受到重视和关注。检察机关应深刻把握习近平法治思想的理念要义,着力降低审前羁押率和轻罪起诉率,减少社会对立。基于此,对不起诉工作展开深入的实证研究,无疑具有重大的现实意义。义乌市人民检察院是浙江省检察系统办案大院,连续13年刑事案件量位居全省基层院之首。2018年以来,该院共受理侦查机关移送审查起诉案件9778件、13 444人。经审查:作出不起诉处理2719件、3575人,分别占移送审查起诉件数、人数的27.81%、26.59%。丰富的案件量为开展不起诉工作研究提供了丰富的实务样本。义乌市人民检察院通过对该院2018年至2020年间办理的2719件不起诉案件进行系统调研分析,在厘清实体与程序两方面问题基础上,认真剖析了形成这些问题的主客观原因,并结合当前推进市域治理现代化、加强法律监督能力建设等新形势、新任务对检察机关不起诉工作的客观要求,提出了加强和改进不起诉工作的思路与措施。

一、近年来不起诉案件办理基本情况分析

2018年以来,浙江省义乌市人民检察院(以下简称"义乌市院")先后受理侦查机关移送审查起诉案件9778件、13 444人。经审查:作出不起诉处理2719件、3575人,分别占移送审查起诉件数、人数的27.81%、26.59%。

(一) 年度横向分析,不起诉率基本保持平稳

不起诉是检察机关对刑事案件审查后依法作出的处理结果之一,是一种诉讼处分。"它的法律效力在于不将案件交付人民法院审判,从而在审查起诉

阶段终止刑事诉讼。"[1]

从义乌市院3年来不起诉案件办理情况看：2018年，该院共受理移送审查起诉案件3769件、5235人，不起诉957件、1363人，不起诉率为28.86%；2019年，该院共受理移送审查起诉案件3252件、4489人，不起诉864件、1132人，不起诉率为25.54%；2020年，该院共受理移送审查起诉2757件、3720人，不起诉898件、1080人，不起诉率为30.14%。2020年10月份以后，公安机关集中移送起诉一批"醉驾"案件，检察机关对一些犯罪情节轻微"醉驾"案件作了不起诉处理。

从总体上看，义乌市院3年来受理移送审查案件的不起诉率总体平稳，不起诉人数持续下降。

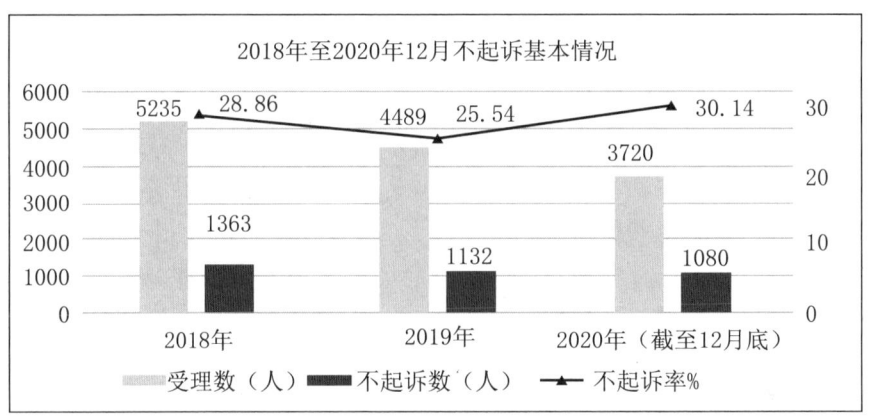

(二) 整体类型分析，相对不起诉比重最高

以2020年为例，在义乌市院当年作出不起诉处理的898件、1080人中，相对不起诉869件、1003人，存疑不起诉25件、70人，绝对不起诉4件、7人。三种不起诉方式占比分别为92.87%、6.48%、0.65%。

---

[1] 参见陈光中主编：《刑事诉讼法》（第2版），北京大学出版社2005年版，第319页。

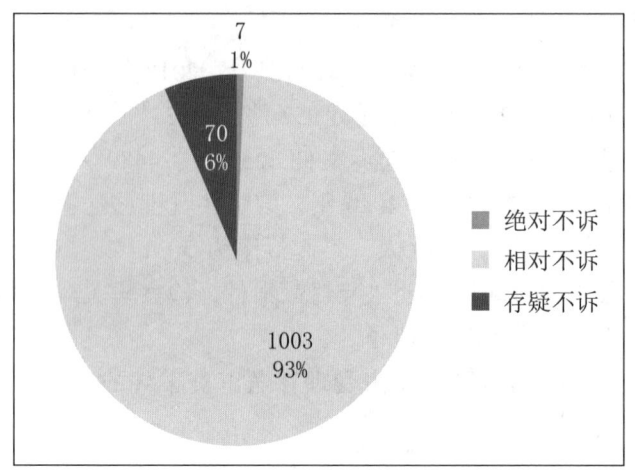

第一,在相对不起诉的869件、1003人中,罪名主要集中于危险驾驶罪、故意伤害罪、轻微盗窃案件等。此类案件行为人一般自愿认罪认罚,犯罪情节较轻,存在退赃、谅解、自首、坦白等法定或酌定从轻、减轻处罚情形。

第二,在存疑不起诉的25件、70人中,罪名主要集中于诈骗罪,合同诈骗罪,掩饰、隐瞒犯罪所得罪,非法经营罪,开设赌场罪,虚开增值税发票罪,销售假冒注册商标的商品罪等。不起诉的理由一方面涉及主观明知的判断,因客观性证据较少,仅凭行为人供述,无法认定主观明知;另一个方面属于法律政策发生变化,如在虚开增值税发票罪中,行为人存在真实货物交易的,代开行为不再认定为虚开。

第三,在绝对不起诉的4件、7人中,侵财类案件3件、5人,妨害司法类1件、2人。不起诉的理由为本应属于职务侵占行为而认定为盗窃行为、属于一般诈骗而认定为电信诈骗,因入罪数额差异导致不起诉。

(三)案件罪名分析,不起诉罪名分布相对集中

从类罪名来看,不起诉案件分布主要集中于危害公共安全案件和侵犯财产案件两大类型之中。2020年办理的898件不起诉案件中,危害公共安全案件就有561件,占62.47%;侵犯财产案件有231件,占25.72%。这两类案件合占88.19%。

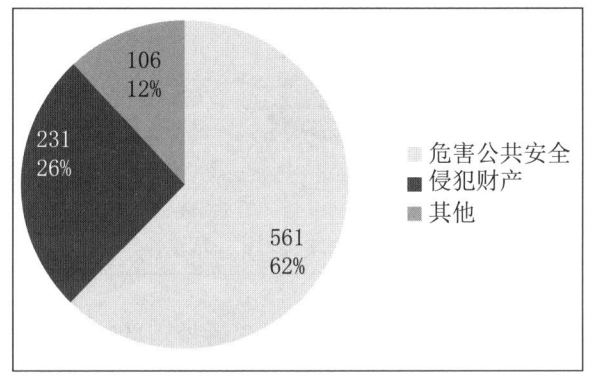

在危害公共安全案件中,危险驾驶案件有525件,约占该类型案件的93.58%;交通肇事案件有36件,约占该类型案件的6.42%。而在危险驾驶案件中,"醉驾"案件已成为近年来该省发案量最高的案件类型。

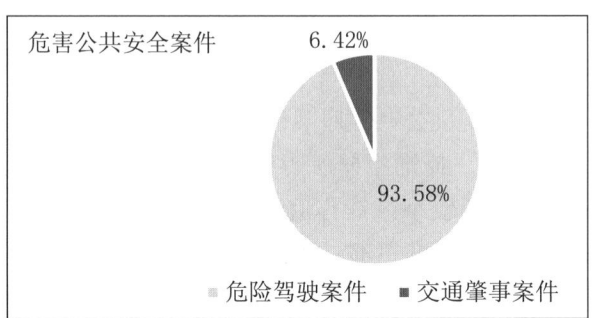

侵犯财产案件主要集中在盗窃、诈骗两个传统的犯罪种类上,不起诉盗窃案件161件,不起诉诈骗案件54件。其中,不起诉盗窃案件绝对不诉2件、2人,相对不诉156件、172人,存疑不诉3件、3人。不起诉盗窃案件占不起诉侵财案件比例的69.70%。一方面由于盗窃案件基数较大,另一方面存在大量罪与非罪之间的"边缘案件",行为人自愿认罪认罚,积极退赃,并取得被害人谅解,以此为基础作出不起诉处理。

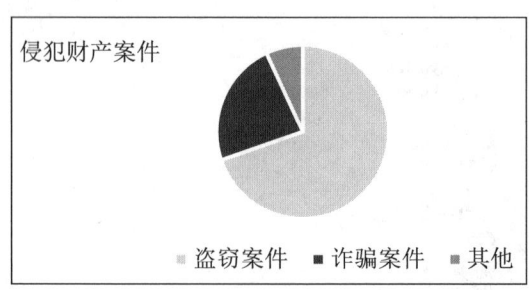

在上述两大罪种四大罪名之外，作不起诉处理的案件类型主要包括：不起诉破坏社会主义市场经济秩序案件35件、86人；不起诉破坏金融管理秩序案件2件、12人；不起诉危害税收征管案件14件、24人，其中虚开增值税专用发票案件12件、21人，不起诉的主要原因是犯罪情节较轻，认罪态度较好，已补缴税款；不起诉侵犯知识产权案件8件、34人，不起诉的主要原因是涉案价值较小，具有自首、从犯法定从轻处罚情节，均已退赃；不起诉扰乱市场秩序案件5件、10人；不起诉侵犯公民人身权利、民主权利案件27件、39人，其中过失致人死亡案件5件、5人；不起诉妨害社会管理秩序案件44件、100人，其中扰乱公共秩序案件12件、29人；不起诉妨害司法案件12件、32人，其中隐瞒、掩饰犯罪所得收益案件12件、30人，不起诉的主要原因一方面是涉案金额较小，具有退赃行为，另一方面是行为人主观明知上游行为可能系违法犯罪程度不够；不起诉破坏环境资源保护案件19件、34人，其中非法捕捞水产品案件6件、11人，非法狩猎案件4件、10人，不起诉的主要原因是行为人认罪态度较好，犯罪情节轻微，案后积极进行了生态修复。

其他主要不起诉案件
- 破坏社会主义市场经济秩序案件
- 破坏金融管理秩序案件
- 危害税收征管案件
- 侵犯知识产权案件
- 扰乱市场秩序案件
- 侵犯公民人身权利、民主权利案件
- 妨害社会管理秩序案件
- 妨害司法案件

义乌市院的不起诉案件办理情况回应了当前刑事犯罪的发案现实，降低高发案件的不起诉率以有效地对诉讼案件进行"诉源治理"，分化社会矛盾，减少社会对立面，构建和谐社会。就起诉率来看，义乌市院的不起诉率远高于全国水平且3年来将不起诉率维持在较高水平。从现有的全国检察机关办案数据来看：2018年全国不起诉率为7.7%，[1]2019年为9.5%，[2]2020年为13.7%。[3]而义乌市院的不起诉率基本维持在25%到30%，且不起诉人数不断下降。就不起诉适用的类型来看，相对不起诉占据了绝对的优势适用地位，而相对不起诉正是是针对虽有犯罪行为但情节轻微可免除刑事责任或不予判处刑罚的轻罪犯罪嫌疑人的诉讼处理方式。义乌市院的不起诉工作是谦抑主义的刑法原则在司法实务中的体现，是对"少捕慎诉慎押""诉源治理"司法理念的积极回应，更是对习近平法治思想所要求的降低轻罪起诉率的有效实践，切实节约了司法资源。

二、近年来不起诉案件办理中存在的主要问题

（一）法律文书制作严谨性不足

主要表现为部分不起诉书文字表述口语化，不够周密、严谨，有些语言表述前后不完全一致。不起诉决定具有终止刑事诉讼的程序效果，应对所决定的被不起诉人的行为性质、不起诉具体理由进行概括解释和说明。审查发现，作出绝对不起诉案件的不起诉书，通常比较注重摆事实、讲道理，所列举的案件事实采取"经本院依法审查查明"的语言表述方式。然而，在因证据不足作存疑不起诉案件的不起诉书中，存在少数对符合不起诉条件的理由"点到为止"的情况，没有结合案情加以必要的展开，不起诉书说理性不够充分，导致检察机关不起诉容易受到误解，在一定程度上也影响了适用效果。如在"钱某某涉嫌非法捕捞水产品案"中，不起诉书中的构罪理由部分表述为，被不起诉人"在禁渔区使用禁用的工具捕捞水产品，情节严重"，而在论述不起诉理由时，表述为"但犯罪情节轻微……可以从宽处理"。虽然前一个"情节严重"是指违法情节严重，属入罪标准，后一个"情节轻微"是指犯罪情节轻微，属量刑情节，均为符合法律规定的表述，但对于公开文书的阅

---

[1] "2019年全国检察机关主要办案数据"，载https://www.spp.gov.cn/spp/xwfbh/wsfbt/202006/t20200602_463796.shtml#1，最后访问时间：2021年9月7日。

[2] "2019年全国检察机关主要办案数据"，载https://www.spp.gov.cn/spp/xwfbh/wsfbt/202006/t20200602_463796.shtml#1，最后访问时间：2021年9月7日。

[3] "2020年全国检察机关主要办案数据"，载https://www.spp.gov.cn/xwfbh/wsfbt/202103/t20210308_511343.shtml#1，最后访问时间：2021年9月15日。

读者而言，很容易产生误解。

（二）相对不起诉标准偏宽

在少数相对不起诉案件中，虽然有当前服务民营经济、适用宽严相济、认罪认罚从宽等政策性因素的影响，但也存在不起诉标准失之于宽倾向。随着司法体制改革的推进，案件的审批权限下放至员额检察官，案件由以前的"承办人—部门负责人—分管检察长"审批模式，变更为员额检察官审批，保障了检察官依法履行办案主体责任。与此同时，审核、把关节点也相应减少，加上案件罪名多样性，承办人主观认知、业务素养、风险评估能力均有所差异，容易出现相类似案件部分起诉、部分不诉的不同处理结果。

（三）少数存疑不起诉案件办理的自洽性不足

对一些客观证据薄弱、主观明知难以明确的案件，在逮捕阶段就不予批准逮捕，而侦查机关在补充侦查阶段并未补充有效证据，案件承办人倾向于谦抑、风险最低原则，对案件作出不起诉处理。同时，部分案件的逮捕与起诉标准不一致，在少数存疑不起诉案件中，出现了"捕后不诉"的案件，在一定程度上影响了检察环节批准逮捕、退回补充侦查等工作的质量。存疑不起诉案件易在部分"司法掮客"的歪曲下被社会公众误解。部分"司法掮客"善于钻法律的空子，在检察机关严格按程序开展不起诉工作的情况下，"司法掮客"抱着"赌徒"的心态，向当事人作出虚假承诺，将正常程序的不起诉处理谎称是其"运作"的结果，以此来获取不法利益，损害了司法机关维护社会公平正义的司法形象。"司法掮客"混淆视听，对承办人多渠道"围猎"也屡见报端，间接影响了检察机关的公信力。

（四）立足于公众视角的释法说理不充分

不起诉作为检察机关对起诉裁量权的运用，从当前刑事政策的要求看，轻罪不起诉已经成为一种化解社会矛盾、和谐社会秩序的重要途径，但少数不起诉文书对社会公众的观感、反应重视不足，虽然贯彻了法律规定，但社会反响欠佳。如在"陈某某涉嫌交通肇事案"中，被不起诉人醉酒（血液中乙醇含量为142毫克/100毫升）后驾驶电动车上路在道路上碰撞到行人刘某，致刘某重伤后经抢救无效死亡。在社会公众看来，这起案件从行为人检测出的相对偏高的酒精含量以及因醉驾造成一人死亡的严重后果来看，以起诉处理并非不可。但事实上，公开的法律文书遗漏了该案中电动车为"两轮电动车"的细化表述，而根据浙江省公、检、法三家会签的《关于办理"醉驾"

案件若干问题的会议纪要》的精神，醉酒驾驶两轮电动车的，不再定罪处罚。

第二节 不起诉案件质量瑕疵的成因与优化路径

一、不起诉案件质量瑕疵问题的成因分析

（一）司法政策对不起诉工作的依赖性、倾斜度较高

"刑事诉讼改革对不起诉检察裁量权的行使可能带来一些影响，主要涉及刑事速裁程序改革和认罪认罚从宽改革。"[1] 近年来，随着全面依法治国的不断推进，"少捕慎诉""诉源治理"理念在检察机关办案过程中的不断植入，"认罪认罚从宽""刑事和解"、降低"案件比"等一系列工作的不断切入，最高人民检察院明确提出"落实少捕慎诉慎押司法理念，对犯罪嫌疑人认罪认罚的，依法能不逮捕的就不捕、能不起诉的就不诉"。浙江省人民检察院提出"着力打造审前羁押率和轻罪起诉率最低省份"，坚持少捕慎诉慎押，减少、转化社会对立面，增加社会和谐因素。义乌市院近3年来，不起诉率总体平稳，分别为28.86%、25.54%、30.14%，不起诉人数在持续上升，提升了诉讼效率，节约了司法资源，减少了社会对立面，促进了法治社会建设。但在服务民营经济、适用宽严相济的刑事政策、认罪认罚从宽等上述政策性因素的影响下，相对不起诉案件负责人为了获取上述政策所要求的改革效果，在相对不起诉的标准问题上会出现偏宽泛掌握的问题。

（二）法律监督存在盲区，个别案件不起诉处理质效不统一

主要表现在以下三个方面：一是退查质量不高。退回补充侦查是补充、完善证据的主要途径，也是存疑不起诉案件的必经程序。近3年来，作出存疑不起诉决定的案件，大部分均经过二次退查，但退查重报的新证据不多，退查质量参差不齐。二是监督制约不足。从现有法律规定来看，检察机关对退回侦查机关补充侦查的案件，监督手段仍然不多，缺乏刚性。三是案件质量监控不足。就检察机关自身而言，目前对于案件质量评查工作，开展得仍不够扎实，内部案件质量监控有待进一步加强。对于不起诉案件，报备审批工作执行力度不够，部分案件的报备仍然流于形式。同时，虽然上级检察院

---

[1] 苗生明："新时代改革背景下公诉工作的理念更新与顺势发展"，载《人民检察》2018年第2期，第7页。

制定了相对不起诉工作实施细则、常见罪名绝对不起诉法律标准等，但仍然过于宽泛，不起诉标准的模糊可能会导致相同案件不同处理的情况，不排除个别案件因此存在该诉不诉的问题，这不利于司法公信力的建设。

（三）责任追究不严，质量瑕疵问题屡有出现

主要表现在如下三个方面：一是案件评查工作中，对查处的瑕疵案件，没有将处理结果及时公布、公开，也没有将评查问题直接向案件承办人反馈，总结、反思流于形式，导致案件承办人主观重视程度不够。二是捕后不诉、撤回起诉案件责任追究力度不够，未能在员额检察官绩效考核及年终考核中予以有效体现，不排除少量案件在"关系案""人情案"的诱导下存在该诉不诉的问题。三是在不起诉案件的办理过程中，对案件信息的管控不够严格，少数承办人未能严格按照"三个规定"的要求，对可能存在的说情、打招呼，未予以及时填报。在作出不起诉决定时，公开的范围、力度仍然不够。

（四）侦查取证存在明显瑕疵，影响案件后续追诉决心

侦查取证方面的问题短板，主要体现在三个层面：一是取证不规范，导致相关证据证明力不强。物证、书证、视听资料属于客观证据材料，具有时空上的不可逆性，取证程序的瑕疵，导致部分证据得不到"修补"，影响证据的证明力。二是取证不及时，未能在第一时间收集固定关键证据。少数案件由于侦查人员取证不及时，造成关键证据毁损灭失后又无法补救，只能作存疑不诉处理。三是取证不全面，导致事实难以认定。取证不全面主要表现为过于重视口供、依赖鉴定意见等，而对潜藏的物证、书证等其他证据发掘的力度不够，一旦犯罪嫌疑人翻供或者不认罪，若无其他证据佐证，很容易使案件陷入僵局，存在因证据问题，降格处理而作相对不起诉的情况。如在"谷某、李某某传播淫秽物品牟利案"中，侦查人员对犯罪嫌疑人的手机进行了电子数据勘验，由于技术原因，聊天记录中的语音内容无法提取，但可以通过该手机进行播放。手机发还给犯罪嫌疑人后，犯罪嫌疑人将聊天记录删除，导致证据灭失。

（五）个别检察官业务素能有待提升

个别检察官司法办案素能方面存在短板，致使不起诉工作出现上述法律文书语言表达有失规范与释法说理流于形式，难以全面熟练批捕与起诉标准的问题。一方面，部分办案人员因其业务能力欠缺而采用机械办案的模式，目前检察办案系统中的不起诉书标准化格式又并未就不起诉理由必须结合案

情加以阐述作出硬性要求，所以该部分办案人员一味笼统地套用模板，导致不起诉文书的说理不充分，应该详细分析论证的部分，被简单笼统地"一笔带过"，影响了制度适用的效果。另一方面，一些办案人员在工作中忽视业务能力的锤炼，致使其整体能力素质尚不能完全适应新形势的需求。"捕诉一体"改革后，检察官同时承担批捕和起诉业务，而批捕与起诉的标准本身即有一定差异，业务素能欠缺的办案人员无法全面掌握两项标准，从而导致出现了上述办案自洽性不足的问题。

二、优化不起诉案件办理的实践路径

（一）服务保障大局，维护公平正义

在法治理念维度，"诉与不诉事关检察权的行使、事关办案的政策和效果、事关整体刑事司法的价值取向"。[1]公平正义和服务大局都是社会主义法治思想的基本组成部分，分别是习近平法治思想的核心价值观念和建设社会主义法治国家的重要使命。公平正义是法治的崇高价值理念，是习近平法治思想中具有综合性、全局性和至高性的核心价值目标。习近平总书记高度重视公平正义的实现，作出了"公正是法治的生命线"，"必须牢牢把握社会公平正义这一法治价值追求，努力让人民群众在每一项法律制度、每一个执法决定、每一宗司法案件中都感受到公平正义"[2]的重要论述。服务大局是检察机关所要肩负的社会主义法治建设的重要政治使命，要求检察机关具备大局意识，切实把握大局，围绕习近平法治思想"少捕慎诉""降低轻罪起诉率"的司法理念等大局开展相关检察工作。

公平正义和服务大局具有内在的一致性和统一性。公平正义的法治核心价值目标具有全局性、至高性，"只有正义这个目标充分实现了，（法律）其他目标才有可能真正实现，才具有合理性"。[3]大局具有根本性、决定性和方向性，所有的工作安排都应当围绕大局展开，检察人员应当具有大局意识。公平正义和服务大局都具有方向性的引领机能，具有功能上的内在统一性。无论是建设社会主义现代化强国的大局，还是切实推进司法改革、强化习近

---

[1] 苗生明：“新时代改革背景下公诉工作的理念更新与顺势发展”，载《人民检察》2018年第2期，第7页。

[2] 习近平：“加强党对全面依法治国的领导”，载《前线》2019年第3期，第8页。

[3] 严存生：《论法与正义》，陕西人民出版社1997年版，第13页。

平法治思想落实的大局，都是党和国家为实现人民群众美好生活、维护人民根本利益而作出的战略部署。因此，公平正义和服务大局辩证统一于切实维护人民群众根本利益这一社会主义建设的根本目的之中。[1]服务大局则要求检察机关按照习近平法治思想、中央"六稳""六保"等战略部署以不起诉工作为重要着力点，开展检察工作实践。因此，公平正义和服务大局辩证统一于检察机关的司法实践之中。

讲政治、顾大局的政治使命担当要求检察官树立全局眼光，以不起诉工作为重要着力点，落实中央"六稳""六保"、服务保障浙江争创社会主义现代化先行省、义乌"世界小商品之都"建设。另外，检察官的法治责任与客观公正立场之需求，要求在实践中把政治智慧、法律智慧、监督智慧辩证统一起来。特别是在宽严相济刑事司法政策的落实维度上，结合打造轻罪起诉率最低省份部署，结合"案件比"、认罪认罚从宽等制度的执行，以不起诉工作为"小切口"，既严格依法适用，防止人为降格处理或成为刑事案件消化处理的通道，又践行"在监督中办案、在办案中监督"，切实发挥检察环节关口作用，着力解决刑事案件前期把关不严、中间补证不力等问题，全面提升检察核心战斗力。

（二）探索自行补侦，严密工作流程

密切与侦查机关沟通。建立与侦查机关的会商机制，紧抓存疑不捕、补证后重新报捕、撤案、补证后直诉等关键节点，对证据不足存疑不诉的典型个案、不诉率较高的类案，以及侦查活动中存在的普遍性问题进行总结、分析，增强监督实效。退回补充侦查工作规范、退回补充侦查提纲说理充分、指向明确、强化侦查监督、提升补充侦查质量。与此同时，由于检察机关退回补充侦查的基础要件无法准确界定，实践中一些检察机关作出补充侦查决定较为随意，自行补充侦查积极性不足。对此，应认识到，必要的自行补充侦查有助于完善证据体系，更加准确地加强对公安机关侦查工作的监督和引导。[2]

"强化对公安派出所的检察监督，规范公安派出所的刑事执法行为，是新

---

[1] 习近平：《论坚持全面依法治国》，中央文献出版社2020年版，第5页。
[2] 参见娄力斌："公诉环节自行侦查之完善"，载《山西省政法管理干部学院学报》2018年第1期，第43~46页。

一轮司法改革的重要内容。"[1]发挥派驻检察官办公室职能。深化"一所（大队）一员额"工作机制，加大提前介入侦查工作力度，主动介入疑难复杂案件的补充侦查活动，努力提升案件办理质量。强化捕诉衔接，发挥诉前主导作用，充分利用"捕诉一体"优势，发挥捕诉衔接效能，确保不诉处理的案件已穷尽手段，防止人为降低逮捕标准，为后续处理带来隐患。强化案件分析，通过典型案（事）例，树立鲜明的工作范本，总结类案经验，形成具有指导意义的规范指引，通过通报反面案（事）例强化反面警示教育，多管齐下，全面提升不起诉工作质效。

（三）改进办案方式，深化检务公开

加强法律文书释法说理。需狠抓说理文书的制作，将不起诉决定书的制作与审结报告的撰写紧密结合起来，增强不起诉说理的针对性、逻辑性、法律性。同时，进一步密切与侦查机关、双方当事人，以及被不起诉人所在单位或村（居）委会的沟通和联系，书面说理与动态说理相结合，充分实现不起诉说理在定分止争方面的作用，在实践中不断增强履行法律监督职责的能力。

优化检察官联席会议机制。发挥办案群体把关的力量，对部分拟作存疑不起诉的案件，组织召开员额检察官联席会议，承办检察官针对焦点问题和处理决定发表个人倾向性意见，参会的员额检察官围绕焦点依次发表意见，在讨论中发现漏洞并及时补缺，联席会议意见作为案件处理决定的参考意见记录在案，为案件的最终决定提供高质量参考。通过搭建疑案交流、庭审评议、交叉检查、理论研讨"四平台"，打造专业化"智库"，融合提升不起诉案件办案质效。

规范不起诉案件流程。制定不起诉工作规范，在前期充分调研论证的基础上，对重点罪名的不起诉标准予以细化，统一办案标准，既保障好检察官依法履行办案主体责任，又注重发挥部门负责人、检察长的把关作用。对于存疑不诉的案件，以提请汇报和备案审查分步骤处理。在提请汇报阶段，积极引导取证并提出指导意见；在备案审查阶段，对审查中发现的问题，及时要求纠正完善，并持续了解后续处理和建议落实情况。

---

[1] 单民、尹畅："着力构建对派出所的刑事执法监督协作机制"，载《人民检察》2017年第12期，第30页。

(四) 深化监督制约，防控廉政风险

"检察职业公正的内在逻辑是借助于法律之内的正义来实现个案正义。这就要求检察司法不仅要结果正确、公平，符合实体法的规定和精神，而且应当严格执行法定程序，使人感受到处理过程的公平性与合理性。"[1]加强内部案件质量评查通报，深化案件质量管理，建立定期案件质量评查、部门交叉检查机制，注重案件质量中的细节监督，对涉及法律政策的疑难焦点问题，及时发现、妥善应对。就审查中发现的程序、实体方面的问题，及时向相关部门和承办人提出纠正意见，督促承办人第一时间整改，防微杜渐。强化不起诉案件档案环节的质量督察，通过严格规范内部监督，进一步提高不起诉案件办案质量，努力实现案件办理由重程序向实体与程序并重的目标演进。

严格执行"三个规定"。在不起诉案件的办理过程中，对可能存在的说情、打招呼问题，督促承办人及时进行填报记录并及时报告，坚决防止人情案、关系案、金钱案。院政治部会同纪检监察组，定期对各部门和办案人员的填报情况进行督察，发现存在应当报告而未报告的，严肃予以追责。健全细化认罪认罚从宽案件全流程规程，防止徇私枉法、权钱交易、权权交易。

严明案件办理流程。严格落实不起诉案件内部审批制度，拟作出不起诉决定的，一律向分管院领导书面报备并说明情况；严格落实向上级检察机关备案制度，承办人作出不起诉决定，应将不起诉决定书报送给上级检察机关备案，以备监督检查；严格落实不起诉办案中的工作纪律，做到信息严控，一旦发现违规泄露案情和拟作出的法律决定情况，坚决予以问责处理。

落实错案责任追究。建立并落实"五张清单"，即正面评价清单、负责评价清单、考核问题清单、工作措施清单、集成履职清单，把不起诉工作落实入清单内容，纳入考核激励与惩戒举措，严格落实办案终身责任制。以一般瑕疵、重大瑕疵、错案为区分标准，结合承办人主观过错程度，建立扣除奖金、通报、退出员额、追究责任等阶梯式惩罚措施。形成监督效应，防止对"宽严相济"刑事政策的理解掌握落入一味"宽缓""谦抑"的误区，避免在办案过程中出现"机械办案"、不敢担当等问题。

自觉接受人大监督、政协民主监督。主动向人大常委会或其职能部门报

---

[1] 参见曹国华："在执法办案中探寻检察职业公正的科学内涵"，载《中国检察官》2010年第19期，第30页。

告不起诉案件阶段性工作,主动邀请人大代表、政协委员视察检察工作、参加"检察开放日"等活动,最大限度地确保人大代表、政协委员对包括刑事检察环节的不起诉案件办理等各项主要检察业务工作的知情权、监督权,进一步提升检察工作公信力。

深化不起诉公开听证改革。面对全球化人权保护和程序法治的风潮,公共权力要不无例外地自我克制,透明司法被提上议事日程。[1]结合案件的复杂程度与社会影响,扩大不起诉案件公开听证的范围,主动邀请人大代表、政协委员、人民监督员等参与公开听证活动,进一步扩大阳光检务,通过强化释法说理、公开审查等措施吸收人民群众参与检察司法,努力让案件当事人和社会各界、人民群众明晰不起诉处理的法律依据和事实依据,不断增强刑事案件不起诉的透明度,避免"司法掮客"混淆视听获取利益,使不起诉案件的办理真正经得起时间和历史的检验。对于不起诉决定的宣布,根据案件情况,适时采用集中宣布的方式,并邀请新闻媒体进行报道,在办案中充分彰显司法权威,扩大不起诉工作的社会影响力。

(五)创新监督思维,增强核心战力

数字检察改革是释放检察生产力、提升检察核心战斗力、增强服务大局能力的"关键一招"。在这种"变化和改革"中,需借助最新科技手段,创新推动检察工作高质量发展。数字化改革对检察机关不起诉工作提出了四个方面的转型需求:①数字办案。需实现"核心业务数字化",重塑检察业务流程。检察不起诉办案的所有要素、环节均实现了高度数字化、智能化。②数字服务。高度对标"网上政府",打造"网上检察",检察不起诉网上服务事项均可以在网上办理办结,检察官与当事人、律师之间均是通过数字渠道,实现"最多跑一次"甚至"一次不用跑"。③数字监督。以网络化、信息化、智能化为基础,依托"大数据"平台,拓展不起诉"集成监督"办案新模式,围绕不起诉工作运行中监督线索的集成处置,推动监督线索"内循环"和"外联动",集中研判、统一指挥。④数字考评。对单位、员额检察官的不起诉工作绩效考评,基础办案、创新创优等核心数据,由系统自动获取和生成,实现数据化考评,用"客观数据"开展"实干评价"。由此,对公诉业务人才的教育、培训工作,根据单位、个人的长板短板,进行智能化分析、

---

[1] 王新环:"审查起诉阶段案件信息公开思考",载《人民检察》2014年第20期,第56~58页。

个性化安排，自动生成培训数据库，让检察人才"扬其所长、补其所短"，实现各有侧重的发展。

遵从以上思维路径，探索"单元办案集成监督"。即以"大数据"为依托，以"四大检察""十大业务"为布局，以员额办案组为单元，以"一所一员额"检察官办公室等为触角，探索设立"单元办案集成监督指挥中心"，打造"检察委员会—员额联席会—各职能部门—员额办案组"四级监督指挥体系，实现办案质效管控、案件线索管理、监督办案指挥、社情研判治理、员额绩效考评"五大功能"，不起诉工作被有效纳入集成监督指挥体系，有利于发挥法律监督整体效应，助推市域治理体系和治理能力现代化。具言之，以"内外合一"为要求，实现对内优化不起诉工作等检察核心业务需求与对外回应党委政府、人民群众关切相统一；以"点面结合"为重点，以打造数字化改革背景下的多跨协同应用场景为小切口，谋划"行刑衔接"大场景；以"一脉贯通"为远景，统筹推进由内而外、由小到大、由近及远的应用场景，努力打造"可复制、可推广、可发展"的数字化法律监督样板。

此外，要深化"检校合作"提升素能。加强与国内知名高校的合作，依托省院授予"检校合作创新实践基地"契机，搭建"四维四共"检校合作框架体系，把"引进来"与"走出去"相结合，目标共研、实务共进、难点共破、人才共建，加强对不起诉工作的理论研究，突出实务难题的解决，培育发展动能。

第八章 知识产权的刑事检察保护

CHAPTER 08

1994年世界贸易组织《与贸易有关的知识产权协定》（TRIPs）第61条为各成员设置了"刑事程序"的条约义务。以此为契机，世界各国的知识产权刑事保护翻开了崭新的一页，知识产权刑事司法在国际层面日益受到重视。中国加入世界贸易组织后，逐渐加强了对知识产权的刑事司法保护。2009年最高人民法院《关于贯彻实施国家知识产权战略若干问题的意见》提出："加大知识产权刑事司法保护力度，依法严厉制裁侵犯知识产权犯罪行为，充分体现惩罚和震慑犯罪功能。"通过搜集2020年以前的资料，笔者发现，目前知识产权刑事司法的研究内容主要集中在知识产权刑事立法、犯罪认定等层面，极少从检察层面去研究知识产权刑事保护的问题。因此，笔者从商标权、专利权、著作权和商业秘密四个方面梳理了国内外关于知识产权刑事保护的规定。

第一节 知识产权刑事保护概述

一、相关概念阐释

（一）知识产权的概念

学界对知识产权概念的界定经历了很长的一段时期。就世界范围而言，20世纪后半叶，以1967年《建立世界知识产权组织公约》的签订为标志，知识产权（Intellectual Property）作为一个法律概念和一项独立的法律制度被普遍接受和广泛使用。[1]学界普遍认为,知识产权的概念主要有三种表达方法:一是完全列举知识产权保护对象范围或划分的方法;二是下定义的方法;三是列举的方法。[2]以国际条约为例,《建立世界知识产权组织公约》第2条第8款以及世界贸易组织在其1993年通过的《与贸易有关的知识产权协议》第一部分第1条和第二部分,均通过列举的方式明确了知识产权的保护范围。就我国知识产权立法而言,最早规定知识产权的《民法通则》第94条至第97条只规定了受法律保护的知识产权包括著作权、专利权、商标专用权、发现权等种类,其后陆续出台的《著作权法》《商标法》和《专利法》等知识产权部门法,亦未通过下定义的方式明确各类知识产权的内涵。最新的《民法典》第123条沿袭了《民法总则》第123条的规定,[3]亦采用了列举的方式,赋予民事主体知识产权。

(二) 知识产权刑事保护的概念

有学者认为,知识产权制度的核心就是要从法律上确认权利归属并保护权利人的合法权益。虽然知识产权法本质上属于民法范畴,是一种调整平等主体之间财产归属的私法,但它对大众生活的影响越来越大。因此,知识产权比一般的私权利更加复杂,在法律保护上已逐渐形成了以私法为主体,行政法、刑事法等公法为补充的综合性法律保护体系。[4]所以,知识产权保护既涉及民事保护,也涉及行政保护和刑事保护。而知识产权刑事保护就是从国家权力角度出发,即通过司法途径来保护知识产权。有学者提出,知识产权刑事司法保护是由国家公诉人或享有知识产权的自诉人向人民法院对侵犯知识产权犯罪人提起刑事诉讼,追究侵犯知识产权犯罪人的刑事责任,以保护相应知识产权的活动。[5]笔者认为,知识产权刑事保护的概念实质上是解

---

[1] 参见王志广:《中国知识产权刑事保护研究(理论卷)》,中国人民公安大学出版社2007年版,第1页。

[2] 参见刘春田主编:《知识产权法》,中国人民大学出版社2000年版,第4页。

[3] 《民法总则》第123条规定:"民事主体依法享有知识产权。知识产权是权利人依法就下列客体享有的专有的权利:(一)作品;(二)发明、实用新型、外观设计;(三)商标;(四)地理标志;(五)商业秘密;(六)集成电路布图设计;(七)植物新品种;(八)法律规定的其他客体。"

[4] 参见熊理思:《知识产权刑事保护与其他法律保护之间的关系协调》,华东政法大学2016年博士学位论文,第10页。

[5] 参见莫洪宪、贺志军:《多维视角下我国知识产权的刑事保护研究》,中国人民公安大学出版社2009年版,第23页。

决何种侵犯知识产权的行为才需要刑法来规制的问题。只有当行为人侵犯知识产权权利人的合法权益,同时严重扰乱市场经济秩序时,才需要通过刑法来打击这种犯罪行为。

二、国内外关于知识产权刑事保护的规定

1979年《刑法》规定了第一个知识产权犯罪——假冒注册商标罪,随后在短短的二十几年间,通过跳跃式立法,中国走过了一些发达国家通常需要几十年甚至上百年才能完成的立法路程,构建了具有中国特色的知识产权刑事法律保护体系。我国在《刑法》第三章"破坏社会主义市场经济秩序罪"第七节"侵犯知识产权罪"专节规定了7种侵犯知识产权犯罪,并在《商标法》《专利法》《著作权法》《反不正当竞争法》等法律中采用了"构成犯罪的,追究刑事责任"这样宽泛的表述,并未从实质上设置知识产权犯罪的刑事责任条款。由此可见,我国采用集中型立法模式规制知识产权犯罪,即将知识产权犯罪集中规定在"破坏社会主义市场经济秩序罪"一章之中,表明我国知识产权刑事法律不仅保护知识产权所有人的合法权益,更侧重于保护市场经济秩序。

有学者认为,我国的集中型立法模式有助于充分揭示知识产权犯罪的共同特征,便于综合比较分析各种知识产权犯罪之间的区别和联系,并且对罪名的统一规定,有利于人们学习和遵守相关刑事法规,增强刑法的威慑力,同时有助于司法工作者在实践中直接引用,强调集中型立法模式体现了我国知识产权刑法保护机制的系统化、科学化。但是,随着近年来互联网技术的迅猛发展和信息网络传播的全球化和自由化,侵犯知识产权犯罪领域出现了域名的刑事保护、网络著作权的刑事立法保护、电子商务中知识产权犯罪的刑事管辖问题以及刑事证据的取得等新型司法实务问题,我国现有的知识产权刑事法律也同样制约着我国打击知识产权犯罪的力度。[1]还有学者提出,刑法典具有稳定性、滞后性的特点,这使得打击知识产权犯罪处于两难境地:与时俱进,不断修改刑法来适应知识经济的发展速度会破坏刑法的稳定性和权威性,而一味维护自身的稳定性,又可能使刑法规定滞后于社会经济生活

---

[1] 参见蒋永良主编:《检察视野下的知识产权保护理论与实践》,中国政法大学出版社2014年,第56~57页。

的变迁，不能有效发挥刑事法律在知识产权保护中的作用。[1]

在众多相关人士的推动下，我国在刑事实体法不断完善的进程中不断推出保护知识产权的刑事程序法，如知识产权公诉、自诉及附带民事诉讼等规定。此外，我国还陆续加入了与知识产权相关的一系列国际公约、条约，最高人民法院、最高人民检察院也先后出台了一系列司法解释，我国知识产权保护刑事法网不断严密，为知识产权刑事司法保护奠定了坚实基础。

2019 年 11 月，中共中央办公厅、国务院办公厅《关于强化知识产权保护的意见》进一步明确："加强刑事司法保护，推进刑事法律和司法解释的修订完善。加大刑事打击力度，研究降低侵犯知识产权犯罪入罪标准，提高量刑处罚力度，修改罪状表述，推动解决涉案侵权物品处置等问题。"随后，2020 年 9 月 12 日，最高人民法院、最高人民检察院联合发布《关于办理侵犯知识产权刑事案件具体应用法律若干问题的解释（三）》，主要规定了三方面的内容：一是规定了侵犯商业秘密罪的定罪量刑标准，根据不同行为的社会危害程度，规定不同的损失计算方式，以统一法律适用标准；二是进一步明确假冒注册商标罪"相同商标"、侵犯著作权罪"未经著作权人许可"、侵犯商业秘密罪"不正当手段"等的具体认定，以统一司法实践认识；三是明确侵犯知识产权犯罪刑罚适用及宽严相济刑事政策把握等问题，规定从重处罚、不适用缓刑以及从轻处罚的情形，进一步规范量刑标准。[2]这些内容最后都融合体现在《刑法修正案（十一）》中。

我国现行《刑法》对于知识产权犯罪设置了八个不同罪名，主要涉及商标权、专利权、著作权和商业秘密这四个知识产权主要领域，因此笔者将按照这四个版块梳理、对比国内外关于知识产权刑事保护的规定。

（一）商标权刑事保护方面

1. 我国关于商标权刑事保护的规定

新中国成立后的第一部商标法规是 1950 年由政务院制定并颁布的《商标注册暂行条例》及其实施细则，工商业企业（经注册的）商标的专用权由其进行专门保护。当下的商标法律体系在一定程度上沿袭了这个条例的相

---

〔1〕 参见田宏杰："论我国知识产权的刑事法律保护"，载《中国法学》2003 年第 3 期，第 141~152 页。

〔2〕 参见孙风娟："加大知识产权刑事司法保护力度"，载《检察日报》2020 年 9 月 14 日。

关规定。从 1957 年至 1979 年，由于实行计划经济体制以及思想观念闭塞，我国商标管理制度呈现出浓厚的计划经济色彩，这一点也体现在了商标强制注册（未注册无保护）以及商标与商品质量挂钩等制度中。但当时并未对侵犯商标权的行为规定刑事责任，直至 1979 年《刑法》第 127 条才规定了假冒注册商标罪。从这一立法规定可见，彼时的规范保护尚显粗糙。这个罪名的犯罪对象仅仅包括企业注册商标，犯罪主体仅仅包括工商企业，二者的范围皆较为狭隘，无法满足市场经济对商标权的刑事法保护要求。[1] 1993 年，全国人大常委会通过了《关于惩治假冒注册商标犯罪的补充规定》（已失效，下同），将销售假冒注册商标的商品和非法制造、销售非法制造的注册商标标识的行为规定为犯罪，同时扩大了侵犯商标权犯罪的主体范围和保护对象范围。[2] 现行 1997 年《刑法》吸收了 1993 年《关于惩治假冒注册商标犯罪的补充规定》的内容，在第 213 条至第 215 条规定中进行了后续的补充和完善，基本建立起了以假冒注册商标为核心，以销售假冒注册商标的商品罪和非法制造、销售非法制造的注册商标标识罪为补充的侵犯商标权犯罪体系。[3] 此后，最高人民法院、最高人民检察院还出台了一些司法解释进行补充。目前，对侵犯商标权刑事责任追究的主要法律依据就是现行《刑法》明确规定的三个罪名和 2004 年《关于办理侵犯知识产权刑事案件具体应用法律若干问题的解释》、2007 年《关于办理侵犯知识产权刑事案件具体应用法律若干问题的解释（二）》、2020 年《关于办理侵犯知识产权刑事案件具体应用法律若干问题的解释（三）》以及 2011 年《关于办理侵犯知识产权刑事案件适用法律若干问题的意见》。2020 年 12 月 26 日，第十三届全国人民代表大会常务委员会第二十四次会议通过了《刑法修正案（十一）》，现行《刑法》对商标刑事保护的规定有了较大的变化。

首先，《刑法修正案（十一）》第 17 条[4]将"服务商标"纳入了刑法

---

[1] 参见冯文杰："商标权刑法保护之历史演进与立法完善"，载《法治社会》2020 年第 1 期，第 55 页。

[2] 参见傅启国、罗震宇、李晓雨："我国商标权刑事保护的现状及完善"，载《中国市场监管研究》2020 年第 8 期，第 24 页。

[3] 参见刘远山：《我国侵犯商标权犯罪：定罪和量刑研究》，知识产权出版社 2010 年版，第 29 页。

[4] 将《刑法》第 213 条修改为："未经注册商标所有人许可，在同一种商品、服务上使用与其注册商标相同的商标，情节严重的，处三年以下有期徒刑，并处或者单处罚金；情节特别严重的，处三年以上十年以下有期徒刑，并处罚金。"

保护范围,符合一直以来学界对扩大商标刑事保护范围的呼吁。此前,我国《刑法》第213条规定的"假冒注册商标罪"采用的是在"商品同一性"和"商标同一性"的"双同"标准。即使2020年9月12日最高人民法院、最高人民检察院公布的《关于办理侵犯知识产权刑事案件具体应用法律若干问题的解释(三)》将"双同"标准进行扩大,例如规定了"改变注册商标的字体、字母大小写或者文字横竖排列""改变注册商标的文字、字母、数字等之间的间距""改变注册商标颜色"和"在注册商标上仅增加商品通用名称、型号等缺乏显著特征要素"等常见侵权行为方式,但也仍然严格限制在"基本无差别""足以对公众产生误导"的标准下。与《刑法》第213条相比,我国《商标法》第57条对商标造成混淆的四种行为,即在同一种商品上使用与他人注册商标相同或近似的商标,在类似商品上使用与他人注册商标相同或近似的商标,均被列为侵犯注册商标专用权的行为方式。虽然《商标法》第61条规定了"对侵犯注册商标专用权的行为……涉嫌犯罪的,应当及时移送司法机关依法处理",但是打击侵犯注册商标的犯罪行为依然要按照《刑法》第213条的规定。因此,学界主流认为,我国假冒注册商标罪犯罪构成标准过于严格,主张扩大商标侵权行为的刑事打击范围。

其次,按照我国《商标法》第3条的规定,注册商标包括商品商标、服务商标和集体商标、证明商标。但是,之前学界对于商标刑事保护的对象是否包括服务商标,存在"否定说"和"肯定说"的争议。持"否定说"的学者站在解释论的立场上,认为将服务商标纳入商标刑事保护的范围不符合罪刑法定原则,并且服务商标自1993年写入《商标法》,而《刑法》于1997年修订,条文表述明显参考了《商标法》的规定。因此,在时间维度上,刑法立法者不可能不知晓服务商标的含义和存在,而仍将服务商标排除在外当是有意为之。[1]而持"肯定说"的学者认为,应当将服务商标纳入刑法保护范畴,但是在实现方式上又产生了"释法"和"造法"两种观点。一种观点认为,《商标法》第4条第2款规定了"本法有关商品商标的规定,适用于服务商标",实质上现行《刑法》已经将服务商标纳入了保护范围。[2]另一种观

---

[1] 参见杨靖军、鲁统民:"假冒服务性商标不构成假冒注册商标罪",载《人民司法》2008年第8期,第54页。

[2] 参见张明楷:《刑法学》(第5版),法律出版社2016年版,第730页。

点认为，张明楷教授根据《商标法》第4条第2款认为服务商标属于假冒注册商标罪的行为对象是类推解释，在罪刑法定原则下，不应在《刑法》已经明文规定"在同一种商品上使用"时仍类推"商品商标"包含"服务商标"。[1]但是《与贸易有关的知识产权协定》第16条规定了应对商品商标和服务商标一视同仁，将二者置于同等的保护地位。因此，将注册的服务商标纳入《刑法》的保护范围符合国际趋势，也有利于《商标法》与《刑法》的衔接。[2]为此，有些学者主张通过刑法的后续完善，将服务商标规定为假冒注册商标罪的犯罪对象。[3]在服务商标能否成为刑事保护对象的问题上，"否定说"与"肯定说"最核心的分歧就在于对罪刑法定原则的理解。持"否定说"的学者认为，《刑法》第3条中的"法律"仅指《刑法》，不包括部门法。而部分持"肯定说"的学者则认为罪刑法定原则所表述的"法律"不应该仅限于《刑法》，还应当包括附属刑法、单行刑法等法律规范，而《商标法》中有关犯罪的条款就属于附属刑法的范畴。[4]这一分歧反映的是学者们对刑法单一法典化立法方式的反思：当《刑法》的科学性和专业性不如预期之时，重塑附属刑法在刑法法源中的地位则是完善刑法对社会治理的有效方式。[5]不过，这次《刑法修正案（十一）》直接在法律条文中加入了"服务"二字，回应了之前学界关于"服务商标"是否被纳入刑法保护范围的争议，也使得商标权的刑事保护可以与《商标法》等部门法更加协调。

此外，我国《商标法》第57条第5项还规定了"商标反向假冒行为"，即"未经商标注册人同意，更换其注册商标并将该更换商标的商品又投入市场的"行为。商标反向假冒行为在我国零售业非常泛滥，不仅严重侵犯了商标所有人的专用权和商业信誉，还侵犯了消费者的知情权，致使其得不到真

---

[1] 参见李永升、冯文杰："实质解释视域下的假冒注册商标罪研究——以商标侵权'混淆可能性'标准为视角"，载《昆明理工大学学报（社会科学版）》2015年第6期，第44页。

[2] 参见黄罕敏、李兰英："海峡两岸商标权的刑事保护：立法评述、相互借鉴与共同展望"，载《台湾研究集刊》2019年第4期，第60页。

[3] 参见郑志："民刑交叉视角下的假冒注册商标罪客观要件研究"，载《知识产权》2020年第5期，第74页。

[4] 参见张耕、黄国赛："民刑交叉视角下商标刑事保护边界研究"，载《知识产权》2020年第12期，第44页。

[5] 参见王琪："附属刑法及其利弊分析"，载《暨南学报（哲学社会科学版）》2017年第1期，第77页。

实有效的市场信息，扰乱了市场经济秩序。但是，我国《刑法》并未将之列入规制对象的范围内。所以，有学者主张应当用刑法处罚严重的商标反向假冒行为，由此作出法规范上的回应，保护值得刑法保护的商标权，积极预防此类行为的再生。[1]还有一些学者认为，应当认识到商标权刑事保护的重要性，但不应忽略民法和刑法各自功能及所保护法益上的差别，仍需要将商标侵权行为与商标犯罪行为进行严格区分。[2]笔者认为，后续的司法解释应对其作出详细规定。

另外，《刑法修正案（十一）》通过前的《刑法》在第213条、第215条中明确规定了"情节"二字，第214条则以"数额"作为罪量因素的概括性规定。可见，在形式上，我国商标犯罪采取的是"数额"与"情节"相结合的模式。但在实践中，有些学者认为目前的司法解释均将情节直接解释为数额，导致商标犯罪实质上成为数额犯，限缩了商标刑事保护的范围。一方面，数额并不能精准地表征行为的社会危害性，例如将假冒作为主要生产、经营活动的情形，即使数额不大，也应被严厉打击。另一方面，采用单一的数额标准，容易导致司法机关避难就易，放弃搜集商标的知名程度、商品的流通范围等证据，而只搜集更易认定的销售数额的证据，不利于法益的保护。[3]此次《刑法修正案（十一）》第18条将《刑法》第214条修改为销售明知是假冒注册商标的商品，违法所得数额较大或者有其他严重情节的，处三年以下有期徒刑，并处或者单处罚金；违法所得数额巨大或者有其他特别严重情节的，处三年以上十年以下有期徒刑，并处罚金，增加了"情节"二字，表明我国商标权刑事保护更趋于非单一化的定罪标准。

此次《刑法修正案（十一）》还将《刑法》第215条"非法制造、销售非法制造的注册商标标识罪"中的拘役和管制刑删除掉，表明我国打击侵犯商标权犯罪的力度有所加大。

---

〔1〕 参见冯文杰："商标权刑法保护之历史演进与立法完善"，载《法治社会》2020年第1期，第59页。

〔2〕 参见张耕、黄国赛："民刑交叉视角下商标刑事保护边界研究"，载《知识产权》2020年第12期，第45页。

〔3〕 参见张耕、黄国赛："民刑交叉视角下商标刑事保护边界研究"，载《知识产权》2020年第12期，第51页。

2. 其他国家关于商标权刑事保护的规定

1870年，美国国会第一次通过《商标法》，允许商人在合法的基础上登记商标并拥有使用权，商标登记后有着独有性和专有性，禁止其他商人使用。1876年，美国国会颁布了《商标法（修订案）》，将刑事制裁作为商标保护的主要手段之一，这是世界上首次出现的商标权刑法保护。1905年，美国国会再次修订了《商标法》，使该法律变得更加系统而全面。在整个20世纪，《商标法》的最大发展在于商标权范围的不断扩展，使商标权的刑法保护达到一个极大的覆盖面。[1]1984年《假冒商标法案》规定了假冒商标罪，该法案是在1946年美国国会制定的民事立法《兰哈姆法案》的基础上建立的。所以，可以说，《假冒商标法案》是对《兰哈姆法案》在刑事责任方面的补充。国会在立法时就指出，对《假冒商标法案》的解释要以《兰哈姆法案》为背景，只有《兰哈姆法案》中规定了的侵权行为才可以入罪。根据《假冒商标法案》的规定，故意贩卖假冒商品或服务的行为是犯罪，不论行为人对假冒是否知情。但之后，人们发现《假冒商标法案》存在漏洞，即对仅贩卖假冒商品的某一部分而不是全部商品的行为缺乏规制。为此，2006年美国出台了《打击假冒制成品法》，对《假冒商标法案》作出了修正，将贩卖假冒标志和包装的行为也视为犯罪，堵上了法律漏洞。此后，《优化知识产权资源与组织法案》《反诈骗组织和腐败组织法案》等法案也进一步强化了对假冒商标的刑事执法。[2]2006年《制止制成品伪造法》进一步提高了商标犯罪刑罚，规定个人可处以最高10年监禁和最高200万美元罚金，单位可处以最高500万美元罚金；对于再犯，个人和单位分别可处以最高20年监禁和最高500万美元罚金以及最高1500万美元罚金。[3]

法国对商标权的刑法保护。《法国制造业、商业和服务业商标法》以及《法国刑法典》第422条规定了4种典型商标侵权犯罪行为，而且对侵犯注册商标行为的制裁力度也比较严厉。凡是假冒他人注册商标，储存、出售或者提供带有假冒商标的商品，未经许可而使用他人注册商标以及仿造他人商标，

---

[1] 参见蒋巍："基于利益平衡角度的商标权刑法保护研究"，载《广西大学学报（哲学社会科学版）》2020年第3期，第107~108页。

[2] 参见熊理思："知识产权刑事保护与其他法律保护之间的关系协调"，华东政法大学2016年博士学位论文，第36页。

[3] 参见陈晓钟："知识产权犯罪司法认定问题研究"，南京大学2015年博士学位论文，第23页。

均要受到刑事追究。对于侵犯商标权犯罪，《法国刑法典》根据不同行为规定了可处以1个月至1年、3个月至3年刑期不等的自由刑以及数额不等的罚金刑。

德国侵犯商标权犯罪的范围也很广，基本涵盖了非法使用他人注册商标、非法使用他人的姓名或商号、非法使用商品的外部标识的行为。具体罪名包括"非法使用他人姓名、商号或者商标罪、非法使用商品的外部标志罪、对商品的虚假说明罪"等罪名。可见，德国对商标权的刑法保护还是较为宽泛的，但刑罚较他国而言显然过于轻缓，对三种犯罪的刑事处罚均为6个月以下有期徒刑或180天以下日数罚金。但德国于1990年加重了对假冒等行为的处罚力度，对于一般侵权行为可处以最高3年徒刑或罚金，对商业性侵权行为则可处以最高5年徒刑或罚金。

总而言之，西方国家的商标法及相关法律保护商标权的目的并非消除竞争，也不只是赋予商标权人的合法权益，竞争者在一定条件下也同样拥有合法权益。因此，商标权在法律的帮助下形成了一种平衡关系，使利益再分配能够被各方所接受。除此之外，在国际层面，《与贸易有关的知识产权协定》首次引入了商标的刑事保护，将商标权的法律保护提升到了一个新的高度，要求成员方针对具有商业规模的蓄意假冒商标提供刑事程序和处罚，并且可使用的救济应包括足以起到威慑作用的监禁和罚金，并应与适用于同等严重性的犯罪所受到的处罚水平一致。[1]

（二）专利权刑事保护方面

1. 我国关于专利权刑事保护的规定

我国对专利权的刑事保护主要依托现行《刑法》第216条"假冒专利罪"，即"假冒他人专利，情节严重的，处三年以下有期徒刑或者拘役，并处或者单处罚金"。可以看出，《刑法》第216条属于空白罪状，其前置性规范是《专利法》《专利法实施细则》。2008年《专利法》对于假冒专利的规制集中在第63条，规定了假冒专利需要承担民事责任，并且需要承担行政责任——由管理专利工作的部门责令改正并予公告，没收违法所得，可以并处违法所得4倍以下的罚款；没有违法所得的，可以处20万元以下的罚款；构成犯罪

---

〔1〕 参见蒋巍："基于利益平衡角度的商标权刑法保护研究"，载《广西大学学报（哲学社会科学版）》2020年第3期，第108页。

的需要承担刑事责任。2020年10月17日，第十三届全国人民代表大会常务委员会第二十二次会议通过了《关于修改〈中华人民共和国专利法〉的决定》，自2021年6月1日起施行。2020年《专利法》对比2008年《专利法》有了不少变化，最明显的是在其第68条仍然规定了民事责任和刑事责任，但是行政责任明显加重——由负责专利执法的部门责令改正并予公告，没收违法所得，可以处违法所得5倍以下的罚款；没有违法所得或者违法所得在5万元以下的，可以处25万元以下的罚款。

2001年《专利法实施细则》第84条规定了假冒他人专利行为的表现形式，第85条规定了冒充专利行为的表现形式。但2010年《专利法实施细则》删除了假冒他人专利和冒充专利行为的区分，在第84条对2008年《专利法》第63条的"假冒专利"作出了具体表述。[1]一些学者认为，2001年《专利法实施细则》和2004年《关于办理侵犯知识产权刑事案件具体应用法律若干问题的解释》关于假冒他人专利行为的规定，已经解决了假冒专利罪客观方面表现的争议和现行《刑法》第216条适用的困境。但是，2010年《专利法实施细则》对假冒专利及其表现形式作出新的规定之后，反而使现行《刑法》和相关司法解释与作为其前置性规范关于假冒专利行为的规定脱节，有违法律体系的逻辑自洽性。[2]

对于上述矛盾点，目前主要存在两种观点。一种观点认为，只需要将现行《刑法》第216条中的"假冒他人专利"改为"假冒专利"即可，因为冒充专利行为的外延比假冒他人专利行为宽泛，完全可以将假冒他人专利行为与冒充专利行为一并囊括在内。此外，我国《专利法》规定有专利权无效宣告程序。不少专利，尤其是实用新型专利和外观设计专利因无须通过实质审查即可授权，所以在授权后，专利权被宣告无效的可能性较大。而专利权一旦被宣告无效，在法律上视为自始即不存在。如果假冒的他人专利被宣告无

---

[1] 2010年《专利法实施细则》第84条第1款规定："……（一）在未被授予专利权的产品或者其包装上标注专利标识，专利权被宣告无效后或者终止后继续在产品或者其包装上标注专利标识，或者未经许可在产品或者产品包装上标注他人的专利号；（二）销售第（一）项所述产品；（三）在产品说明书等材料中将未被授予专利权的技术或者设计称为专利技术或者专利设计，将专利申请称为专利，或者未经许可使用他人的专利号，使公众将所涉及的技术或者设计误认为是专利技术或者专利设计；（四）伪造或者变造专利证书、专利文件或者专利申请文件；（五）其他使公众混淆，将未被授予专利权的技术或者设计误认为是专利技术或者专利设计的行为。"

[2] 参见金多才："专利权的刑事司法保护实证研究"，载《河南科技》2020年第27期，第18页。

效,则本属假冒他人专利的行为也就自然转化成了冒充专利行为。[1]另一种观点认为,可将假冒专利罪修改为假冒专利标记罪,明确假冒专利罪的犯罪客体是违反了国家的专利行政管理制度,这与我国《刑法》关于假冒专利罪的立法价值取向更加吻合;同时明确专利侵权犯罪,其罪状可以采用空白罪状的立法模式,辅之以《专利法》等附属刑法对专利侵权行为特征的填充和具体阐释,将专利侵权行为细分为对发明、实用新型或外观设计的侵犯,比如可以加大对发明专利的保护,而对侵犯外观设计的行为可以不用《刑法》规制。[2]

此外,一些学者认为,《刑法》第216条中的"情节严重"的入罪标准过高,不利于有效规制假冒他人专利的犯罪行为,同时与第213条"假冒注册商标罪"、第217条"侵犯著作权罪"的入罪标准不协调。应对"情节严重"的标准做降低化的处理,将"非法经营数额在20万元以上或者违法所得额在10万元以上的,给专利权人造成直接经济损失50万元以上的,假冒两项以上他人专利,非法经营额在10万元以上或者违法所得额在5万元以上的"标准调整为"非法经营数额在5万元以上或者违法所得额在3万元以上的,给专利权人造成直接经济损失15万元以上的,假冒两项以上他人专利,非法经营额在3万元以上或者违法所得额在2万元以上的",从而使假冒专利犯罪的入罪标准与假冒注册商标罪和侵犯著作权罪的入罪标准相协调。[3]

2. 其他国家关于专利权刑事保护的规定

美国在侵犯专利权犯罪方面共规定了2个罪名:虚假专利标记罪和伪造专利特许证罪。《美国专利法》第292条规定:"本罪是指实施如下几种行为之一的行为:第一,未经专利权人同意,在其所制造、使用或出售的物品上,标注、缀附,或者在与该物品有关的广告中使用专利权人的姓名或姓名的仿造、专利号或'专利''专利权人'等类似字样的标记,意图仿造或仿造专利权人的标记,或意图欺骗公众使其相信该物品是经专利权人同意而制造或出

---

[1] 参见田宏杰:"侵犯专利权犯罪刑事立法之比较研究——兼及我国专利权刑法保护的完善",载《政法论坛》2003年第3期,第81页。

[2] 参见管志琦、田建林:"浅析我国专利权的刑法保护",载《河北法学》2013年第8期,第200页。

[3] 参见王宗光:"专利犯罪刑事政策的刑法化:由隐性步入显性",载《东方法学》2017年第3期,第61页。

售的行为；第二，为了欺骗公众在未取得专利权的物品上标注、缀附，或者在与该物品有关的广告中使用'专利'字样或任何含有该物品已取得专利权之意的其他字样或号码的行为；第三，为了欺骗公众，在其并未申请专利，或已申请而并非在审查中时，就在物品上标注、缀附，或者在有关广告中使用'已申请专利''专利在审查中'字样，或任何含有已经申请专利之含义的其他字样的行为。上述每一罪行应处以不超过500美元的罚金。"《美国专利特许证法》规定了伪造、仿造、变造专利特许证的刑事责任条款，故意印制、运输这样的专利特许证，也要负刑事责任。[1]

《英国专利法》第109条至第113条规定了伪造专利记录罪、假冒专利权罪、假冒已申请专利罪以及滥用专利局名义罪等四种专利犯罪。

德国关于侵犯专利权的犯罪规定在《德国专利法》第49条："凡在法定许可情况外，未经专利权人许可而使用其发明者，即可构成非法使用他人专利罪。对于犯罪的人应判处罚金或1年以下监禁。"德国侵犯专利权的犯罪是指非法实施他人专利的行为，而对于狭义的"假冒他人专利"的行为则未规定为犯罪。《德国专利法》第55条规定："任何人在商品或包装上打上标记或符号，使人认为这些商品是受本法规定的专利或专利申请保护者，或任何人在公告、招牌商业卡或类似的通告上使用具有这种性质的标记者，都应有义务一经请求就向有合法利益了解该法律状况的任何人提供有关使用该标记或符号所根据的专利或专利申请的情报。"对于违反这种义务的人，《德国专利法》并没有规定为犯罪。显然，德国专利犯罪的规定与我国刑法的规定正好相反。[2]

(三) 著作权刑事保护方面

1. 我国关于著作权刑事保护的规定

1990年9月，第七届全国人大常委会第十五次会议才审议通过了《著作权法》，并于1991年6月1日生效。而这部法律仅规定了侵犯著作权的民事与行政责任，并没有刑事责任方面的规定。1994年7月，第八届全国人大常委会第八次会议通过了《关于惩治侵犯著作权的犯罪的决定》（已失效），这是新中国成立后第一部对著作权进行刑法保护的单行刑事法律。随后，1995

---

[1] 参见赵秉志、田宏杰：《侵犯知识产权犯罪比较研究》，法律出版社2004年版，第146页。
[2] 参见赵秉志、田宏杰：《侵犯知识产权犯罪比较研究》，法律出版社2004年版，第147页。

年1月，最高人民法院颁布《关于适用〈全国人民代表大会常务委员会关于惩治侵犯著作权的犯罪的决定〉若干问题的解释》，进一步确立了侵犯著作权罪的定罪量刑标准。1997年全面修订刑法典时，吸收了《关于惩治侵犯著作权的犯罪的决定》第1条、第2条的规定，标志着著作权刑法从单行刑法向法典的体系化转变。

《刑法修正案（十一）》通过之前，我国《刑法》第217条主要打击四种侵犯著作权的行为[1]，而2010年《著作权法》第48条却规定了8种侵犯著作权的行为。[2]从条文对比中可以看出，《著作权法》第48条规定了8种侵犯著作权的行为，包括未经著作权人许可复制发行传播其作品、出版图书、侵犯著作邻接权、以新技术手段间接侵权、侵犯署名权等行为，对以上8类侵权行为可以追究民事责任、予以行政处罚，构成犯罪的追究刑事责任。[3]而之前的《刑法》第217条并没有全盘吸收《著作权法》规定的行为方式，其客观方面只吸收了4种行为，除《著作权法》第48条第2项"出版他人享有专有出版权的图书的"与《刑法》第217条第2项的规定完全相同，其余各项均不同。这反映出我国刑法在著作权犯罪中所要保护的法益内容是著作权人的私权和国家对市场经济的管理秩序，因此我国打击著作权犯罪要求必须以营利为目的，并且《刑法》规定的侵犯著作权罪的行为对象和行为方式均窄于《著作权法》的规定。有观点主张这样的规定是基于刑法的谦抑原则，

---

[1] 2017年《刑法》第217条规定："以营利为目的……（一）未经著作权人许可，复制发行其文字作品、音乐、电影、电视、录像作品、计算机软件及其他作品的；（二）出版他人享有专有出版权的图书的；（三）未经录音录像制作者许可，复制发行其制作的录音录像的；（四）制作、出售假冒他人署名的美术作品的。"

[2] 2010年《著作权法》第48条规定："有下列侵权行为的……构成犯罪的，依法追究刑事责任：（一）未经著作权人许可，复制、发行、表演、放映、广播、汇编、通过信息网络向公众传播其作品的，本法另有规定的除外；（二）出版他人享有专有出版权的图书的；（三）未经表演者许可，复制、发行录有其表演的录音录像制品，或者通过信息网络向公众传播其表演的，本法另有规定的除外；（四）未经录音录像制作者许可，复制、发行、通过信息网络向公众传播其制作的录音录像制品的，本法另有规定的除外；（五）未经许可，播放或者复制广播、电视的，本法另有规定的除外；（六）未经著作权人或者与著作权有关的权利人许可，故意避开或者破坏权利人为其作品、录音录像制品等采取的保护著作权或者与著作权有关的权利的技术措施的，法律、行政法规另有规定的除外；（七）未经著作权人或者与著作权有关的权利人许可，故意删除或者改变作品、录音录像制品等的权利管理电子信息的，法律、行政法规另有规定的除外；（八）制作、出售假冒他人署名的作品的。"

[3] 参见罗曦："论著作权刑事保护范围——基于《著作权法》与《刑法》的比较分析"，载《知识产权》2014年第10期，第50~51页。

即能够以民事、行政手段解决问题的就不要考虑刑法手段。[1]但随着互联网技术的迅猛发展和信息网络传播技术的普及,出现了许多新型的著作权侵权行为,最高人民法院和最高人民检察院通过出台司法解释的方式,在一定程度上扩大了侵犯著作权犯罪行为方式的外延。例如,《关于办理侵犯知识产权刑事案件具体应用法律若干问题的解释》第 11 条规定:"以刊登收费广告等方式……通过信息网络向公众传播他人文字作品、音乐、电影、电视、录像作品、计算机软件及其他作品的行为,应当视为刑法第二百一十七条规定的'复制发行'。"《关于办理侵犯知识产权刑事案件适用法律若干问题的意见》第 12 条关于《刑法》第 217 条规定的"发行"的认定及相关问题,即"发行"包括总发行、批发、零售、通过信息网络传播以及出租、展销等活动,将信息网络传播行为视为复制发行行为;《关于办理侵犯知识产权刑事案件具体应用法律若干问题的解释(二)》第 2 条则将"复制发行"解释为复制、发行和既复制又发行的行为,实质上扩大了《刑法》第 217 条"复制发行"的内涵。

《刑法修正案(十一)》进一步扩大了刑法打击侵犯著作权犯罪行为方式的外延,其客观方面从 4 种行为增加至 6 种行为,在原第 217 条第 1 款增加了"通过信息网络向公众传播"这一侵犯著作权犯罪的行为方式,将"电影、电视、录像作品"总结为"视听作品",增加了"美术作品"为保护对象;第 2 条至第 6 款全面吸收了 2010 年《著作权法》第 48 条第 2、3、4、6、8 款的规定,有利于《刑法》和《著作权法》的协调和统一,更有效地打击侵犯著作权的违法犯罪活动。《刑法修正案(十一)》对第 218 条也作了修改,增加了"其他严重情节"的入罪标准,并将法定刑从"三年以下有期徒刑或者拘役"改为"五年以下有期徒刑"。这些修改都表明了我国严厉打击侵犯著作权的犯罪行为的趋势。

2. 其他国家关于著作权刑事保护的规定

美国是英美法系的代表,作为世界超级大国,其对于知识产权的保护有一定的借鉴意义。与我国通过刑法对知识产权犯罪进行集中规定的集中型立法模式不同,美国对知识产权犯罪采用的是分散型立法模式,即刑事责任散

---

[1] 参见王玉凯:"我国著作权刑事保护的不足与完善",载《法制与社会》2009 年第 7 期,第 7~8 页。

见于各法案之中。[1]在著作权犯罪方面,美国国会于1897年颁布的《著作权法(修正案)》首次将戏剧作品著作权纳入刑事保护范畴。1909年《著作权法》将所有著作权均纳入刑事保护范畴,并将刑罚从1897年规定的处以最高1年监禁调整为1年监禁或者100美元至1000美元的罚金,或者两者并处。有学者认为,20世纪70年代是美国著作权在刑法领域的重要发展时期,不仅《著作权法》的保护对象扩大到了录音制品,而且延长了著作权的保护期限,修订了侵犯著作权的犯罪意图表述,将主观认定标准从"获得利益"改变为"为追求商业利益或者个人经济利益",提高了刑罚处罚特别是罚金刑数额。面对软件盗版的日益猖獗,1992年《著作权重罪法》规定保护所有著作权作品,降低重罪入罪门槛,并规定监禁刑最高可达5年,再犯监禁刑最高可达10年。[2]随着互联网技术的发展,通过网络进行的侵犯著作权犯罪愈演愈烈,因此美国刑法规制的重心逐渐转移到打击著作权网络犯罪,1997年《禁止电子盗窃法案》和1998年《千禧年数字化版权保护法案》进一步强化对以电子方式实施的版权侵权行为的刑事处罚。2008年《资源和机构知识产权优先法案》则代表了美国知识产权刑事法律演变和发展的最高成就,特别是强化了知识产权的刑罚措施,明确规定侵犯知识产权犯罪为重罪。

随着科技领域的不断拓展,不同国家在著作权刑法保护的发展上不断丰富和延伸。1988年英国的《版权法》规定了以下罪名:制作、经营复制品罪,制作、持有复制品模板罪,非法传播作品罪,非法组织表演罪,制作、经营非法音像制品罪,播放非法音像制品罪,假冒授权许可罪,制作、经营规避技术措施罪,提供规避技术措施服务罪,非法接受音像传播罪。

德国关于著作权犯罪的立法规定最早见于1985年修订的《联邦德国著作权法》,随后在德国统一后于1990年颁布了《反盗版法》,扩大了著作权法保护范围,强化了刑罚力度。该法规定了"未经许可使用著作权罪、不经许可显示著作权人名称罪和对与著作权有关的权利的侵犯所构成的犯罪"等罪名,并对著作权犯罪规定可处以三年以下监禁或者罚金,对邻接权视侵权活动是

---

[1] 参见熊理思:"知识产权刑事保护与其他法律保护之间的关系协调",华东政法大学2016年博士学位论文,第35页。

[2] 参见陈晓钟:"知识产权犯罪司法认定问题研究",南京大学2015年博士学位论文,第23页。

否为营业性质为标准，分别可处以一年以下监禁或科以罚金以及营业性质情况下处以五年以下监禁或罚金不等刑罚。

法国对于侵犯著作权的犯罪和侵犯邻接权的犯罪是分别作出规定的，将植物新品种的发现、半导体掩膜产品、特色标记、表演者权利也纳入了刑事保护范围。[1]现行《法国知识产权法》第335条规定了"有关盗版的犯罪和侵犯邻接权的犯罪"两个方面，并根据不同情形规定了可处以三年以下和五年以下自由刑以及数额不等的罚金刑等刑事责任内容。不过，法国规定对有组织犯罪和累犯以及与受害人有合同关系的犯罪人可以加倍处罚，因此此种情形下对犯罪者可处以最高十年自由刑。

可见，许多国家采用构建详尽的罪名体系对著作权进行刑法保护。还有一些国家对于著作权中的人格利益作了详细规定。例如，《意大利著作权法》171条规定，侵夺作品的身份或者篡改作品致使损害作者声誉的，处一年以下监禁或者5000里拉以上罚金；韩国也规定侵犯著作人格权或表演者人格权而损坏作者或者表演者名誉的，可以单处或者并处三年以下有期徒刑或者3000万韩元以下的罚金。[2]

(四) 商业秘密刑事保护方面

1. 我国关于商业秘密刑事保护的规定

2020年1月15日，中美双方在互相尊重和平等协商的基础上经过历时两年多、十三轮的谈判，签订了中美之间第一阶段的经贸协议《中华人民共和国政府和美利坚合众国政府经济贸易协议》，即《中美经贸协议》。[3]协议的第1.7条为"启动刑事执法的门槛"，从刑事司法程序启动标准的角度对商业秘密的保护进行了规定，中美双方需要取消任何将商业秘密权利人确定发生实际损失作为启动侵犯商业秘密刑事调查的前提条件；第1.8条为"刑事程序和处罚"，从刑事程序和处罚行为的角度对商业秘密的保护进行了规定，将出于非法目的，通过盗窃、欺诈、实体或电子入侵的形式侵犯商业秘密的行

---

[1] 参见赵秉志、刘科："国际知识产权刑法保护的发展趋势"，载《政治与法律》2008年第7期，第4~5页。

[2] 参见蒋永良主编：《检察视野下的知识产权保护理论与实践》，中国政法大学出版社2014年，第181页。

[3] 参见"中美签署第一阶段经贸协议"，载《人民日报》2020年1月16日。

为，以及未经授权或不当使用计算机系统的行为列为禁止行为。[1]

此后，2020年9月12日，最高人民法院、最高人民检察院发布了《关于办理侵犯知识产权刑事案件具体应用法律若干问题的解释（三）》。其第3条将"非法复制、未经授权或者超越授权使用计算机信息系统等方式"认定为《刑法》第219条第1款第1项规定的"盗窃"，明确了"贿赂、欺诈、电子侵入等方式"是"不正当手段"。2020年8月24日，最高人民法院发布《关于审理侵犯商业秘密民事案件适用法律若干问题的规定》，进一步列举了2019年《反不正当竞争法》第9条"商业秘密"概念中"技术信息"和"经营信息"的范围。2020年9月17日，最高人民检察院、公安部发布了《关于修改侵犯商业秘密刑事案件立案追诉标准的决定》，将原本规定的损失数额（或违法所得数额）50万元以上标准调整为30万元以上，降低了侵犯商标权犯罪的刑事立案追诉标准。

为了与《中美经贸协议》相协调，《刑法修正案（十一）》对《刑法》第219条作了重大修改，进一步加大了对侵犯商标权犯罪的打击力度。第一，删除了"给商业秘密的权利人造成重大损失的"这一前提条件。旧法关于侵犯商业秘密罪的罪状表述，是以造成权利人重大损失为前提，也即侵犯商业秘密罪属于结果犯。新法回应了《中美经贸协议》的要求，取消了将商业秘密权利人确定发生实际损失作为启动侵犯商业秘密刑事调查的前提条件。第二，新法采用"列举+兜底"的方式，以"贿赂"取代具有主观性的模糊措辞"利诱"，将"欺诈、电子侵入"等典型方式纳入打击范围，扩大了侵犯商业秘密行为方式的外延。第三，以"保密义务"取代了旧法第3款中的"约定"。第四，删去了原本有争议的"应知"，增加了"允许他人使用"的行为方式，则侵犯商业秘密罪的主观方面是故意，过失不构成犯罪。第五，删去了原本条文中仅指"技术信息和经营信息"的"商业秘密"的定义。旧法将"商业秘密"概括为"不为公众所知悉，能为权利人带来经济利益，具有实用性并经权利人采取保密措施的技术信息和经营信息"，相比于《反不正当竞争法》将"商业秘密"定义为"所有有价值的不为公众知悉的商业信息"，保护范围过于狭窄，因此新法将条文中的定义删去，直接援引《反不正

---

[1] 参见周作斌、李宁："《中美经贸协议》中商业秘密的规定及我国应对路径"，载《电子知识产权》2020年第4期，第44页。

当竞争法》的定义,有利于两法衔接,可以减少实践中的争议。第六,在第219条后增加了一条,作为第219条之一,即"为境外的机构、组织、人员窃取、刺探、收买、非法提供商业秘密的,处五年以下有期徒刑,并处或者单处罚金;情节严重的,处五年以上有期徒刑,并处罚金",实质上是将学界普遍呼吁的经济间谍犯罪也纳入了刑法的打击范围。第六,删去了原本法定刑中的拘役刑。

2. 其他国家关于商标权刑事保护的规定

19世纪中叶,美国开始对商业秘密进行保护;1939年美国法学会制定了《侵权行为法第一次重述》,成了商业秘密保护的第一个法律性文件;1979年美国律师协会推出的《统一商业秘密法》,现已被美国大多数州所采纳,该法从私法的角度对商业秘密作出规范,但未涉及侵犯商业秘密的刑事制裁问题;1996年美国国会制定的《反经济间谍法》打破了商业秘密州立法的局面,该法根据当事人实施侵犯商业秘密行为时的动机以及行为的危害程度,主要规定了经济间谍罪和侵犯商业秘密罪两个罪名,这既反映了美国政府对商业秘密保护的重视,也突出了将商业秘密作为无形财产权予以保护的特殊性。[1]两者犯罪构成方面的主要区别在于受益人的不同:经济间谍罪中的受益方必须是外国政府、媒介或机构,而盗窃商业秘密罪的受益方则是除外国机构和商业秘密权利人本人之外的任何人,两者在刑罚上也有不同。《反经济间谍法》中有关商业秘密保护的规定已经被纳入了《美国法典》第18卷刑法,将认定某行为是否构成商业秘密犯罪分解为两个重要问题:一是涉案信息是否为商业秘密;二是行为人是否实施了刑法禁止的侵犯商业秘密的行为。[2]对犯有窃取商业秘密罪者,处罚金或10年以下徒刑,或二者并处。对犯有窃取商业秘密罪的组织,处500万美元以下罚金。可见,美国侵犯商业秘密犯罪的法定刑是很严厉的,罚金刑数额高,监禁期限长,而且还对企图实施商业秘密的预备和未遂行为予以处罚。[3]

---

[1] 参见上海市杨浦区人民检察院、上海市人民检察院第三分院第六检察部、上海政法学院刑事司法学院联合课题组:"域外侵犯商业秘密司法保护的比较与借鉴",载《犯罪研究》2020年第1期,第90页。

[2] 参见李明德:《美国知识产权法》(第2版),法律出版社2014年版,第226页。

[3] 参见莫洪宪、刘峰江:"法益转向:商业秘密私权确立之刑事应对",载《电子知识产权》2018年第7期,第27~28页。

2012年12月28日，美国时任总统奥巴马签发了2012年《商业秘密盗窃法案》，进一步扩大了商业秘密的犯罪圈。后随着《外国和经济间谍法案》及《外国和经济间谍刑罚加重法案》的生效，美国对商业秘密犯罪的刑事打击力度直线上升。根据《外国和经济间谍法案》，在经济间谍罪中，犯罪个人可被判处15年以下监禁刑或50万美元以下的罚金，犯罪组织可被判处1000万美元以上的罚金或被盗商业秘密3倍价值的罚金。在窃取商业秘密罪中，个人最高可被判处10年有期徒刑或50万美元的罚金，犯罪组织最高可被判处500万美金的罚金。又根据《外国和经济间谍刑罚加重法案》，现在经济间谍面临的最高有期徒刑已经从15年上升到了20年。有学者认为，美国对商业秘密的保护是"采用强民事法益而弱刑事法益为特征的法律保护体系"，但通过上述条文可以看出，美国也非常重视商业秘密的刑事保护。

德国作为欧盟的创始成员国，拥有全世界尖端技术，其对商业秘密的刑事立法规定得较为完备，主要体现在《反不正当竞争法》和《刑法典》中。其中，《反不正当竞争法》有3条关于侵犯商业秘密行为的罪名规定：第17条规定了泄露商业秘密罪，并且包括三种基本情形，即非法披露因雇佣关系获知的商业秘密罪、非法获取或保存商业秘密罪和非法披露或利用以不正当手段获取的商业秘密罪；第18条规定了擅自利用或披露商业秘密样品资料罪；第20条规定了引诱泄露和自愿泄露秘密罪。商业秘密罪的主观构成要件都为故意，在诉讼模式选择上以亲告为原则，以公诉为辅助。其中，第17条第4款将"行为人在披露时明知该秘密将在国外被利用或自己准备在国外加以利用"视为"情节特别严重"，可以判处5年以下监禁或罚金。《德国刑法典》第5条还明确规定该类犯罪是"适用国内法律的国外犯罪"，在国外有侵犯商业秘密犯罪行为的，无论犯罪地法律如何，《德国刑法典》的相关规定都可适用。此外，《德国刑法典》还把商业秘密视为私人秘密权的内容之一，其第15章"侵害人身和隐私的犯罪"第201条至第206条规定了侵害言论秘密罪、侵害通信秘密罪、非法探知数据罪、非法泄漏因职务或业务获知的秘密罪、非法利用因职务或业务获知的秘密罪、侵害邮政或电信秘密罪等罪名。其中的秘密均可包括商业秘密，但主要的罪名还是第203条规定的非法泄漏因职务或业务获知的秘密罪和第204条规定的非法利用因职务或业务获知的秘密罪。[1]

日本在1990年之前通过民法典、商法典，针对合同违约行为提供禁令和损害赔偿，以保护商业秘密。直到1990年修订《日本不正当竞争防止法》（"UCPA"）时才首次增设商业秘密保护条款。2003年修订引入商业秘密保护刑事条款；2005年、2006年和2009年的三次修订均涉及强化侵犯商业秘密罚则；2011年的修订侧重于维护法院适度保护商业秘密的刑事程序。[2] 2015年7月3日，日本国会通过《不正当竞争防止法修改议案》，目的是在日本创建世界水平的商业秘密保护法律制度，完善和丰富保护企业商业秘密制度，为作为竞争力源泉的商业秘密提供适当保护，维持并强化日本产业的竞争力。此次修改进一步细化了打击商业秘密侵权行为的民事诉讼程序，并规定了更加严厉的刑事处罚措施。《日本不正当竞争防止法》第2条第4款规定了商业秘密的含义，即"不为公众所知悉、被作为秘密管理的对经营活动有用的技术和经营信息"。构成该法规定的商业秘密，应该符合以下三项要件：不为公众所知悉（非公知性）、被作为秘密管理（秘密管理性）和对经营活动有用（有价值性）。[3] 这个定义与我国旧刑法对商业秘密的定义一致。同时，《日本不正当竞争防止法》针对不同的犯罪行为设立了不同的法定刑。犯违反管理义务侵害商业秘密罪、非法使用或者公开商业秘密罪、非法获取商业秘密罪，处10年以下惩役或者1000万日元以下罚金，或者并处。犯违反保守秘密命令侵害商业秘密罪的，处5年以下惩役，或者500万日元以下罚金，或者并处。[4]

法国侵犯商业秘密犯罪立法最早被规定于1810年《刑法典》第418条，其按行为的危害性大小规定了四种情形，并分别规定了可处以3个月以上2

---

[1] 参见上海市杨浦区人民检察院、上海市人民检察院第三分院第六检察部、上海政法学院刑事司法学院联合课题组："域外侵犯商业秘密司法保护的比较与借鉴"，载《犯罪研究》2020年第1期，第92页。

[2] 参见郑友德、王活涛、高薇："日本商业秘密保护研究"，载《知识产权》2017年第1期，第114~120页。

[3] 参见刘科："中日侵犯商业秘密犯罪比较研究"，载《中国刑事法杂志》2011年第3期，第60~66页。

[4] 参见上海市杨浦区人民检察院、上海市人民检察院第三分院第六检察部、上海政法学院刑事司法学院联合课题组："域外侵犯商业秘密司法保护的比较与借鉴"，载《犯罪研究》2020年第1期，第94页。

年以下并科罚金以及2年以上5年以下有期徒刑并科罚金的不同刑事责任内容。1992年《法国知识产权法典》第621-1条对《刑法典》第418条的规定予以吸收，对侵犯商业秘密的行为仅规定了一个罪名，即泄露工厂商业秘密罪。《法国知识产权法典》第621-1条规定，任何公司的董事或者雇员公开或者试图公开制造类秘密将面临2年有期徒刑和30 000欧元罚金的刑事处罚。[1]因此，在法国，只要不属于制造类秘密，均不是商业秘密。离职员工和社会人员都可以自由使用除制造类秘密以外的任何有价值信息。与此同时，该法典还规定，泄露工厂商业秘密罪，还可以适用资格刑，即剥夺犯罪分子从事相关职业活动的资格。法国针对向外国人泄露本国企业商业秘密的行为，侧重于从经济上处罚（罚金刑）和剥夺公权（资格刑）方面对泄露人予以刑事制裁。[2]

第二节　知识产权刑事保护的现实必要性

本节内容围绕浙江省义乌市知识产权犯罪以及义乌市人民检察院在知识产权刑法保护方面的检察实践展开。

一、由知识产权刑事案件现状决定

作为全球最大的小商品城，义乌有着"世界超市"之称，义乌市人民检察院成立了全国首家知识产权刑事司法保护中心，率先探索企业经济犯罪刑事合规法律监督试点工作。义乌的知识产权犯罪具有典型性，其知识产权犯罪现状体现了需要加强知识产权刑事保护的必要性。

（一）犯罪数量呈明显上升趋势

2014年至2020年9月，义乌市人民检察院共办理了328件侵犯知识产权的公诉案件。逐年来看，2014年办理案件39件，2015年办理案件32件，2016年办理案件39件，2017年办理案件38件，2018年办理案件59件，2019年办理案件84件，2020年（截至9月）办理案件37件（如图1）。2014

---

[1] 参见崔汪卫："我国商业秘密刑事立法体系：现状、经验与重构"，载《政法学刊》2020年第2期，第33页。

[2] 参见刘宪权、吴允锋：《侵犯知识产权犯罪理论与实务》，北京大学出版社2007年版，第80~86页。

年、2015 年的案件数量与 2016 年、2017 年的案件数量基本持平，但自 2018 年开始，案件数量明显上升，2020 年截至 9 月的案件数量就基本与 2017 年整年的案件数量相持平，说明犯罪数量呈现明显上升的趋势。

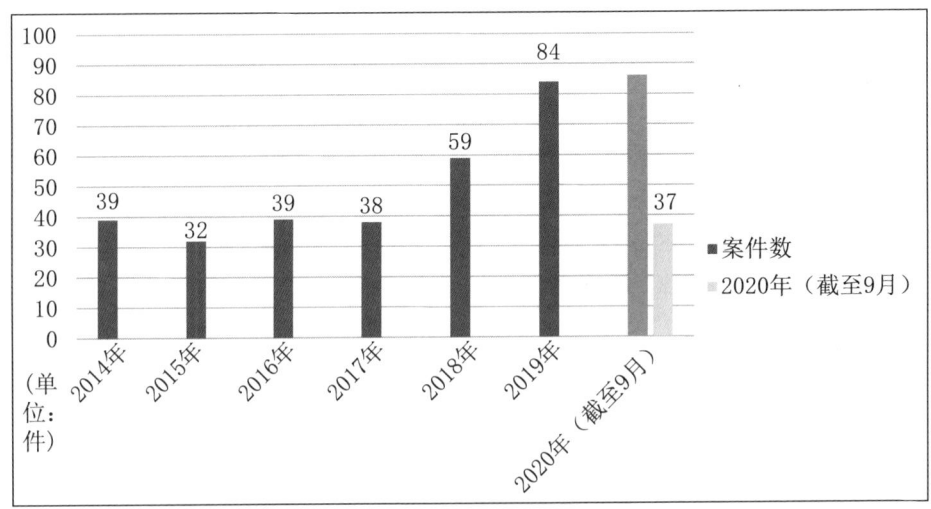

图 1　义乌市人民检察院知识产权案件办理情况（2014 年至 2020 年 9 月）

（二）涉及罪名和类别相对集中

2014 年至 2020 年 9 月，义乌市人民检察院共办理了假冒注册商标案件 109 件，销售假冒注册商标的商品案件 140 件，非法制造、销售非法制造的注册商标标识案件 57 件，侵犯著作权案件 21 件，侵犯商业秘密案件 1 件（如图 2）。可以明显看出，主要涉及 4 个罪名：假冒注册商标罪，销售假冒注册商标的商品罪，非法制造、销售非法制造的注册商标标识罪和侵犯著作权罪；涉及的罪名类别集中在商标和著作权领域，没有涉及专利权的犯罪案件。

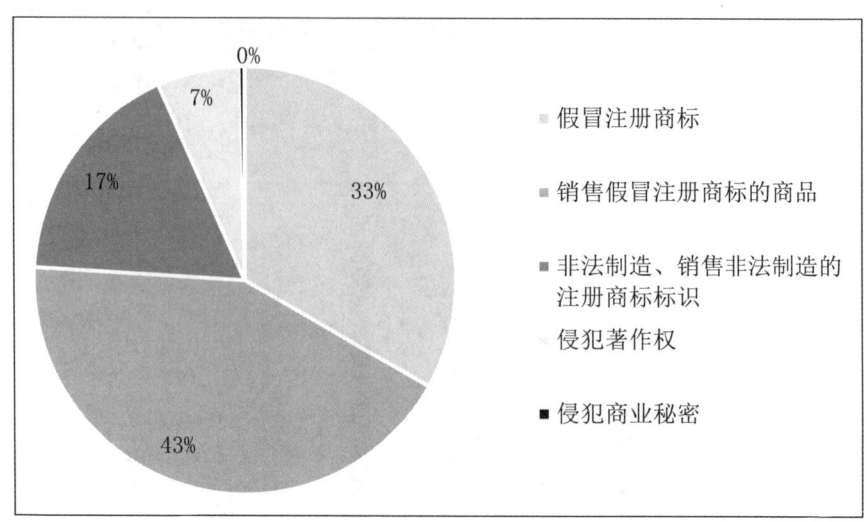

图 2　义乌市人民检察院知识产权类案件所涉罪名比例（2014 年至 2020 年 9 月）

（三）犯罪对象不断扩大

1. 从知名品牌扩大到小众品牌

在义乌市人民检察院办理的案件中，知名品牌一直是商标类犯罪的主要对象，如 Chanel、LV、CK、阿迪达斯、耐克、浪莎等国内外知名品牌。原因有三：一是知名品牌在市场上占有率高，其商品遍布大街小巷，不易被消费者察觉。二是知名品牌市场口碑好，受广大消费者青睐，大量的市场需求刺激了侵权者通过犯罪获取非法利益的心理。三是对于 Chanel、Burberry 等品牌价值突出的奢侈品牌，不少消费者为了满足虚荣心理，知假买假，纵容了此类侵权犯罪行为的发生。

而近几年，小众品牌的被侵权率也逐步提高，如 LIVERPOOL、CHELSEA、ARSENAL 等欧美足球俱乐部品牌也会被侵犯商标权。小众品牌会逐渐成为商标侵权的对象，可能的原因有二：一是该类品牌的侵权产品大多是通过外贸出口至国外，侵权行为被发现的可能性低、隐蔽性高。二是该类品牌对行业性与专业性的要求较高，除足球爱好者、行业工作人员与行业物品经营者外，一般不被大众所普遍知悉，侵权产品的加工商、生产商对生产该类商品的抗拒性较低，不履行审查授权书等注意义务的可能性较大。

2. 从盗版光碟、书籍扩大到数字音乐、计算机软件

贩卖盗版光碟与盗版书籍仍是侵犯著作权的重灾区，占此类案件 21 件中

的17件，比例高达80.9%。究其原因有二：一是盗版光碟与书籍的价格明显低于正版，具有市场优势，受众群体广泛；二是复制、刻录与印刷技术的成熟令盗版光碟与书籍拥有了不亚于正版的清晰度与质量；三是互联网技术的普及应用使得网络影视、电子书发展迅速，而侵权人对网络影视、电子书的侵权手段多样，隐蔽性更高，危害性更大。如在"李某某、张某某侵犯著作权案"中，侵权人通过租用腾讯云服务器和境外书库服务器，搭建"悦读汇书苑"电子书推送微信公众号平台，通过微信公众号和淘宝网出售平台会员后，向会员推送侵权电子书。微信公众号运营期间，侵权人在境外服务器上传5万余本电子书，其中《之江某》等2843册侵犯了著作权人的复制权、信息网络传播权，销售金额至少有80万元。[1]

而近几年，数字音乐歌曲也逐渐成为被侵犯著作权的对象，随着音乐版权管理制度的完善，热门歌曲的网络下载受到了极大限制，且音乐软件运营商对大部分热门歌曲及高音质歌曲均采取收费聆听与下载的模式，已经习惯免费享受数字音乐下载权的公众因此成了侵权人庞大的客户群。

相对于数字音乐歌曲的盗版而言，针对计算机软件的侵权更具"技术含量"，游戏软件、杀毒软件及大数据分析软件等均成为侵权对象。究其原因有三：一是正版软件的价格往往较高，盗版软件的价格优势具有较大的潜在市场。二是互联网时代的计算机与手机用户数量呈直线上升趋势。2019年5月24日工信部发布的《2019年1—5月份通信业经济运行情况》显示：截至2019年4月底，手机上网用户数规模达12.9亿人。"互联网+"依靠软件与程序在给人类生活带来极大便利的同时也令人对它的依赖性迅速提高，计算机软件的总体市场非常庞大。三是设计方、开发方与运维方对计算机软件的安全防护意识不够，互联网技术开发重成果、轻保护的传统思维影响仍未消除。

（四）犯罪手段与互联网紧密结合

2014年至2020年9月，义乌市人民检察院共办理了98件利用互联网实施知识产权犯罪的案件，约占总体比例的29.9%，其中6件（2014年）、12件（2015年）、9件（2016年）、15件（2017年）、21件（2018年）、25件（2019年）、10件（截至2020年9月），如图3所示，利用互联网实施知识产权犯罪的情况逐年增多。

---

[1] 参见浙江省金华市义乌市人民法院［2019］浙0782刑初2423号刑事判决书。

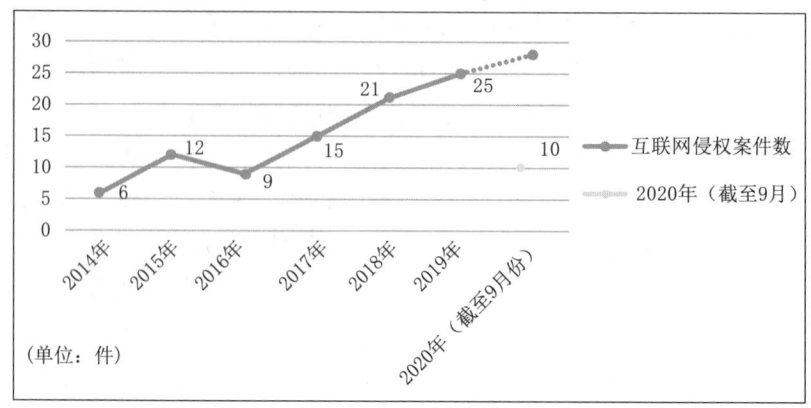

图 3 互联网侵权案件情况与走势（2014 年至 2020 年 9 月）

从数量上来看，近年来，利用互联网实施侵犯知识产权犯罪的情况愈加频发，涉案人员也明显增多。从行为方式上来看，利用互联网实施相关犯罪也呈现出多样化态势。

针对商标类犯罪而言，主要的方式分为以下三种：一是利用网络销售平台对外销售侵犯知识产权的商品，其中涉及的网络平台有阿里巴巴、速卖通、淘宝、闲鱼、拼多多、敦煌网等；二是利用支付宝、微信等软件向其他商家进货并支付货款；三是通过微信等聊天工具与同伙或上下游进行沟通，传递侵犯他人知识产权的信息。三种行为方式往往互相交织，形成了下游商家向上游商家提供图案样式，由上游商家制作假冒商品并发往下家，由下家在网络平台进行对外销售的链条式"互联网+"模式犯罪。

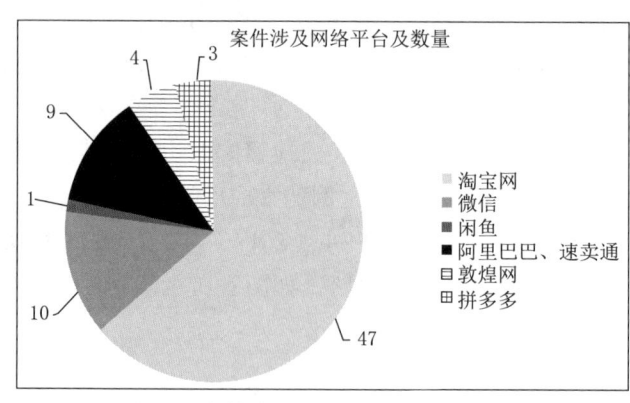

图 4 案件涉及网络平台及数量分布

针对著作权类犯罪，主要有以下几种方式：一是没有得到著作权人的许可就擅自将他人的作品上传至互联网，这类作品通常为图片、音乐以及影视作品等；二是没有经过著作权人的许可，将其文字作品、音乐、电影、电视、录像作品、计算机软件及其他作品进行复制并发行；三是为了达到某种商业目的，在自己的网页里面放上他人的网站链接，并让外界误以为他人的网站是属于该网站的；或者为了达到某种商业目的，通过非法的手段侵入他人的服务器，并违规使用他人的网络资源。

（五）犯罪人员年轻化和涉外化

涉案人员年龄结构呈年轻化态势，且外国人涉案比例较大。据统计：在义乌市人民检察院办理的 328 件案件中，侵犯知识产权的涉案人员年龄在 18 岁至 29 岁之间的占比为 34%，在 30 岁至 39 岁之间的占比为 44%，在 40 岁至 49 岁之间的占比为 16%，在 50 岁至 59 岁之间的占比为 5%，在 60 岁及以上的占比仅为 1%（如图 5）。所有涉案人员平均年龄为 34.8 岁，整体年龄偏年轻化。

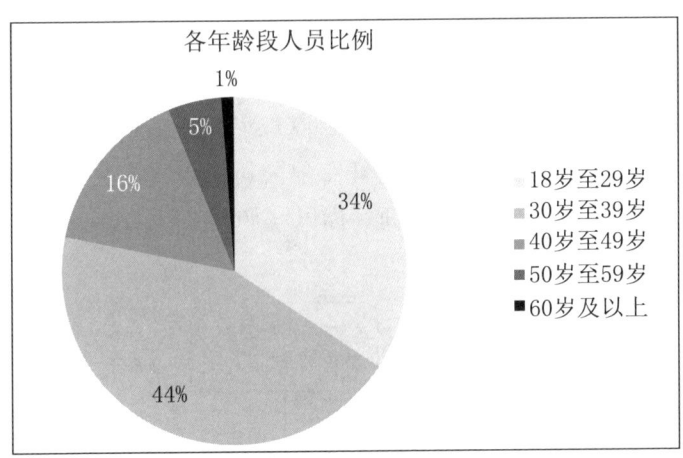

图 5　各年龄段人员比例（2014 年至 2020 年 9 月）

在 2014 年至 2019 年义乌市人民检察院办理的 243 件知识产权类案件中，外国人涉及的案件达 30 余件，部分案件中多名外国人涉案。然而，其中被追究刑事责任的外国人只有 5 人。涉案外国人多来自中东、东南亚、非洲等知识产权保护力度较弱的国家（如表1），不远万里来义乌订购假冒侵权产品运回本国进行贩卖。因其在义乌停留时间较短、身份记录较少，往往通过涉案国内发货商提供的信息也查实不了外国人身份。即使查实了外国人身份，由于管辖权、司法协助等问题，向外国人追究刑责也存在一定阻碍。

表1 各地区涉案人员数量情况（2014岁至2019年）

地区	中东	非洲	韩国	南美	南美	尚未查明
人数	12人	10人	1人	1人	1人	5人

（六）犯罪组织呈精细化

共同犯罪呈精细化、链条式发展趋势。随着我国保护知识产权力度的逐渐加大，消费者辨假意识逐渐增强，侵权产业受到市场逆向刺激，呈现犯罪精细化、专业化发展局面，上下游之间的联系也愈发紧密。出现了"定制—'设计'—制假—运输—批发—售假"一条龙犯罪。产业的精细化与专业化同时也产生了"非法制造注册商标—生产假冒注册商标的商品—销售假冒注册商标的商品"上下游环环相扣的链条式犯罪。如在义乌市人民检察院办理的"姜某某等5人、某化纤有限公司假冒注册商标、非法制造注册商标案"中，陈某某向刘某某、张某某订购"金鱼及图"商标尼龙线，刘某某、张某某通过苏某某向姜某某、刘某某经营的某化纤有限公司下单委托生产，后者又委托厉某印制"金鱼及图"商标尼龙线商标标识（如图6）。

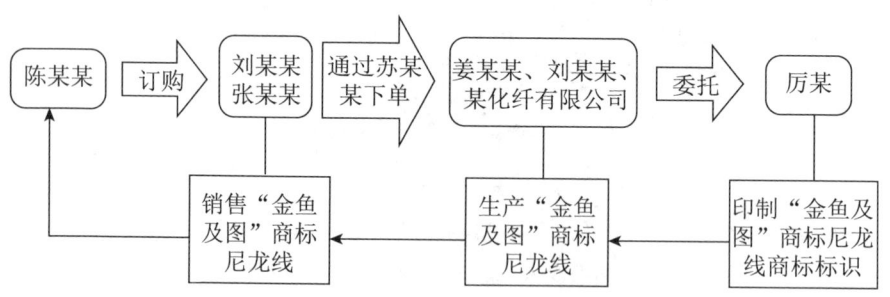

图6 "姜某某等5人、某化纤有限公司假冒注册商标、非法制造注册商标案"作案流程图

此外，经济活动的服务中介参与知识产权犯罪的现象也随之出现。中介在犯罪中多扮演提供进货渠道、陪同进货、传达定制需求、拟定合同、验收

货物等角色。如在"郑某某假冒注册商标案"中,周某某作为外国人"HY-GINUS OBIEKII"在中国的翻译,替其外国客户向郑某某下单订购假冒"Colgate"商标的牙刷,成为侵犯商标权的帮助犯,因此被判刑。

显然,义乌市的知识产权犯罪案件在"互联网+"技术的影响下,已经由传统的"线下"犯罪模式向"线下"与"线上"结合的犯罪模式转变,该种转变对于作为"一带一路"支点城市以及享誉全球电商基地的义乌而言,亟须寻找更加精准、有效的打击方式以及更加全面、高效的知识产权保护路径。

二、由知识产权刑事保护的价值意义决定

法律以秩序、正义、自由和权利作为追求的终极价值目标。如何安排这些价值目标是立法和司法制度设计的指导思想。[1]同理,对于知识产权的刑事保护,也由其价值意义来决定。

(一)知识产权法益的二元属性

知识产权的性质具有特殊的二元性特征:一方面,知识产权的法律属性是私权,具有私益性;另一方面,知识产权作为法律确定的专有权利,具有公益性。[2]知识产权的私权属性使得实践中曾一度出现轻视刑事保护的现象,理论界在刑事法律是否有必要介入知识产权这一问题上也存在诸多争议。但是,知识产权的私益性与其公益性并不冲突。知识产权需要得到国家行政机关授权、注册、批准才能产生法律效力。法律赋予智力成果的创造者相关权利后,知识产权就有了垄断因素。为了社会的进步与发展。知识产权权利人需要合理地让渡一部分权利,使得社会公众能从法律认可的途径获得知识、传播技术、参与竞争等公共利益,社会公众也需要给付相应的补偿给权利人,而知识产权犯罪行为就是扰乱了这种秩序。因此,知识产权犯罪不仅侵犯了知识产权所有人的法益,还侵犯了国家对知识产权的管理秩序。只有对扰乱市场经济秩序的犯罪行为予以规制和打击,才能更好地保护知识产权经济的健康发展。

(二)国家利益和对外战略的需要

党的十九届五中全会发布的建议对加强知识产权保护工作提出了明确要

---

[1] 参见秦天宁:《知识产权犯罪案件典型问题研究》,法律出版社2019年版,第54页。
[2] 参见秦天宁:《知识产权犯罪案件典型问题研究》,法律出版社2019年版,第55页。

求:"创新是引领发展的第一动力,保护知识产权就是保护创新。"2020年11月30日,习近平总书记在中央政治局进行第二十五次集体学习会议上发表了重要讲话:"要促进知识产权行政执法标准和司法裁判标准统一,完善行政执法和司法衔接机制。要完善刑事法律和司法解释,加大刑事打击力度。要加大行政执法力度,对群众反映强烈、社会舆论关注、侵权假冒多发的重点领域和区域,要重拳出击、整治到底、震慑到位。"[1]当今时代,创新越来越成为社会生产力解放和发展的重要标志,越来越决定着一个国家、一个民族的发展进程。知识经济的核心是创新,即以科技为主要推动力,促进社会经济和谐,以科技创新带动社会经济创新发展,提升国家创新能力。只有加强知识产权刑事保护,才能使我国的知识经济得到良好发展,同时在国际上才能更好地适应全球化的贸易往来。

第三节 刑事检察知识产权保护的实践探索

本节主要论述义乌市人民检察院在知识产权刑事保护方面的探索和积累的成功经验。

一、检察实务中的难点问题

(一)证据环节的问题

1.行政与刑事证据衔接方面

(1)证据的登记移送问题。由于案件复杂,涉案物品较多,行政执法机关在查处侵害知识产权案件时尚存在对物证照片、扣押物品清单等证据记载不够详细、收集不够全面、移送不够准确等问题。如在义乌市人民检察院办理的"代某假冒注册商标案"中,行政机关在查扣清单中登记的假冒"铠甲勇士""BARBIE"注册商标的产品数量与入库清单中的数量存在一定的出入,致使涉案假冒产品的数量无法准确认定。

(2)证据的收集保管问题。在行政执法机关依规范对侵权物品进行查处的过程中,现场往往有查扣物品漏登、假冒图形漏取、对部分物品经鉴定后

---

[1]参见"习近平:全面加强知识产权保护工作 激发创新活力推动构建新发展格局",载http://www.xinhuanet.com/politics/2021-01/31/c_1127046994.htm,最后访问时间:2021年1月31日。

销毁等情况，这不利于对案件证据的收集与保管。如义乌市人民检察院在办理"张某销售假冒'火车头'足球案"时，工作人员查扣了带有"火车头"图形商标的足球，但因数量较少，未在检查笔录以及扣押清单上予以登记，对假冒商标图形标识漏取，随后对该批货物进行鉴定后便销毁，导致了关键证据的缺失，致使该案的认定存在难度。

综上所述，当前，行政执法与刑事司法衔接法规令出多门，缺乏全局整体上的考虑，未能实现体系化，导致实践中两类法律部门的衔接问题百出。虽然关于犯罪和刑罚的内容是由全国人民代表大会及其常委会制订的法律规定，行政执法与刑事司法之间的衔接问题并未直接涉及犯罪和刑罚，但是两类法律衔接涉及的是规范行政权力的行使、防止行政权力的滥用和对相关犯罪的追究等内容，这些内容本身就极为重要。而行政执法与刑事司法涉及了行政权和司法权的交织，如要真正解决二者之间的衔接问题，需要全国人民代表大会及其常委会从法律层面对此问题进行调整和规制。所以，建议将行政执法与刑事司法之间的衔接问题以法律形式予以规范，尤其是涉刑犯罪案件移送问题，以保障行政执法与刑事司法衔接的顺畅。[1]

2. 公安机关侦查方面

（1）证据提取的时间性问题。不论是传统知识产权案件，还是新型的网络知识产权案件，均存在涉案的人证、物证具有易反复、易灭失等特点，比如涉案当事人口供随着时间推移发生变化，如果未能第一时间固定，很可能会发生串供的情况。更有甚者，在未采取羁押性强制措施的情况下，有可能发生逃跑的情况，直接导致该部分证据难以取得。如在义乌市人民检察院办理的"吴某某、郭某某销售假冒注册商标的商品案"中，侦查机关在案发数月后才至该公司调查案件。此时，该案中的 2 名伊朗籍嫌疑人均已回国，明显增加了侦查机关的追捕难度。

相比较于传统知识产权案件，利用互联网侵犯知识产权的案件在这方面存在的问题更为突出。首先，大部分网络交易平台、网络聊天工具的后台数据均有一定的保管期限，而一般的数据可能保存在本地服务器，高级别的核心数据会保存在网络服务器或者平台指定的分部、总部服务器，超过保管期

---

[1] 参见商劲阑："知识产权行政执法与刑事司法衔接问题研究"，厦门大学 2019 年硕士学位论文，第 39~41 页。

限可能会给司法机关带来两个难题：一是本地服务器因其容量限制会定期覆盖更新数据保存，保存期限短，超过一定期限数据查询权限就会上移，随之而来的跨地区取证、平台数据查询复制权限审批等一系列问题就会直接加大取证的时间与难度；二是如果超过期限过长，可能会导致该部分数据缺损甚至灭失，严重者会直接影响案件的定罪和量刑。其次，因互联网中的知识产权犯罪案件背景更加错综复杂，犯罪主体所使用的手段繁多，大量的核心证据来源于互联网平台或互联网端口，其信息也是可以随时随地进行修改和调整的。比如，信息发布的时间、订单的数据等都是可以进行修改的，如果能第一时间将互联网数据信息证据固定，则可以在很大程度上避免这类证据被修改、删除等情况的发生。故及时取证才可确保证据的全面、客观、真实。

（2）证据提取的规范性问题。对于传统知识产权案件与新型的网络知识产权案件而言，证据的全面性是认定案件事实的重要基础，对案件定罪量刑会产生直接影响。如在义乌市人民检察院办理的"蒋某某销售假冒注册商标的商品案"中，侦查机关提供的涉案物品照片未能准确体现商标情况，无法与侵权商标进行比对，需要于后期再做大量的证据补强和实物调取才能最终确定该批货物假冒的商标图案情况。

相对于传统知识产权案件而言，利用互联网侵犯知识产权的案件对司法机关的取证又提出了更高要求。一方面，对司法机关取证的手段要求高，因大量的关键证据需要从淘宝、微信等网络平台提取，相比于以往的从计算机、手机内部存储当中提取信息的专业性和技术性手段的要求更高，这对证据提取人员的专业性提出了更高的要求。另一方面，对司法机关对证据的提取和保留形式提出了更规范的要求，网络知识产权案件涉及的证据形式多种多样，有交易记录、聊天记录、快递记录、网页链接及内容记录等，不同证据采取哪种形式保存至关重要。例如，在某假冒注册商标案件中，犯罪嫌疑人陈某在微信上接受一位客户下单的GUCCI化妆包订单，并交由妻子黎某生产，犯罪嫌疑人陈某在侦查阶段一直否认自己知道GUCCI是已注册的商标品牌。公安侦查人员便对陈某的手机进行了检查，从中找出了其和下单客户的聊天记录，使用录制视频的方式将此份证据提交给义乌市人民检察院的办案人员。虽然该份录像体现了犯罪嫌疑人陈某在客户下单时便告知客户GUCCI是已注册商标的品牌并询问确认下单的行为，证明了犯罪嫌疑人陈某假冒注册商标的主观方面的明知,但就从该份证据的取证程序和形式而言,存在的不规范问题会影响证据的合法性、关联性和客观性。我国《刑事诉讼法》明确规定,应当对不同种类的证据采用不同种类的提取和保存方式,侦查人员应当对手机进行电子勘验,并将原始数据进行固定,确定其与本案的关联性,同时如果数据庞大、不利于检察人员和审判人员审查,可以采用部分打印或者录像的方式呈现。

(3) 电子证据的收集与固定性问题。随着互联网技术的发展,商标类犯罪和著作权类犯罪产生了许多新形式,如在涉及网络知识产权的案件中,商标类侵权的买卖双方脱离通常的交易规则,所有交易均在互联网上进行,这种线上的交易模式一般仅保留电子数据作为凭证,而电子数据具有"易修改、易损毁、不易固化"的特征,因此对证据提取的时效要求较高。此处存在的主要困难有:一是网络运营商的不配合,虽然法律规定网络运营商有配合调查取证的义务,但实践中公安侦查人员到运营商处调取电子数据时通常会面临3个月至6个月的排队期;二是常见的淘宝交易记录、QQ微信等聊天记录的保存时限通常仅有6个月,大部分案件在案发时都已经过了电子数据的保存时限,导致公安机关难以有效地开展侦查工作。

在著作权类侵权中,线下出售盗版的视频、音频光盘的形式逐步被淘汰,目前盛行的是以分享平台云盘链接的形式向客户出售未经授权的电影、音乐等作品,以往司法机关可以根据点击该链接,对整个过程及网页内容进行勘验和固定。但随着网络云盘技术的发展,犯罪嫌疑人会采用一次性或者有时限的链接分享方式,即客户只能点击链接一次或者仅使该链接在一定期限(如24小时、48小时)内有效,过期则链接无效的方式规避司法机关对其出售未授权作品的检查。对此,公安机关只能从源头即犯罪嫌疑人的计算机、手机或者云端内查处、扣押相应的电影、音乐视频,再辅以购买者的证言,还要固定二者的对应性和关联性证据才能形成完整的证据链条,如此极大地增加了公安机关的取证难度。

(4) 证据把握的专业性问题。不论是传统知识产权犯罪案件,还是新型的网络知识产权犯罪案件,行为人主观明知、被侵犯对象的版权归属等问题都对侦查办案人员的证据审查与把握提出了更高的要求。司法实践中,侦查机关对犯罪嫌疑人主观证据的认定往往存在言辞模糊、讯问不到位等问题,对主观证据的提取没有建立在深入讯问和其他证据相互关联印证的基础上,导致难以判定犯罪嫌疑人的主观心态。

（5）域外证据的提取能力问题。原则上，域外证据需要经所在国公证机关证明，并经我国驻该国使领馆认证才具有法律效力。但在实践中，还存在着权利人或其代理人只提供商标注册证、授权委托书、鉴定证明而无域外公证认证以及翻译件的情况，这会对后期的案件审查起诉造成阻碍，甚至会由于证据达不到标准而使该起事实无法认定。以商标侵权类案件为例，义乌市人民检察院办理了一起侵犯"Arsenal""Liverpool""CHELSEA"等足球俱乐部品牌的假冒注册商标案件，因其中一个俱乐部品牌在国内没有商标代理商，若要定罪，则全部证据都需要由国外调取并通过使领馆的公证认证才能使用，而侦查机关因司法资源有限，无法调取证据，便直接将涉及该商标侵权的事实不移送审查起诉。而针对其中涉及的侵犯"CHELSEA"的商标的事实，义乌市人民检察院的承办人员发现，侵权行为发生时，该品牌对其国内代理公司（广州和睿商标代理公司，以下简称"和睿公司"）的授权还在有效期内，但是在和睿公司出具鉴定意见和价格意见时，已经超出了授权书的有效期限，致使该份证据失去效力，而侦查机关未发现该情况便移送审查起诉。承办人员第一时间联系侦查人员，侦查人员随后也及时联系了和睿公司，但因授权书需要国外公司制作，并且在当地使领馆经公证认证，再邮寄回国内需要花费大量时间，在承办人二次延长及二次退查后，和睿公司仍未得到新的授权，最终导致涉及该品牌的侵权事实无法认定。以上问题也暴露了侦查机关的域外取证能力还处在初级阶段，与域外司法机关就普通案件的司法协助机制仍待建立与完善。

（6）与鉴定证据相关的问题。在商标类刑事案件的司法实践中，存在涉假商标标识鉴定主体不统一的现象。实践中主要有两种方式：一种是由权利人公司进行鉴定；另一种是由权利人公司的商标代理商进行鉴定。但两种承担鉴定的主体均是案件的直接利害关系人，有学者认为，这种鉴定意见缺乏中立性，真实性和权威性也会受到质疑，给司法实践带来困惑，所以主张侦查机关应委托有合法资质的鉴定主体以鉴定意见的形式对商标标识是否系假冒进行认定，增加鉴定证据的中立性。[1]

在目前更新型的著作权类刑事案件中，专业的计算机机构出具的鉴定意

---

[1] 参见秦天宁：《知识产权犯罪案件典型问题研究》，法律出版社2019年版，第27页。

见也显得尤为重要。比如，在盗版 APP 刑事案件中，犯罪嫌疑人针对当下网络热门的游戏 APP 或者其他手机 APP 进行复制，并且改变 APP 名称，后将其发布到各大网络运营商，供客户下载使用。司法机关在判断其是否侵犯计算机软件的著作权时，首先得对其著作权核心进行了解，其次可能需要专业的计算机软件机构就侵权软件与被侵权软件进行对比鉴定，判断有无侵犯他人的游戏设计和核心算法，而该部分是司法机关难以独立完成的。

（二）审查起诉环节的问题

1. 主观明知的认定难点

不论是传统知识产权案件还是网络知识产权案件，犯罪嫌疑人是否主观明知都是首先需要解决的问题。实践中，行为人常用开车运货、出借房屋、售货谋生等辩解理由。例如，在商标侵权类案件中，不论是传统的线下生产模式，还是新型的线上接单转单模式，行为人往往会称其仅处于接单、加工或生产的某一个环节，不具有审查商标授权书的义务或是疏忽大意才未审查商标授权书，因此不具有侵犯商标权的主观明知。此时，如何推定犯罪嫌疑人的主观明知便成了实践难题。如果推定范围过大，则可能将疏忽大意的过失纳入"明知"的范围。对此，可以结合商品进货渠道、销售价格、会计账目、销售手段、经营史、行业惯例以及行为人的心智水平等加以司法推定。

例如，在义乌市人民检察院办理的"王某假冒注册商标案"中，犯罪嫌疑人王某在深圳市鑫中讯电子制品厂担任经理并负责日常工作。杜某（该厂老板，一审在逃）负责该厂的对外业务。2012 年 12 月至 2013 年 8 月期间，王某在没有获得北京三星通信技术研究有限公司、苹果电脑贸易（上海）有限公司以及诺基亚公司生产授权的情况下，与杜某生产假冒的"VERTU""NOKIA""SAMSUNG""IPHONE"注册商标手机，于 2013 年 8 月被查获上述假冒品牌手机 1160 部。经鉴定，价值人民币 990 920 元。王某辩解其只负责管理工人和日常生产，具体的接单、销售事宜均由老板杜某负责。生产手机的配件都由客户提供，商标事先都已贴好，其听从老板安排负责手机组装和检测，之后由客户提走，只有老板才知道手机生产是否经过授权。因此，其对公司生产假冒注册商标手机之事并不知情。

承办人员总结出了三点可以推定明知的理由：一是假冒注册商标商品的批发零售价格以及该注册商标品牌的知名度；二是行为人对该种商品的认知程度；三是进货渠道、买卖以及交接时间、地点与方式。具体到该案中，王某供述手机的出厂批发价格为 400 多元，明显不是上述品牌应有的价格；2012 年 7 月之前，王某一直销售诺基亚等品牌的正品手机，并且其在公司担任经理职务，对手机的生产、销售等方面必然有充分了解。

再以"王某销售假冒注册商标的商品案"为例，王某所销售的"三星"手机外观有三星注册商标，实际外观功能与正品三星手机有区别，真品为大屏幕，王某所出售的"三星"牌手机是小屏。其销售的"苹果"手机，外观和真品也不一样，真品苹果手机电池不能拆卸，而王某所卖的"苹果"手机电池可以拆卸且能更换。

王某所销售的手机具有手机的使用性能，并且外观与真品不同，根据王某的供述，购买他所出售的手机的消费者基本都是知假买假，销售价格比真品手机低廉，而且王某也会主动告诉消费者其所销售的"三星"和"苹果"手机是山寨手机，并没有对消费者进行欺诈，消费者也是出于追求品牌的心理而购买和使用的。因此，王某对其犯罪故意中的明知提出异议，认为自己销售的都是外观和功能与正品手机不同的山寨手机，并没有销售假冒"三星"及"苹果"手机。

对王某主观要素的认定，可以从以下几个方面把握：

（1）2012 年 7 月之前，王某一直销售诺基亚等品牌的正品手机；2012 年 7 月之后，总有顾客到其摊位上询问犯罪嫌疑人王某是否有山寨的"三星"及"苹果"手机出售。犯罪嫌疑人王某也知道如果手机上没有"三星"及"苹果"手机标识，顾客就不会购买。

（2）所谓山寨手机，是指一些小的手机厂商依靠模仿并加以创新，以极低的成本模仿主流手机品牌产品的外观或者功能而生产的手机，并贴注自己的商标。王某的进货渠道是深圳民通手机市场，从该市场，王某只购进带有"苹果"图形商标、"SAMSUNG""SAMSUNG 三星"等注册商标的手机。从其进货渠道来看，并非从正规的渠道购进"三星"及"苹果"手机；从其购进的手机外观来看，每款手机均带有"苹果"图形商标、"SAMSUNG""SAMSUNG 三星"等注册商标，这些手机并非其辩称的山寨手机。

（3）从王某对手机销售行业的认知程度来分析，在其销售假冒"三星"及"苹果"手机之前，其在北京市丰台区木樨园方仕通手机市场三层租的摊位销售了一年的正品手机，根据其所处的市场环境及其从业经验、年龄等因素综合考虑，可以认定王某为了谋取更大的利润，满足消费者知假买假的需要,明知假冒"三星"及"苹果"品牌的手机而对外销售,其销售的并非山寨手机。因此可以推定王某具有销售假冒注册商标的商品的直接故意。

2. 产品价值的认定难点

针对商标类侵权案件,最高人民法院、最高人民检察院《关于办理侵犯知识产权刑事案件具体应用法律若干问题的解释》规定,能够查清销售价格的按销售价格认定,无法查清销售价格的按标价认定,没有标价或者无法查清实际销售价格的,按被侵权产品的市场中间价格计算。实践中,因标价明显虚高,被侵权产品的市场中间价比侵权产品的预期售价要高出数倍,本着罪责刑相适应原则,对无法查清实际销售价格的,义乌市采用了公、检、法三机关统一按鉴定价格认定产品价值的方法,但实践中也存一些部门在已经查清销售价格或者能够查清其实际销售价格的情况下仍按鉴定价格予以认定的情况,例如"李某假冒注册商标罪案"。2010 年 8 月中旬,被告人李某在未获得商标所有权人许可的情况下,在 2.2 万件"白坯衫"上使用与"鄂尔多斯"注册商标相同的商标,包装成假冒的"鄂尔多斯"羊绒衫;在 4633 件"白坯衫"上使用与"恒源祥"注册商标相同的商标,包装成假冒的"恒源祥"羊毛衫,并在湖南省某地商场店铺内销售。后被公安人员查获,并在店内扣押吊牌价每件人民币 2180 元的假冒"鄂尔多斯"羊绒衫 4351 件,吊牌价每件 1680 元的假冒"鄂尔多斯"羊绒衫 17 403 件;吊牌价每件 968 元假冒的"恒源祥"羊毛衫 4433 件。上述未销售的假冒"鄂尔多斯"羊绒衫和"恒源祥"羊毛衫共计 26 187 件,吊牌标价共计 43 013 364 元。一审法院据此认定非法经营数额为 43 013 364 元,构成假冒注册商标罪,并判处 5 年有期徒刑。随后,被告人李某以该案应定销售假冒注册商标的商品罪,且不应以吊牌价计算非法经营数额,应当以实际销售价格每件 147.54 元计算非法经营数额为由上诉。经二审法院审查,被告人李某及其辩护人多次提及侦查机关扣押了其经营店铺内的电脑,该电脑未随案移送。经核实,该电脑内有李某假冒"鄂尔多斯"羊绒衫和"恒源祥"羊毛衫不同批次的文件夹,该文件夹分别以 140 元、150 元、180 元命名,文件夹内容为假冒的"鄂尔多斯"羊绒衫和"恒源祥"羊毛衫的照片。经发回重审,查明李某所经营的 11 个批次的不同款式的假冒的"鄂尔多斯"羊绒衫标注的价格平均每件 148.3 元;不同款式"恒源祥"羊毛衫标注的价格平均每件为 170.9 元;非法经营数额共计 3 983 717.9 元。法院据此以假冒注册商标罪判处其有期徒刑 4 年 6 个月。

商标类侵权案件的产品价值认定尚有标准可言，但利用互联网实施侵犯著作权的案件往往难以认定"违法所得数额"与"非法经营数额"。传统侵犯著作权犯罪的非法经营数额以侵权复制品的数量与复制品的单价相乘即可得出。但是，在网络空间内，点击量与复制量、下载量等都难以具体量化为某个数额。并且，受到损害的对象不只是著作权人、版权人，同时还有网络服务的提供商等，损失的种类繁多，很难确认其具体的数额。所以，司法机关在办理这类案件的时候，往往无法收集具体的损失依据，以确定侵权行为造成的损失金额。

3. 销售金额的认定难点

（1）"刷单"情况的数额认定。销售记录是在网络销售中认定犯罪数额的重要证据，该数据直接影响案件定罪量刑。《浙江省办理侵犯知识产权刑事案件适用法律若干问题会议纪要》（以下简称《会议纪要》）第3条规定，如犯罪嫌疑人提出销售记录中存在虚假交易，或部分商品系非假冒商品，应要求犯罪嫌疑人就此提供证据或证据线索，并就此进行核查。然而，网络销售数据非常庞大，且需要虚假交易的"刷单人"与真实消费者的共同配合核查，这无疑是司法实践中的一大难题。

例如，"王某销售假冒注册商标的商品案"。王某于2015年开始在淘宝网上售卖正品洗发水，并办理了相关的售卖资质手续。2017年初，其为了增加营业收入，便向李某进购假冒海飞丝、飘柔、潘婷等品牌的洗发水，进价十分低廉，一般都在7元至10元间。后王某在其淘宝店内采用真假洗发水掺卖的方式向客户出售，销售金额达40余万元，侦查机关在王某的仓库查获假冒品牌洗发水1300余件。在案件侦查阶段，王某无法清晰供述其订单中哪些是正品洗发水，哪些是假冒洗发水，因正品洗发水和假冒洗发水的订单售价相同，故侦查机关亦无法核实已出售的各个品牌假冒洗发水的数量与销售金额。而王某向李某采购假冒洗发水时也没有留存进货单据，李某也没有相应的销售单据，案件的办理一度进入停滞状态。随后，在案件退回补充侦查期间，侦查人员根据王某的供述核查了王某的支付宝交易记录，发现在2017年8月，王某向李某转账支付了人民币18万元，而王某供述该18万元就是向李某购买假冒洗发水的货款。经侦查机关向李某核实，李某供述其出售的均是假冒洗发水，其中18万元就是王某向其支付的货款，并交代了每种品牌的洗发水出售价格。检察机关承办人员根据每种假冒洗发水的出售价格，计算出从王某仓库扣押下的假冒洗发水共价值12万元，由此可以推断王某已销售的假冒洗发水的销售金额肯定大于6万元，如此才能确定犯罪嫌疑人王某构成了销售假冒注册商标的商品罪。

（2）单方账目的数额认定。实体贸易的销售情况多以销货清单或是购买、提货凭证体现，但实践中存在仅有购买者或销售者一方的记录的情况，该部分记录如何认定也是司法实践中普遍存在的一个问题。例如，在"金某销售非法制造的注册商标标识罪案"中，义乌市侦查人员查扣了伪造的"CHANEL"标识6万余件，同时在被告人店铺查获的销货记录中发现案发前数月内其还销售了同种标识达20余万件，但这20余万件商品标识无法查明是否确为侵权标识，且无其他证据印证，故难以认定为犯罪数额。

（3）无销售记录的数额认定。随着微信的普及，微商迅猛发展，与此同时，利用微信销售假冒注册商标商品的情况也愈发严峻，在实践中卖家很少会在微信平台进行注册登记销售，并以开店铺的形式对外出售商品，往往都是利用自己的朋友圈，以加好友的模式向客户推销和出售商品，这就导致所完成的交易没有相应的记录，仅有钱款的转账记录，但仅凭微信钱包或支付宝的转账记录又无法体现相应钱款的性质，因此，此类案件中如何认定其销售金额是一个新问题。

（4）套装组合的数额认定。实践中的许多利用网络交易平台销售假冒注册商标的商品案件，会存在以套装、组合形式出售商品的情况，而套装商品往往以"完整的商品+某部分单品"的组合形式出现，但在单品上通常没有印制商标，在此情形下，单品的价值能否被计入非法经营的数额存在争议。例如，在"袁某销售假冒商标的商品案"中，2018年11月，袁某从他人处进购带有"PHILIPS"字样的假冒注册商标的剃须刀并在自己的网店销售，并在网站内标注"正品飞利浦剃须刀，可以与正品刀头一同购买，更优惠、更划算"的广告语。买家可以选择单独购买完整的标有"PHILIPS"字样的剃须刀，也可以选择由完整的标有"PHILIPS"字样的剃须刀和未标有"PHILIPS"字样的刀头组合成的套装。承办人员在案件审查过程中就该组合套装中的刀头是否应计入非法经营数额存在争议。一种观点认为，因该刀头本身未带有"PHILIPS"字样的商标，没有冒用他人注册商标的故意，没有将未经他人授权的注册商标用在同一种商品上，只是利用虚假的广告让买家信以为真，故不应计入非法经营数额。另一种观点则认为，虽然该刀头上没有"PHILIPS"

字样商标,但是其与标有"PHILIPS"字样商标的剃须刀组合出售,属于套装,买家是基于对"PHILIPS"商标的品牌认知才购买的剃须刀和刀头,故应当计入非法经营数额。最终,此案基于严格符合商品"同一性"和商标"同一性"的原则,未将刀头的销售金额计入非法经营数额。

4. 犯罪形式的认定难点

(1) 共同犯罪的认定。共同犯罪的认定问题集中体现在翻译人员的行为认定上,对外贸易中知识产权犯罪涉案人员大多为从事服务的翻译人员,而真正购买假冒产品的外国客商鲜有归案。对此,如何认定翻译人员的行为存在两大问题:其一,翻译人员仅是其中一方的共犯还是与买卖双方均成立共犯;其二,在购买假冒注册商标商品的外国客商未归案的情况下,帮助其购买的翻译人员的行为如何评价。

(2) 犯罪形态的认定。知识产权犯罪案件情况比较复杂,尤其是其中存在较多对未遂形态的认定。例如,在"周某等人销售假冒注册商标的商品案"中,一批货值2万余元的假冒"BOSCH""MAKITA"商标的电动工具在送至货代公司后因质量问题被退回。在该情况下,该批货物的货值是认定销售既遂还是销售未遂存在较大争议。一种观点认为,货物在送至货代公司后所有权即发生转移,此时销售行为已经既遂,该2万元应当计入已销售的销售金额;另一种观点则认为,虽然货物交付给购买者时所有权发生了转移,但随后的退货又将该批货物的所有权归还给了销售者,若将前面的销售行为认定为既遂,则退货就成了原购买者的销售行为,如此认定不符合常理,故该部分货物应认定为未销售货物。笔者认为在此种情况下,以该货物的最终状态来认定比较合理,已销售的入罪金额大于未销售的入罪金额就是因为货物实际销售后会以比较快的方式流入市场,对商标的侵权损害极速扩大,而未销售的货物未流入市场,将侵权损害控制在了一定范围内,故二者的社会危害性有较大区别。就前述案例而言,假冒的商品最终被退回,未流入市场,按照其社会危害性和最终状态认定其未销售较为合理。但如果是网络销售平台的退货,则又会产生不同的观点和争议,因为网络销售平台绝大部分是销售者和购买者的直接关联,没有中间商,假冒的产品一经销售就直接到了消费者手中,而此时消费者因为质量问题退货,会直接有损该品牌在市场上的信誉与品牌价值,此时对品牌的价值损害已经形成,仍然对退货商品按照未销售计算则又显得缺乏合理性,故此实践当中还是存在争议。

5. 法律条款的适用难点

(1) 商标标识的认定。实践中注册商标标识认定的难点主要是商标的"同一性"认定和商标数量"件"的认定。相同商标是指与被假冒的注册商标完全相同,或者与被假冒的注册商标在视觉上基本无差别、足以对公众产生误导的商标。一般来说,该商标的核心要素基本相同,但字体、字号、英文大小写不同,都可以被认定为相同的商标,如 Apple、apple、APPLE 这三个商标,核心内容是"苹果"的英文单词,那么这 5 个字母就是核心要素,而大小写及字体、字号虽有些差别,但如果足以对公众产生误导,就应被认为是同一种商标。相同商标不等同于近似商标,生活中常见的很多"傍名牌"的商标,如"周住牌"洗衣粉、"康帅傅"方便面、"康师博"方便面、"康帅博"方便面等,即将自己的商标包装得与其他知名注册商标非常相似,但核心要素又有所不同,消费者只要注意观察就能将两者区分开,不会认为是相同商标。这种"傍名牌"的商标使用行为,虽然很容易误导消费者,但消费者只要认真观察商标的文字,就会发现有显著的不同,不会认为是相同商标,因此这种行为只是民事上的侵权行为,不能被认定为侵犯商标权的刑事犯罪行为。

对商标标识数量的认定,应以"标有完整商标图样的一份标识,一般应当认定为一件商标标识"的规定为计算原则。在认定标识数量时,应当将每一件完整且可以独立使用的侵权商标标识作累加计算。例如,一瓶酒的外包装盒、瓶贴、瓶盖上分别附着相同或者不同的商标标识,在计算商标标识件数时,应当计算为 3 件。在同一载体上印制数个相同或者不同的商标标识,且上述商标标识不能独立使用的,一般应当计算为一件商标标识。例如,在一个皮具商品的外包装纸上同时印有数个相同或者不同的商标标识的,在计算商标标识数量时,应当计算为一件。

(2) 商品同一性的认定。对"同一种商品"的认定,应当将涉嫌侵权的商品与商标权利人注册商标证上核准使用的商品或服务范围予以对比。很多企业(包括一些知名企业)也会在商标上犯一些低级错误,如甲公司拥有注册商标"XX",该商标核准使用商品只包括 A、B、C、D、E、F 六种商品,但其还生产了 G 商品并使用了商标"XX",乙公司生产了 G 商品并使用了"XX"商标,此时甲公司主张"伪 G 商品"侵犯了其"XX"商标构成假冒注册商标罪,但刑法上对商标的保护范围较为严格,应该是将乙公司生产的

"伪 G 商品"与甲公司"XX"商标核准使用的 A、B、C、D、E、F 做对比看是否为同种商品，而不是和甲公司实际生产的 G 商品对比。

商标是商品的生产者、经营者用于区别商品或服务来源的具有显著特征的标志，行为人将他人商标标识作为自己商品和服务来源的标识时才构成侵犯商标权的刑事犯罪，但如果行为人只是将他人商标标识作为功能性、说明性使用，则并非侵犯他人商标权的犯罪行为。例如，"iPhone"的充电数据线价格较贵，很多其他厂商生产销售能用于"iPhone"充电的数据线，价格只有"iPhone"原装数据线的 1/10。如果该厂商直接在自己商品上使用"iPhone"的商标作为商品来源的标识，则属于商标性使用。如果该厂商在商品上使用了"for""适用于"或"兼容于""iPhone"的字样，则属于一种功能性说明，说明这个商品可以被用于"iPhone"的充电，但并不是表明该商品就是"iPhone"的产品。虽然实践中有些厂家为了赚钱，将自己的商标和功能性的文字使用很小字体来标注，将知名商标使用很大的字体标注，可能会使消费者产生疑惑，但仔细去看也能辨别出不是知名商标的商品，这种"擦边球""搭便车"的行为只属于《反不当竞争法》上的侵权行为，但仍不能被认定为商标性使用，不宜认定为构成刑事犯罪。

（3）涉外定牌加工的认定。定牌加工（Original Equipment Manufacture），是指加工方根据约定，为定作方加工使用特定商标或品牌的商品并将该商品交付给定作方，定作方根据约定向加工方支付加工费的贸易方式，我国又称为贴牌加工。中国的廉价劳动力以及优惠的外贸投资政策使得贴牌加工在中国有很大的市场，司法机关如何定义此种贴牌加工的性质很有必要。

首先是定牌加工的法律特征。一是商标权（包括许可使用权）属于定作方，加工方不享有贴牌产品的商标权利；二是定作方与加工方之间系加工承揽法律关系；三是加工的贴牌产品应返回定作方或定作方指定的地区销售；四是应在产品上依法标明定作方的名称、地址及产品产地。其次是定牌加工的类型。按照国别可分为国内企业之间的定牌加工和涉外企业之间的定牌加工；按照授权范围又可分为单纯加工型定牌生产和加工、销售复合型定牌生产；按照生产环节可分为直接定牌生产和间接定牌生产。

对于上述的定牌加工行为是否侵权，学界目前仍存在争议。根据浙江省高级人民法院、浙江省人民检察院、浙江省公安厅《关于办理涉外定牌加工等侵犯知识产权刑事案件有关法律适用问题的会议纪要》的规定来看，关于涉外定牌加工行为的性质认定可以是否有真实授权和有无超过授权范围的标准来界定侵权与否；对合法授权范围内的涉外定牌加工行为不宜以假冒注册商标犯罪论处；对境内受托方超出涉外订单范围生产该注册商标的商品，且确有充足证据证实已在或将在境内销售的部分，由于已侵犯或势必侵犯境内相关权利人的商标专用权，如符合入罪标准，则可以假冒注册商标罪定罪处罚。境内受托方未经同意转委托，只要仍然是在境外销售，仍属于合法授权范围的涉外定牌加工。

（4）假冒和伪劣的竞合认定。生产、销售伪劣产品罪明确规定以假充真、以次充好或者以不合格产品冒充合格产品的属于生产、销售伪劣产品。但生产、销售伪劣产品罪中的"以假充真"的"假"与假冒注册商标的"假"有着本质区别，假冒注册商标的商品并非都是伪劣产品。"两高"的解释已明确"以假充真"是指以不具有某种使用性能的产品冒充具有该种使用性能的产品的行为，即生产、销售伪劣产品罪中的"以假充真"针对的是产品的使用性能，而假冒注册商标罪针对的是产品所标注的商标。因此，假冒产品不一定就是伪劣产品，认定伪劣产品的关键还是在于产品性能和质量。实践中，假冒和伪劣往往同时存在，当假冒注册商标的商品同时也是伪劣产品时，方能根据相关司法解释，认定为侵犯知识产权犯罪，同时构成生产、销售伪劣商品犯罪的，依照处罚较重的规定定罪处罚。

（5）侵权商品与侵权标识的量刑标准认定。假冒注册商标罪的量刑认定需要同时满足数量标准和经营数额标准，故在大批量生产单价较低的产品时，会出现非法制造、销售非法制造的注册商标标识罪比假冒注册商标罪处罚更重的情况，该处罚结果不利于法律效果和社会效果有机统一。例如，在"陈某等六人假冒注册商标、非法制造注册商标标识案"中，曹某、陈某接到销售假冒"SONY"电池的订单后，交由何某国、何某负责生产，何某国、何某为了生产假冒"SONY"品牌的电池向任某、骆某定制标有"SONY"商标的包装盒及卡片。经查明，任某、骆某非法制造的注册商标标识共24万余件，何某国、何某假冒的"SONY"电池非法经营数额16万余元。最终一审法院以曹某、陈某犯假冒注册商标罪分别判处有期徒刑1年9个月和2年；何某国、何某、任某、骆某犯非法制造注册商标标识罪分别被判处有期徒刑3年7个月、4年、4年、4年。在该案中，假冒行为的发起人曹某、陈某从中获利最多，且危害最大，但量刑最轻，而根据曹某某的要求从事假冒产品生产的何某等人量刑均在曹、陈二人之上。就本案的社会危害性而言，任某等四人的行为均是为曹、陈二人服务，相比较而言，曹、陈二人的社会危害性更大，这就体现了如果仅依据数量标准和经营数额来定罪量刑就会使罪责刑不相适应。

对于在同一商品上假冒数个注册号不同的注册商标，但涉案注册商标的权利人、核定使用商品均相同的情形，如何判定和计算商标数量，在实践中也有较大争议。例如"丁某假冒注册商标、潘某非法制造注册的商标标识案"。丁某是淘宝卖家，因其了解到某知名品牌的袜子销量极好，有钱可赚，便向王某和宋某提出定制假冒该知名品牌的袜子，王某和宋某觉得其中有利可图便接下这单生意，后又委托潘某制作该知名品牌的卡牌商标，并提供了卡牌商标的样式，一个卡牌商标上有该知名品牌的两种商标，即文字商标和图形双标，两种商标均已注册并享有不同的注册号，两种商标的核准使用类别和权利人一致。潘某制作好卡牌商标后交给王某和宋某，王某和宋某制作好袜子后用卡牌商标对袜子进行包装，完成后交给丁某。后丁某在自己经营的淘宝店铺出售。案发后，经公安机关核查，潘某交付给王某和宋某的卡牌商标数量为25万张，丁某出售的袜子的销售金额是16万元。《刑法修正案（十一）》通过前，根据2004年《关于办理侵犯知识产权刑事案件具体应用法律若干问题的解释》，司法实践中认为一张卡牌上有两个注册号不同的商标，则侵犯的商标个数应当计算为2个，具体到本案中，潘某非法制造注册的商标标识个数为50万个，达到情节特别严重，应当在3年以上7年以下的幅度量刑。丁某假冒注册商标的非法经营数额为16万元，且其侵犯的是2个注册商标，达到情节特别严重，也应在3年以上7年以下幅度量刑。但本案起诉到义乌市人民法院后，法院认定潘某侵犯的商标标识个数为25万个，情节特别严重，判处潘某有期徒刑3年2个月；认定丁某假冒注册商标的非法经营数额为16万元，情节严重，判处丁某有期徒刑1年6个月，缓刑3年。由此可见，法院认为相关司法解释对假冒两种以上注册商标的行为较假冒单一商标行为规定更低的入罪或者量刑数额标准，主要系从侵权范围所致的社会危害考虑，被侵权的注册号不同的数个商标权利人同一且使用在同一商品上，与典型的单一商标被侵权在实际危害性上并无多大差异，注册号虽然不同，但权利人同一且同时使用在同一商品上的数个假冒注册商标，由于假冒行为均指向同一个特定的商品来源，因此不宜认定为假冒两种以上注册商标。

相关司法解释并没有明确如何去判定和计算在同一商品上的数个不同商标的数量问题，而义乌市人民法院的解释虽然有一定道理，但是人为降低了在同一商品上假冒两种以上注册商标的入罪和量刑标准，此标准是否可以直接适用于刑事案件有待商榷。

（6）著作权犯罪中"其他作品"的范围认定。司法实践中对《刑法》第217条第1项设置的兜底条款——"法律、行政法规规定的其他作品"所包含的范围有较大的争议。虽然《刑法》和《著作权法》将侵犯著作权犯罪的行为对象都规定为"作品"，但是对"作品"本身内容范围的界定是不一致的。《著作权法》第3条列举的"口述作品""舞蹈作品""美术建筑作品""摄影作品""工程设计图""产品设计图""地图"等多项作品在《刑法》中未被列举，但《刑法》第217条又使用了"法律、行政法规规定的其他作品"的概括性用语表述。由于在司法实践中对口述作品、舞蹈作品、美术建筑作品、摄影作品、工程设计图、产品设计图、地图等作品的侵权情形较少，且地图还承担了一定的社会服务功能，因此有观点认为对这类作品的侵权可能造成的损害性后果较轻，基于刑法的谦抑性原则，对这类作品的侵权可以通过民事、行政手段解决，而侵犯著作权罪的行为对象还是应严格依照《刑法》第217条列举的作品类型。但《刑法》所列举的保护对象都属于传统意义上能够带来经济价值的作品，而随着《著作权法》保护范围的不断完善、著作权市场的发展和规范、公众著作权保护意识的增强，口述作品、舞蹈作品、美术建筑作品、摄影作品、工程设计图、地图等作品也逐渐开始在市场中占据一定的地位，对这些作品的侵权行为也同样层出不穷。在舞蹈作品中对舞蹈动作的独创性设计，地图中对地理信息的采集、筛选、取舍、表达，以及对独创性工业产品设计的应用等非传统意义上的"作品"同样可以给著作权人带来丰厚的经济利益，而对这些作品的侵权行为给著作权人合法权益、市场经济秩序带来的危害并不亚于对传统作品的侵权。根据刑法的法益保护原则，对严重侵犯法益或者侵犯重大法益的行为，刑法必须将其规定为犯罪，尽可能地保护法益。因此，口述作品、舞蹈作品、美术建筑作品、摄影作品、工程设计图、产品设计图、地图等作品应当与刑法所列举的传统作品一样受到刑法保护。

而且，在知识经济时代，新的作品类型不断出现、现有的作品不断创造出新的经济价值、侵权对象和手法也不断翻新，法律无法在当下预见到所有作品的种类,也无法预见对某类作品侵权可能产生的所有后果,因此对侵犯著作权罪行为对象进行封闭式的列举以及对现有作品类型进行等次划分都是不恰当的。法律制定需要具有一定的前瞻性和周延性,《刑法》第 217 条第 1 项和《著作权法》第 3 条关于"其他作品"的规定,本身在立法技术上就为以后行为对象的扩张预留了空间。

(7) 商业秘密犯罪中"情节严重"的认定。《刑法修正案(十一)》通过前,是以"给商业秘密的权利人造成重大损失的"即具体权利人损失数额或行为人违法所得数额来认定是否构成商业秘密犯罪。根据《关于办理侵犯知识产权刑事案件具体应用法律若干问题的解释(三)》第 4 条的规定,行为人给商业秘密权利人造成损失数额达到 30 万元或违法所得数额达到 30 万元,就可认定为给商业秘密的权利人造成重大损失。第 5 条还根据合理许可费、销售利润的损失、该项商业秘密的研究开发成本、实施该项商业秘密的收益等辅助确定损失数额或者违法所得数额。但《刑法修正案(十一)》通过后,将商业秘密犯罪的定罪由"数额犯"转变为"情节犯",则前述的司法解释中的数额规定就与现行法律条文不相适应了。

(三) 检察监督方面的漏洞

1. 涉外案件监管机制仍待完善

随着全球一体化和对外贸易的不断发展,我国涉外贸易的范围和深度都得到了极大的扩展。义乌市作为全球小商品的主要集散地,其商品的生产地和消费地往往在国内其他地区或者国外,义乌小商品企业主要是承接采购商的订单,处于知识产权犯罪流程的中间环节,尤其是近年来,国外采购商授意或者指使国内企业生产销售假冒商标案件日益增多,因此涉外知识产权案件的监管机制亟须完善。

针对此问题,义乌市人民检察院积极作出尝试,于 2013 年 4 月联合市法院、公安局、司法局、外侨办四家执法单位出台了《关于办理外国人犯罪案件的若干意见》,明确了外国人犯罪案件的办案原则、程序、报备制度等,这对有效追捕知识产权犯罪案件中的外籍犯罪嫌疑人具有一定的规范作用。但是这毕竟是对外国人侵犯知识产权犯罪的事后追诉机制,而实际上,在多数小商品出口业务的知识产权犯罪案件中,外籍嫌疑人往往已经出境,事后追诉手续繁琐且成本消耗大。因此,亟须出台更有针对性的从订购、采购等源头监管知识产权涉外案件的事前机制。

2. 立案、执行监督困境

立案监督包含两方面内容，即"应当立案而不立案"与"不应当立案而立案"。司法实践中，知识产权刑事案件存在行刑衔接不畅问题，刑事案件的立案标准并不为行政执法机关所熟悉，加之部门利益的驱使，促使很多知识产权犯罪行为被降格处理，案件移送率低。同时，鉴于在行政执法程序中的证据收集难以满足立案侦查工作的需要，行政机关与司法机关之间又缺乏协作配合，致使一些侵犯知识产权行为虽然被立案处理，但其犯罪证据并不充分。检察机关在立案监督中一直处于被动、乏力状态。由于对立案线索的知悉渠道有限，监督立案存在较大的偶然性。检察机关通常通过审查起诉或当事人申诉控告等方式对立案情况进行监督，审查立案或不立案的合法性。但是，这些监督渠道本身便在诉讼监督程序上具有滞后性，立案监督过于被动，无法准确、及时地了解立案信息。而且，仅凭借这些方式获取立案线索，必然会使很多违法立案行为成为"漏网之鱼"，根本无法进入检察机关的立案监督视野中。[1]

目前，我国知识产权行政保护工作存在多头负责情况，这种多元化执法主体模式具有分工明确、专业高效等优势，但部门分立、条线之间隶属关系不同，统筹协调较难，衔接机制进展被动。实践中常以联席会议的形式协调各种关系，但由于相关单位参与人时常调整，协调推进的重复性工作频繁，使得诸多举措和机制无法被贯彻落实。目前在制度上缺少一个统筹的规范流程，检察机关无法在案件诉讼进展过程中及时跟进，诉讼监督难以形成完整的动态运行轨迹。[2]

3. 权利人的权益保障困境

随着互联网的发展，市场上查获的涉嫌侵权产品及网络环境中存在的侵权行为往往涉及诸多权利人，不仅有本地的，还有外地的甚至是境外的，履行告知程序尤为繁琐，回馈意见的返回耗时较长。虽然《刑事诉讼法》明确规定，在审查起诉阶段应当听取被害人的意见，但对于如何听取、如何回应、是否采纳等问题则再无具体的实施细则，从而导致司法实务"听取被害人意见"工作往往流于形式。具体到知识产权犯罪案件中，在程序性权利义务告

---

[1] 参见季美君、单民："论刑事立案监督的困境与出路"，载《法学评论》2013年第2期，第79页。

[2] 参见韩晓峰、陈超然："诉讼监督事项案件化的思考——以侦查监督为分析视角"，载《人民检察》2016年第21期，第33页。

知以及常规性询问之后，除案件侦办人员主动向知识产权人核实案件证据外，知识产权人很难再有机会和渠道进一步说明案件情况、表达诉讼请求。

另外，权利人的自诉方式并未得到实际应用，原因有二：一是现行程序法规定和证据规制对知识产权刑事自诉人的举证责任要求较高，被害人需要搜集到足以证明对方犯罪行为的证据，但以被害人自身的力量明显难以完成；二是我国知识产权犯罪公诉、自诉之间的界限比较模糊，对是否属于"情节轻微"的区分难以把握。

同时，知识产权犯罪给被害人带来的损失往往难以得到赔偿。司法实践中，知识产权侵权物品和违法所得没收后都收归国有，被告人还需承担罚金刑，因此依赖于被告人退赔的被害人的实际损失通常得不到弥补，而且商业信誉、品牌形象等损失也未能得到有效恢复。

二、经验总结与创新构想

（一）完善知识产权刑事检察办案机制

1. 规范知识产权刑事案件的证据标准

侵犯知识产权犯罪证据的收集一般需要历经行政执法机关、公安机关、检察机关三个阶段，但在行政处罚环节中，案件的相关证据未能从满足后期侦查机关刑事追诉工作需要的角度进行收集，致使许多证据在检察机关重新调查取证时已无法收集。提前介入的启动方式可以有两种：一是检察机关通过信息共享平台，发现需要提前介入的案件，主动提前介入；二是行政执法机关、公安机关要求检察机关介入。提前介入的方式是多样的，主要是对证据的收集、固定提出建议，根据犯罪构成要件，对下一步侦查取证工作提出建议。[1] 所以，检察机关应适时监督侦查机关做好知识产权案件办理与审核部门间的协调，优化组合办案力量，减少非专业队伍办理专业案件的现象，进一步强化证据意识，做到及时固证，避免证据断层。同时，注重域外证据的有效性，根据出具证据材料主体的不同予以区别对待，增强域外证据认证的规范性。

对于层出不穷的新型电子证据，要增强收集辨认能力，可以通过出台试

---

[1] 参见马谨斌："从检察视角看知识产权的刑事司法保护"，载《人民检察》2017年第4期，第68页。

行规定的方式明确电子证据在不同类案件中的提取、采信要求。其一，完善关于电子证据的相关法律规则，在无法由侦查人员直接从原始介质提取电子数据的情况下，确立电子数据真实性的认定标准；其二，建立电子证据提取协作机制，侦查人员在取证过程中需保持高度的谨慎，避免因不规范操作导致证据灭失或者不完整，提高取证人员的专业能力，引入计算机专业人员或者司法会计人员辅助取证及审查证据。

2. 依法打击侵犯知识产权的犯罪活动

（1）统一计算标准，合理认定数额。一是针对刷单情况。建议参照《会议纪要》对现场无遗留假冒商品的网络销售情形的认定，对犯罪嫌疑人提出的非假冒商品或刷单的辩解采用抽样取证的方式予以核实，有条件的应当寻求当地公安机关上门核实，在提取证人证言的同时对涉案商品予以固定。随着刷单的集团化和专业化发展，现多数刷单系通过专业刷单公司操作，故应当根据嫌疑人的供述，核实其与刷单公司之间的资金往来情况计算刷单的数量。二是针对单方账目情况。若犯罪嫌疑人本人记录的完整账目与其供述能够相互印证，则可以直接作为定案的依据。而在犯罪嫌疑人对其上家或下家记录的销售账目提出质疑的情况下，应当结合在案的其他证据综合判定，重点核实与销售记录相对应的资金往来明细，结合上、下家之间的资金往来情况认定其销售的假冒商品数额。

（2）区分侵权形态，明确标识"件"数。一是半成品的商标认定。当前刑法并未涉及对该类产品的商标认定，但在《商标印制管理法》中有所涉及，其对此的定义是，一个完整的商标标识是指与商品配套一同进入流通领域的带有商标的载体，据此可依据商标在产品中使用的情况来判断其"件"的标准；二是套装商品的件数认定。在部分案件中，存在多个商品组合成一个套装的情形，依据知识产权保护的特殊性，只要套装中的商品可以独立销售，且单个商品具有完整的涉案商标标识，就视为侵权，则作为部分的单个商品应当被认定为一件。

（3）明晰共犯界定，明确主观犯意。一是明确共犯界定。翻译人员共犯的认定关键在于其服务对象，虽然翻译的作用是帮助买卖双方进行沟通，最终促成交易的完成，但为其服务买单的才是其雇主，故其与雇主在服务范围内构成共犯。当然，现实中还会遭遇的问题是翻译人员从交易双方均收取费用，则其既是购买者的共犯也是销售者的共犯，应从一重罪认定其共犯行为更为客观。二是明确主观犯意。在购假者尚未到案的情况下,如何评价翻译人员的行为,关键在于其对购买者对购买目的的明知程度。销售假冒注册商标商品的刑事追诉标准是 5 万元人民币,其对应的假冒产品数量多达数千甚至上万件,翻译人员作为参与市场贸易的辅助成员,应当认识到采购者的目的是销售。因此,在无合理解释的情况下,应当推定行为人购买的目的即为销售。

严格执行侵权产品价值认定标准,将销售价格、标价与传统的价格鉴定结合起来,提高价值认定的准确性。针对销售价格存在的不同种类和批次等情形,应当明确计算方法,统一审核标准。对于侵犯知识产权犯罪中的主观证据,要确保讯问到位、确实充分、相互关联,对于共同犯罪案件中出售方尚未到案的情形,应秉持审慎的态度,综合认定帮助犯的主观故意。

(4) 出台制度规范,集中案件办理。一是知识产权案件集中审查起诉与集中审判,推进民事行政刑事"三合一"办案。自 2018 年以来,金华市范围内的知识产权刑事犯罪案件集中由义乌市人民检察院审查起诉,集中由义乌市人民法院审理判决。因义乌经济的特殊性与代表性——其作为综合改革贸易试验区、"一带一路"支点城市与小商品进出口集散地,是知识产权案件刑事犯罪的高发地,也是金华地区知识产权保护的主阵地。集中审查起诉与集中审判,有利于知识产权案件的合法、合理处罚。二是开展针对各地侦查机关的业务培训交流。针对金华地区公安机关负责侦办知识产权刑事案件的侦查人员进行集中统一的业务培训与交流,明确知识产权刑事犯罪案件的基本立案标准、侦查手段、证据组合形式,确保公安机关移送审查起诉的知识产权案件的定罪证据客观、完整与充分,从而提高知识产权刑事案件的办理质效。

(二) 加强理论研判和人才队伍培养

1. 设立知识产权检察理论研究基地与检校合作

层出不穷的新型知识产权刑事案件要求检察机关以习近平新时代中国特色社会主义思想为指导,全面对标"重要窗口"建设新目标、新定位,深入研究检察理论和实践问题。为此,义乌市人民检察院探索设立了知识产权检察理论研究基地。2020 年 4 月,义乌市人民检察院联合多家单位共同成立了全国首家知识产权刑事司法保护中心,承载控告申诉线索流转、权利人数据库共建共享、机制探索和理论研究等多项职能,为知识产权检察理论基地研究活动提供了丰富的实践资源。同时，义乌市人民检察院与西北政法大学合作开展课题研究，搭建"理论共研、治理共商、难点共破、人才共建"的检校合作框架体系，打造"借智引智"系统工程，全力服务保障"重要窗口"建设，推进实务问题"难点共破"，实现理论实践深衔接。充分发挥高校专家学者的理论优势，推进双向互动"人才共建"，夯实持续发展稳基础。

2. 借鉴引入技术调查官制度

借鉴知识产权法院的技术调查官制度，将技术调查官引入刑事诉讼。2014年12月30日，最高人民法院审判委员会通过了《关于知识产权法院技术调查官参与诉讼活动若干问题的暂行规定》（以下简称《暂行规定》）。技术调查官被划分在司法辅助人员序列，在专业性较强的案件中，负责为法官提供专业技术意见。北京、上海、广州的知识产权法院相继根据《暂行规定》制定了一系列技术调查官相关制度，并将技术调查官运用到庭审中，辅助法官解决专业技术问题，获得了良好的效果和丰富的经验。[1] 当检察机关对鉴定意见有质疑或犯罪嫌疑人对鉴定意见有异议时，检察机关应邀请技术调查官，辅助监督鉴定活动是否合规合法。这在某种程度上也可以弥补我国犯罪嫌疑人没有鉴定权的问题。技术调查官在公诉阶段与检察官之间的协作，可以辅助检察官对案件的证据有全面的把握、对技术事实有清晰的了解、对侵权数额的界定有准确的掌握。

（三）有效发挥检察机关的监督职能

1. 搭建涉外平台，实现联合监管

涉外案件的及时治理不仅有利于强化经营者的知识产权保护意识，也是保障市场经济健康发展和国际贸易可持续发展的重要环节。第一，应尽快建立国际贸易备案制度，将有外国人参与的市场交易行为纳入市场监管范围，进行实时跟踪；第二，针对涉外案件的市场主体，包括翻译人员、外贸公司等，建立及时信息反馈制度和产品出口的备案登记制度；第三，设立外国人及外贸公司黑名单制度，将有涉及侵权行为或者其他不良记录的外国人驱逐出境或者限制入境，建立针对外贸公司、货代公司等市场主体的严格监管机制，打造知识产权的信息共享平台，联合海关、市场监管、公安等部门构筑

---

[1] 参见张浩泽："知识产权刑事诉讼中真相查明辅助机制的构建——以技术调查官协作为路径"，载《中国司法鉴定》2019年第2期，第66~67页。

长效稳固的知识产权安全防护网，形成打击涉外知识产权案件的合力。

2. 构建协作机制，三方互联互动

应在完善目前运行的"两法"（指行政执法与刑事司法）联席会议长效机制和信息衔接平台的基础上，扩建构筑司法、行政、企业三方协作机制。一方面，司法、行政机关可以将知识产权案件办理过程中发现的新特点、新问题及行政部门和电商行业在监管中的疏漏之处进行汇总，定期与网络平台沟通交流，提供管理决策；另一方面，网络平台在日常运营中也应及时反馈侵权行为的手段及规律。网络平台掌握了最全面的贸易数据，司法、行政机关打击网络知识产权犯罪有赖于平台内部的电子证据。"两法"应与网络平台建立规范的案件线索移送机制和证据保全机制，由网络平台担当发现侵犯知识产权犯罪线索的主力军，监管部门和司法部门依托网络平台掌握的大数据展开初查及取证，足不出户便能收集大部分涉案证据，实现精准打击且事半功倍。

3. 完善网络监督，促进"宽进严管"

随着商事登记制度改革的逐步推进，"宽进严管"将成为基本原则，针对电子商务的数字化等特征，要充分运用技术手段，加强对电子商务行业的监管。例如，采取技术手段屏蔽侵犯知识产权和制售假冒伪劣商品的信息，健全信息发布自律机制；做好电子商务市场的规划、协调、引导、监督工作，建立网络经济数据库，为公众提供网络经济市场主体的身份认证、资格认证、信用评估等服务，构建网络经济体系的信息支撑。虽然全国性地覆盖网络监管一时难以完成，但可以针对小部分区域进行试点，实行严格管理控制。因目前 eWTP 落户义乌，阿里巴巴和义乌政府的合作在为进出口的跨境电商提供便利的同时，加速了进出口贸易的入关、出关审批进度，所以可以在该合作范围内试行特殊的网络监管机制，确保出口贸易的质量。

4. 探索预防机制，构建诚信体系

"没有买卖就没有侵权"，知识产权的保护不仅需要经营者自身做到守法诚信，也需要消费者提升自我约束能力。在市场经济转型升级的大背景下，应尽快建立更具市场针对性的信用等级评级模式，统一市场贸易信用的评定标准，通过各主体在市场交易过程中的信用表现，逐步打造个人或企业的信用等级。执法部门可通过巡查、抽查等方式，对经营户的产品进行检查，并对经营户的侵权信用考察情况建档备查。此外，依托电商平台的数据信息等，对失信企业和个人依法进行信用公示，并允许公众依法查询，通过降低信用等级、限制市场准入等方式强化失信惩戒机制，探索建立知识产权侵权人黑名单制度。同时，将普通消费者也纳入信用评级系统，规制"购假、买假"行为，深化知识产权犯罪的双向预防机制，构建具有中国特色的市场经济诚信体系。

犯罪法治预防宣传方面应采用多元化方式，例如"线下实体走访+线上普遍宣传"。义乌市人民检察院注重收集、总结企业经营过程中遇到的知识产权法律风险，专门成立了"服务民营讲师团"，已就二十多个涉企专题形成针对性的课件库，为银行等金融机构、知名浙商品牌企业提供五十余场法律讲课，帮助企业防范法律风险。同时，在"义乌检察"公众号、检答网等网络平台，用原创漫画、典型案例分析等方式，向网络公众有效宣传知识产权犯罪的形式与危害。还应根据案件类别和特点，针对青年群体、个体经营户、电商平台店主、程序员等重点人群加强知识产权法治宣传，提升公众对知识产权保护的意识性和自觉性。

5. 完善知识产权权利人保障机制

首先，采用网络、短信等新型告知方式辅以邮寄、电话等传统，简化权利人告知程序，充分保障权利人的知情权，还可借鉴参考听证会的方式，让权利人有效参与到疑难案件的办理中来。2016年9月最高人民检察院颁布的《"十三五"时期检察工作发展规划纲要》提出："围绕审查逮捕向司法审查转型，探索建立诉讼式审查机制。"[1]在探索审查逮捕诉讼化的实践中，审查逮捕公开听证即为检察机关增强检察工作兼听性、弥补检察权运行透明度和民主性不足的大胆尝试。对于知识产权犯罪，这样的"尝试"显然更是必要的：一方面，相较于书面听取意见，审查逮捕听证中各方参与者的诉求表达更加充分，检察人员能够更好地领会参与方的意见、建议，并且在相互观点的初次交锋中，各方也可加深了解，消除了不必要的误解；另一方面，知识产权案件的专业性和复杂性也需要检察人员"兼听""广听"，以获得更为全面的案件信息及材料，从而有利于对案件的准确把握。[2]

---

[1] 参见韩旭："审查逮捕程序诉讼化改革中的五个问题"，载《人民检察》2018年第5期，第10页。

[2] 参见刘洋："检察理念革新视阙下知识产权犯罪中被害人的权益保护"，载《犯罪研究》2020年第5期，第78页。

其次，在诉讼过程中，加强扣押、查封、强制提取、冻结等证据保全、财产保全措施的适用。同时，在检察机关的主导下，积极采用认罪认罚制度，促进被告人在审前退赔退赃、赔礼道歉、取得被害人谅解，增加被害人获得经济赔偿的可能性，化解或减轻双方的对立冲突。

参考文献

一、著作类

[1] 梁治平编:《法律的文化解释》(增订本),生活·读书·新知三联书店1994年版。
[2] 苏力:《法治及其本土资源》,中国政法大学出版社2004年版。
[3] 许崇德:《许崇德全集》(第6卷),中国民主法制出版社2009年版。
[4] 江国华:《中国监察法学》,中国政法大学出版社2018年版。
[5] 宋冰编:《读本:美国与德国的司法制度及诉讼程序》,中国政法大学出版社1998年版。
[6] 孙长永:《侦查程序与人权——比较法考察》,中国方正出版社2000年版。
[7] 刘品新主编:《刑事错案的原因与对策》,中国法制出版社2009年版。
[8] 中国社会科学院语言研究所词典编辑室编:《现代汉语词典》(第7版),商务印书馆2016年版。
[9] 何帆编著:《刑法注释书》,中国民主法制出版社2019年版。
[10] 于天敏等:《黑社会性质组织犯罪理论与实务问题研究》,中国检察出版社2010年版。
[11] 杨鸿年、欧阳鑫:《中国政制史》,安徽教育出版社1989年版。
[12] 曾宪义主编:《中国法制史》,北京大学出版社、高等教育出版社2000年版。
[13] 张晋藩:《中国法制史》,商务印书馆2010年版。
[14] 韦庆远、柏桦编著:《中国政治制度史》(第2版),中国人民大学出版社2011年版。
[15] 姜明安:《监察工作理论与实务》,中国法制出版社2018年版。
[16] 中央档案馆编:《中共中央文件选集》(第3册),中共中央党校出版社1989年版。
[17] 中央档案馆编:《中共中央文件选集》(第11册),中共中央党校出版社1991年版。
[18] 中央档案馆编:《中共中央文件选集》(第15册),中共中央党校出版社1991年版。
[19] 孙谦主编:《人民检察制度的历史变迁》,中国检察出版社2011年版。

[20] 秦前红等：《国家监察制度改革研究》，法律出版社 2018 年版。
[21] 任建明主编：《反腐败制度与创新》，中国方正出版 2012 年版。
[22] 王少峰主编：《检察制度理论思索与研究》，中国检察出版社 2005 年版。
[23] 闵丰锦：《"捕诉一体"论》，知识产权出版社 2020 年版。
[24] 陈光中主编：《刑事诉讼法》（第 2 版），北京大学出版社 2005 年版。
[25] 严存生：《论法与正义》，陕西人民出版社 1997 年版。
[26] 习近平：《论坚持全面依法治国》，中央文献出版社 2020 年版。
[27] 王志广：《中国知识产权刑事保护研究（理论卷）》，中国人民公安大学出版社 2007 年版。
[28] 刘春田主编：《知识产权法》，中国人民大学出版社 2000 年版。
[29] 莫洪宪、贺志军：《多维视角下我国知识产权的刑事保护研究》，中国人民公安大学出版社 2009 年版。
[30] 蒋永良主编：《检察视野下的知识产权保护理论与实践》，中国政法大学出版社 2014 年版。
[31] 刘远山：《我国侵犯商标权犯罪：定罪和量刑研究》，知识产权出版社 2010 年版。
[32] 张明楷：《刑法学》（第 5 版），法律出版社 2016 年版。
[33] 赵秉志、田宏杰：《侵犯知识产权犯罪比较研究》，法律出版社 2004 年版。
[34] 李明德：《美国知识产权法》（第 2 版），法律出版社 2014 年版。
[35] 刘宪权、吴允峰：《侵犯知识产权犯罪理论与实务》，北京大学出版社 2007 年版。
[36] 秦天宁：《知识产权犯罪案件典型问题研究》，法律出版社 2019 年版。

二、期刊类

[37] 程同顺、陈永国："党纪与国法衔接协同实现路径的思考"，载《长白学刊》2016 年第 5 期。
[38] 贾宇："抓住关键环节培养卓越法律人才"，载《中国高等教育》2013 年第 12 期。
[39] 陈金钊："'思想法治'的呼唤——对中国法理学研究三十年的反思"，载《东岳论丛》2008 年第 2 期。
[40] 杨翔、廖永安："论法治实践部门在法治人才培养中的责任主体地位"，载《政法论丛》2015 年第 6 期。
[41] 黄新根："新中国成立以来司法体制改革的演变、方向与路径"，载《大连干部学刊》2019 年第 9 期。
[42] 赵金飞："中国共产党三代领导治国方式的历史演变与思考"，载《嘉兴学院学报》2005 年第 2 期。
[43] 郭道晖："从人治走向法治——五十年来我国法制建设的曲折经历"，载《百年潮》

1999年第7期。

[44] 张文显："中国法治40年：历程、轨迹和经验"，载《社会科学文摘》2018年第11期。

[45] 陈斯喜："新中国立法60年回顾与展望"，载《上海政法学院学报（法治论丛）》2010年第2期。

[46] 高一飞、陈恋："人民法院司法改革40年的回顾与思考"，载《中国应用法学》2019年第1期。

[47] 汪栋："英美陪审制度及其程序价值考论"，载《东南大学学报（哲学社会科学版）》2016年第4期。

[48] 谭兴亮："论美国陪审团制度对中国陪审制度改革的借鉴作用"，载《法制与经济》2009年第14期。

[49] 齐树洁："论外国司法改革经验之借鉴"，载《江苏行政学院学报》2009年第1期。

[50] 秦策："9·11事件后美国刑事诉讼与人权保护"，载《江苏警官学院学报》2003第6期。

[51] 褚红军："走有中国特色的司法独立之路"，载《西南政法大学学报》2002年第3期。

[52] 张军："中国社会主义司法制度的优越性"，载《法制资讯》2009年第5期。

[53] 周蒔文、黎建辉："英美陪审制度的功能比较与借鉴"，载《法律适用》2006年第7期。

[54] 付小容："质疑与回应：'赔钱减刑'的正当性论辩"，载《西南大学学报（社会科学版）》2016年第2期。

[55] 贾宇、王东明："法治人才培养的时代使命与路径探索"，载《河南警察学院学报》2020年第5期。

[56] 马剑："人民法院审理宣告无罪案件的分析报告——关于人民法院贯彻无罪推定原则的实证分析"，载《法制资讯》2014年第1期。

[57] 何家弘："从侦查中心转向审判中心——中国刑事诉讼制度的改良"，载《中国高校社会科学》2015年第2期。

[58] 步洋洋："刑事庭审虚化的若干成因分析"，载《暨南学报（哲学社会科学版）》2016年第6期。

[59] 陈卫东："以审判为中心：当代中国刑事司法改革的基点"，载《法学家》2016年第4期。

[60] 闵春雷："以审判为中心：内涵解读及实现路径"，载《法律科学（西北政法大学学报）》2015年第3期。

[61] 易延友："证人出庭与刑事被告人对质权的保障"，载《中国社会科学》2010年第2期。

[62] 张吉喜:"论以审判为中心的诉讼制度",载《法律科学(西北政法大学学报)》2015年第3期。

[63] 洪刚:"基于'以审判为中心'的侦诉审关系论析",载《昆明理工大学学报(社会科学版)》2022年第3期。

[64] 栾明璐、张俊涛:"检察机关应对'以审判为中心'改革的新挑战、新举措",载《中国检察官》2018年第9期。

[65] 肖波、肖之云:"论以审判为中心的制度下的公诉工作",载《中国检察官》2015年第3期。

[66] 顾永忠:"关于'完善认罪认罚从宽制度'的几个理论问题",载《当代法学》2016年第6期。

[67] 苗生明、周颖:"认罪认罚从宽制度适用的基本问题——《关于适用认罪认罚从宽制度的指导意见》的理解和适用",载《中国刑事法杂志》2019年第6期。

[68] 陈卫东:"认罪认罚从宽制度的理论问题再探讨",载《环球法律评论》2020年第2期。

[69] 何剑:"认罪认罚从宽与刑事和解制度比较研究",载《社会科学动态》2020年第10期。

[70] 最高人民法与刑一庭课题组:"刑事诉讼中认罪认罚从宽制度的适用",载《人民司法(应用)》2018年第34期。

[71] 姚莉:"认罪认罚程序中值班律师的角色与功能",载《法商研究》2017年第6期。

[72] 郭烁:"认罪认罚背景下屈从型自愿的防范——以确立供述失权规则为例",载《法商研究》2020年第6期。

[73] 龙宗智:"完善认罪认罚从宽制度的关键是控辩平衡",载《环球法律评论》2020年第2期。

[74] 刘伟琦:"认罪认罚的'321'阶梯式从宽量刑机制",载《湖北社会科学》2018年第12期。

[75] 罗新阳、彭新华:"扫黑除恶刑事政策执行偏差与对策探析",载《公安学刊(浙江警察学院学报)》2020年第5期。

[76] 付立庆:"论积极主义刑法观",载《政法论坛》2019年第1期。

[77] 郑玉双:"法理学贡献于刑法学的方式:以刑法观为例",载《中国法律评论》2018年第3期。

[78] 周光权:"积极刑法立法观在中国的确立",载《法学研究》2016年第4期。

[79] 刘艳红:"积极预防性刑法观的中国实践发展——以《刑法修正案(十一)》为视角的分析",载《比较法研究》第2021年第1期。

[80] 姜涛:"比例原则与刑罚积极主义的克制",载《学术界》2016年第8期。

[81] 刘凡："扫黑除恶的刑事法治原则及技术对策"，载《河南警察学院学报》2020年第2期。

[82] 何荣功："避免黑恶犯罪的过度拔高认定：问题、路径与方法"，载《法学》2019年第6期。

[83] 高小明："新时代扫黑除恶专项斗争的理论与实践逻辑"，载《河南警察学院学报》2020年第5期。

[84] 张帆："扫黑除恶进程中的刑法介入限度研究"，载《安徽警官职业学院学报》2020年第1期。

[85] 何荣功："准确认定黑恶犯罪的方法论思考"，载《武汉大学学报（哲学社会科学版）》2020年第2期。

[86] 岳平、陈伊韬："社会治理：黑恶犯罪治理进阶与启示"，载《上海大学学报（社会科学版）》2020年第5期。

[87] 康均心："从打黑除恶到扫黑除恶"，载《河南警察学院学报》2018年第3期。

[88] 刘仁文、刘文钊："恶势力的概念流变及其司法认定"，载《国家检察官学院学报》2018年第6期。

[89] 邱格屏："恶势力犯罪论析"，载《中共青岛市委党校 青岛行政学院学报》2011年第1期。

[90] 刘宪章、孙刚："恶势力违法犯罪的司法认定"，载《中国检察官》2018年第21期。

[91] 马力、李吉明、雷阳阳："检察机关在扫黑除恶工作中如何发挥检察监督职能"，载《武汉公安干部学院学报》2018年第4期。

[92] 彭辅顺："黑恶势力犯罪的数罪关系与处断"，载《北京联合大学学报（人文社会科学版）》2018年第2期。

[93] 龙敏、吴加明："恶势力犯罪惩处之困境与出路"，载《犯罪研究》2012年第1期。

[94] 卢建平："软暴力犯罪的现象、特征与惩治对策"，载《中国刑事法杂志》2018年第3期。

[95] 黄京平："黑恶势力利用'软暴力'犯罪的若干问题"，载《北京联合大学学报（人文社会科学版）》2018年第2期。

[96] 秦前红："困境、改革与出路：从'三驾马车'到国家监察——我国监察体系的宪制思考"，载《中国法律评论》2017年第1期。

[97] 袁曙宏："深化国家监察体制改革的四重意义"，载《中国纪检监察》2018年第5期。

[98] 季美君、单民："论刑事立案监督的困境与出路"，载《法学评论》2013年第2期。

[99] 韩晓峰、陈超然："诉讼监督事项案件化的思考——以侦查监督为分析视角"，载《人民检察》2016年第21期。

[100] 马谨斌："从检察视角看知识产权的刑事司法保护"，载《人民检察》2017年第

4 期。

[101] 张浩泽:"知识产权刑事诉讼中真相查明辅助机制的构建——以技术调查官协作为路径",载《中国司法鉴定》2019 年第 2 期。

[102] 韩旭:"审查逮捕程序诉讼化改革中的五个问题",载《人民检察》2018 年第 5 期。

[103] 刘洋:"检察理念革新视阙下 知识产权犯罪中被害人的权益保护",载《犯罪研究》2020 年第 5 期。

[104] 莫洪宪、刘峰江:"法益转向:商业秘密私权确立之刑事应对",载《电子知识产权》2018 年第 7 期。

[105] 上海市杨浦区人民检察院、上海市人民检察院第三分院第六检察部、上海政法学院刑事司法学院联合课题组:"域外侵犯商业秘密司法保护的比较与借鉴",载《犯罪研究》2020 年第 1 期。

[106] 郑友德、王活涛、高薇:"日本商业秘密保护研究",载《知识产权》2017 年第 1 期。

[107] 刘科:"中日侵犯商业秘密犯罪比较研究",载《中国刑事法杂志》2011 年第 3 期。

[108] 崔汪卫:"我国商业秘密刑事立法体系:现状、经验与重构",载《政法学刊》2020 年第 2 期。

[109] 周作斌、李宁:"《中美经贸协议》中商业秘密的规定及我国应对路径",载《电子知识产权》2020 年第 4 期。

[110] 罗曦:"论著作权刑事保护范围——基于《著作权法》与《刑法》的比较分析",载《知识产权》2014 年第 10 期。

[111] 王玉凯:"我国著作权刑事保护的不足与完善",载《法制与社会》2009 年第 7 期。

[112] 赵秉志、刘科:"国际知识产权刑法保护的发展趋势",载《政治与法律》2008 年第 7 期。

[113] 金多才:"专利权的刑事司法保护实证研究",载《河南科技》2020 年第 27 期。

[114] 田宏杰:"侵犯专利权犯罪刑事立法之比较研究——兼及我国专利权刑法保护的完善",载《政法论坛》2003 年第 3 期。

[115] 管志琦、田建林:"浅析我国专利权的刑法保护",载《河北法学》2013 年第 8 期。

[116] 王宗光:"专利犯罪刑事政策的刑法化:由隐性步入显性",载《东方法学》2017 年第 3 期。

[117] 李永升、冯文杰:"实质解释视域下的假冒注册商标罪研究——以商标侵权'混淆可能性'标准为视角",载《昆明理工大学学报(社会科学版)》2015 年第 6 期。

[118] 黄罕敏、李兰英:"海峡两岸商标权的刑事保护:立法评述、相互借鉴与共同展望",载《台湾研究集刊》2019 年第 4 期。

[119] 郑志:"民刑交叉视角下的假冒注册商标罪客观要件研究",载《知识产权》2020 年

第 5 期。

[120] 张耕、黄国赛："民刑交叉视角下商标刑事保护边界研究"，载《知识产权》2020 年第 12 期。

[121] 王琪："附属刑法及其利弊分析"，载《暨南学报（哲学社会科学版）》2017 年第 1 期。

[122] 冯文杰："商标权刑法保护之历史演进与立法完善"，载《法治社会》2020 年第 1 期。

[123] 蒋巍："基于利益平衡角度的商标权刑法保护研究"，载《广西大学学报（哲学社会科学版）》2020 年第 3 期。

[124] 杨靖军、鲁统民："假冒服务性商标不构成假冒注册商标罪"，载《人民司法》2008 年第 8 期。

[125] 田宏杰："论我国知识产权的刑事法律保护"，载《中国法学》2003 年第 3 期。

[126] 傅启国、罗震宇、李晓雨："我国商标权刑事保护的现状及完善"，载《中国市场监管研究》2020 年第 8 期。

[127] 娄力斌："公诉环节自行侦查之完善"，载《山西省政法管理干部学院学报》2018 年第 1 期。

[128] 单民、尹畅："着力构建对派出所的刑事执法监督协作机制"，载《人民检察》2017 年第 12 期。

[129] 曹国华："在执法办案中探寻检察职业公正的科学内涵"，载《中国检察官》2010 年第 19 期。

[130] 王新环："审查起诉阶段案件信息公开思考"，载《人民检察》2014 年第 20 期。

[131] 苗生明："新时代改革背景下公诉工作的理念更新与顺势发展"，载《人民检察》2018 年第 2 期。

[132] 习近平："加强党对全面依法治国的领导"，载《求是》2019 年第 3 期。

[133] 孙谦："司法改革背景下逮捕的若干问题研究"，载《中国法学》2017 年第 3 期。

[134] 张建伟："逻辑的转换：检察机关内设机构调整与捕诉一体"，载《国家检察官学院学报》2019 年第 2 期。

[135] 龙宗智："检察机关内部机构及功能设置研究"，载《法学家》2018 年第 1 期。

[136] 易文杰："'捕诉一体'下检察机关审前主导的理论困境与突破"，载《江西警察学院学报》2019 年第 5 期。

[137] 邓思清："捕诉一体的实践与发展"，载《环球法律评论》2019 年第 5 期。

[138] 胡波："'捕诉一体'运行考察与配套机制完善"，载《人民检察》2020 年第 4 期。

[139] 叶青："关于'捕诉合一'办案模式的理论反思与实践价值"，载《中国刑事法杂志》2018 年第 4 期。

［140］郭烁：“捕诉调整：'世易时移'的检察机制再选择”，载《东方法学》2018 年第 4 期。

［141］张保生：“非法证据排除与侦查办案人员出庭作证规则”，载《中国刑事法杂志》2017 年第 4 期。

［142］李海峰：“庭审实质化背景下监察调查取证规则的检视与完善”，载《社会科学》2020 年第 5 期。

［143］洪浩：“我国'捕诉合一'模式的正当性及其限度”，载《中国刑事法杂志》2018 年第 4 期。

［144］高一飞、陈恋：“检察改革 40 年的回顾与思考”，载《四川理工学院学报（社会科学版）》2018 年第 6 期。

［145］陈卫东：“论检察机关的犯罪指控体系——以侦查指引制度为视角的分析”，载《政治与法律》2020 年第 1 期。

［146］叶青：“'捕诉一体'与刑事检察权运行机制改革再思考”，载《法学》2020 年第 7 期。

［147］陈实：“论捕诉一体化的合理适用”，载《法商研究》2019 年第 5 期。

［148］彭森磊：“'捕诉一体'视域下审查批捕权的异化与回归”，载《实事求是》2020 年第 3 期。

［149］张建伟：“'捕诉合一'的改革是一项危险的抉择？——检察机关'捕诉合一'之利弊分析”，载《中国刑事法杂志》2018 年第 4 期。

［150］熊瑛：“留置概念研究——从留置性质的角度切入”，载《法治研究》2021 年第 1 期。

［151］孟穗、冯靖：“监察调查与刑事诉讼的衔接问题研究”，载《河北法学》2019 年第 4 期。

［152］左卫民：“一种新程序：审思检监衔接中的强制措施决定机制”，载《当代法学》2019 年第 3 期。

［153］南京市人民检察院课题组，潘科明：“监检衔接中的证据问题探析”，载《中国检察官》2020 年第 21 期。

［154］钱小平：“监察管辖制度的适用问题及完善对策”，载《南京师大学报（社会科学版）》2020 年第 1 期。

［155］朱全宝：“论检察机关的提前介入：法理、限度与程序”，载《法学杂志》2019 年第 9 期。

［156］陈国庆：“刑事诉讼法修改与刑事检察工作的新发展”，载《国家检察官学院学报》2019 年第 1 期。

［157］虞浔：“职务犯罪案件中监检衔接的主要障碍及其疏解”，载《政治与法律》2021 年

第 2 期。

[158] 刘航："公诉部门提前介入侦查程序机制探讨——以贪污贿赂案件为切入点"，载《山西省政法管理干部学院学报》2015 年第 1 期。

[159] 何静："检察介入监察调查：依据探寻与壁垒消解"，载《安徽师范大学学报（人文社会科学版）》2020 年第 6 期。

[160] 井晓龙："监察调查权与检察侦查权衔接研究"，载《法学杂志》2020 年第 12 期。

[161] 谢小剑："监察调查与刑事诉讼程序衔接的法教义学分析"，载《法学》2019 年第 9 期。

[162] 陈卫东："职务犯罪监察调查程序若干问题研究"，载《政治与法律》2018 年第 1 期。

[163] 王飞跃："监察留置适用中的程序问题"，载《法学杂志》2018 年第 5 期。

[164] 董坤："法规范视野下监察与司法程序衔接机制——以《刑事诉讼法》第 170 条切入"，载《国家检察官学院学报》2019 年第 6 期。

[165] 卞建林："配合与制约：监察调查与刑事诉讼的衔接"，载《法商研究》2019 年第 1 期。

[166] 李勇："《监察法》与《刑事诉讼法》衔接问题研究——'程序二元、证据一体'理论模型之提出"，载《证据科学》2018 年第 5 期。

[167] 赵冠男："论职务犯罪监察调查程序中刑事证据规则的构建"，载《湘潭大学学报（哲学社会科学版）》2020 年第 5 期。

[168] 吴建雄："国家监察体制改革与新时代中国特色社会主义监督体系构建"，载《统一战线学研究》2018 年第 1 期。

[169] 林尚立："中国反腐败体系的构建及其框架"，载《河南大学学报（社会科学版）》2010 年第 1 期。

[170] 程竹汝："论政治体制改革的重点与国家治理体系现代化"，载《上海行政学院学报》2014 年第 2 期。

[171] 刘长秋、史聪："新中国成立 70 年来我国纪检监察机关构建的经验与启示"，载《理论与改革》2019 年第 6 期。

[172] 李辉山："国家监察体制改革的逻辑意蕴"，载《廉政文化研究》2018 年第 5 期。

[173] 周伟："试论新时代纪检监察机关的职责"，载《中国延安干部学院学报》2020 年第 3 期。

[174] 叶青、王小光："监察委员会案件管辖模式研究"，载《北方法学》2019 年第 4 期。

[175] 刘忠："条条与块块关系下的法院院长产生"，载《环球法律评论》2012 年第 1 期。

[176] 谢小剑："监察委员会刑事调查管辖制度初探"，载《湖湘论坛》2019 年第 5 期。

[177] 谢小剑："刑事职能管辖错位的程序规制"，载《中国法学》2021 年第 1 期。

[178] 李奋飞:"职务犯罪调查中的检察引导问题研究",载《比较法研究》2019 年第 1 期。

[179] 蔡健等:"检察机关提前介入职务犯罪案件问题研究",载《汉江师范学院学报》2019 年第 4 期。

[180] 吕晓刚:"监察调查提前介入实践完善研究",载《法学杂志》2020 年第 1 期。

[181] 王谦:"中共第一个中央级纪检机构诞生始末",载《文史精华》2008 年第 6 期。

[182] 彭勃:"关于建国以来监察体制的探索与实践",载《当代中国史研究》1995 年第 1 期。

[183] 刘晓峰:"新中国成立以来我国监察制度发展历程、演进趋势及改革目标",载《社会主义研究》2018 年第 2 期。

[184] 张国栋:"推动全面从严管党的重要一招:党的十八大以来纪律检查和国家监察体制改革综述",载《中国纪检监察》2017 年第 20 期。

[185] 韩大元:"论国家监察体制改革中的若干宪法问题",载《法学评论》2017 年第 3 期。

[186] 刘计划:"侦查监督制度的中国模式及其改革",载《中国法学》2014 年第 1 期。

[187] 湛中乐:"三个层面构建科学的行政检察监督体系",载《人民检察》2015 年第 2 期。

三、学位论文类

[188] 刘洪林:"我国检察制度改革研究",武汉大学 2013 年博士学位论文。

[189] 商劲阑:"知识产权行政执法与刑事司法衔接问题研究",厦门大学 2019 年硕士学位论文。

[190] 熊理思:"知识产权刑事保护与其他法律保护之间的关系协调",华东政法大学 2016 年博士学位论文。

[191] 陈晓钟:"知识产权犯罪司法认定问题研究",南京大学 2015 年博士学位论文。

四、报纸类

[192] 吴绮敏、吴乐珺、张梦旭:"中美签署第一阶段经贸协议",载《人民日报》2020 年 1 月 16 日。

[193] 贾宇:"发展社会主义法学理论体系 培养高素质法治人才",载《西部法制报》2015 年 4 月 30 日。

[194] 蒋安杰:"检察变革四年间",载《检察日报》2022 年 3 月 7 日。

[195] 胡夏冰:"日本:刑事审判中的'裁判员'制度",载《人民法院报》2016 年 12 月 2 日。

[196] 齐树洁："德国民事司法改革的新动向"，载《人民法院报》2002年10月22日。

[197] 王守安："以审判为中心的诉讼制度改革带来深刻影响"，载《检察日报》2014年11月10日。

[198] 蒋安杰："认罪认罚从宽制度若干争议问题解析（上）——专访最高人民检察院副检察长陈国庆"，载《法制日报》2020年4月29日。

[199] 张磊："在历史脉动中把握监察体制改革的逻辑——访南开大学马克思主义学院院长纪亚光"，载《中国纪检监察报》2017年8月23日。

[200] 王松苗、王丽丽："检察机关内设机构的风雨变迁：对高检察院24个职能部门历史沿革的初步梳理"，载《检察日报》2009年10月12日。

[201] 郑博超："反贪局挂牌，反腐步入正轨化"，载《检察日报》2012年1月9日。

[202] 若蔚、姜洁："问题导向立行立改"，载《人民日报》，2014年7月11日。

[203] 高斌、张梦娇："韩晓峰：强化监检衔接提升办案质效"，载《检察日报》2021年2月5日。

[204] 张辉、靳丽君："检察机关办理职务犯罪案件有何成效"，载《检察日报》2020年5月21日。

[205] 简言："'捕诉合一'：提供更加优质的'法治产品'"，载《检察日报》2018年6月21日。

[206] 钟亚雅、招阳："审查逮捕如何做到更客观精准 广州南沙：探索建立社会危险性量化评估机制"，载《检察日报》2020年10月10日。

[207] 孙凤娟："加大知识产权刑事司法保护力度"，载《检察日报》2020年9月14日。

五、网络类

[208] 习近平："在中国政法大学考察时的讲话"，载 https://www.chinanews.com/gn/2017/05-04/8216006.shtml，最后访问时间：2020年1月8日。

[209] "习近平：全面加强知识产权保护工作 激发创新活力推动构建新发展格局"，载 http://www.xinhuanet.com/politics/2021-01/31/c_1127046994.htm，最后访问时间：2021年1月31日。

[210] 张文显："中国法治40年：历程、轨迹和经验"，载 http://www.cssn.cn/fx/201811/t20181101_4768425_3.shtml，最后访问时间：2020年1月8日。

[211] "《中国人权法治化保障的新进展》白皮书（全文）"，载 http://www.scio.gov.cn/zfbps/32832/Document/1613514/1613514.htm，最后访问时间：2022年6月25日。

[212] "最高人民法院——关于印发《人民法院办理刑事案件庭前会议规程（试行）》""中华人民共和国最高人民法院公报"，载 http://gongbao.court.gov.cn/Details/ee6a5b1d20140c38c800c91c728d63.html，最后访问时间：2022年月6月25日。

[213] "本轮司法体制改革进入第二阶段",载https://pacq.gov.cn/zhxw/2017/1106/77410.html,最后访问时间:2022年6月25日。

[214] "风生水起逐浪高——新时代中国刑事司法改革发展回望",载http://news.jcrb.com/jsxw/2022/202209/t20220924_2447187.html,最后访问时间:2022年11月12日。

[215] "孙谦解读修改后刑事诉讼法:认罪认罚从宽贯穿整个刑诉程序",载https://www.spp.gov.cn/spp/zdgz/201812/t20181213_402337.shtml,最后访问日期:2022年11月12日。

[216] "认罪认罚同步录音录像,让每一个案件都经得住时间考验",载https://www.360kuai.com/pc/92df3f15cc477a995?cota=3&kuai_so=1&tj_url=so_rec&sign=360_57c3bbd1&refer_scene=so_1,最后访问日期:2022年11月12日。

[217] 卞建林:"认罪认罚从宽制度赋予量刑建议全新内容",载http://www.360doc.com/content/19/0729/18/542605,最后访问时间:2021年1月24日。

[218] 樊崇义:"认罪认罚是独立量刑情节",载http://www.360doc.com/content/19/0716/14/30326534_849140588.shtml,最后访问时间:2021年1月24日。

[219] 李泽民:"认罪认罚与自首、坦白的关系——认罪认罚如何从宽",载https://mp.weixin.qq.com/s/D-unp5WOBaf5LNt72G9NKQ,最后访问时间:2022年11月23日。

[220] "深圳市刑事案件认罪认罚从宽制度试点工作实施办法(试行)",载http://www.xindongfanglawfirm.com/newsitem/278296546,最后访问时间:2021年1月21日。

[221] "保定高新区检察院应用量刑辅助系统提升量刑建议精准率",载https://www.thepaper.cn/newsDetail_forward_9076746,最后访问时间:2022年11月25日。

[222] "全国检察机关强化法律监督高质量查办涉黑恶案件",载https://www.spp.gov.cn/zdgz/202102/t20210208_508763.shtml,最后访问时间:2021年2月21日。

[223] 最高人民检察院指导案例第18号:"郭明先参加黑社会性质组织、故意杀人、故意伤害案",载http://www.spp.gov.cn/xwfbh/wsfbh/201409/t20140915_80170_2.shtml,最后访问时间:2021年2月20日。

[224] "决战扫黑除恶 全国检察机关强化法律监督高质量查办涉黑恶案件",载https://www.spp.gov.cn/zdgz/202102/t20210208_508763.shtml,最后访问时间:2021年2月19日。

[225] 最高人民检察院:"依法严惩利用未成年人实施黑恶势力犯罪典型案例",载http://news.jcrb.com/jsxw/2020/202004/t20200423_2149757.html,最后访问时间:2021年2月21日。

[226] "一线检察官到底为什么支持捕诉合一",载http://www.yidianzixun.com/article/0JFtceV6/amp,最后访问时间:2021年12月16日。

［227］ "2021年12月日，最高检就《检察机关贯彻少捕慎诉慎押刑事司法政策典型案例（第一批）》答记者问"，载http：∥www.scio.gov.cn/xwfbh/gfgjxwfbh/xwfbh/44194/Document/1717158/1717158.htm，最后访问时间：2022年12月8日。

［228］ "2019年全国检察机关主要办案数据"，载https：∥www.spp.gov.cn/spp/xwfbh/wsfbt/202006/t20200602_463796.shtml#1，最后访问时间：2021年9月7日。

［229］ "2020年全国检察机关主要办案数据"，载https：∥www.spp.gov.cn/xwfbh/wsfbt/202103/t20210308_511343.shtml#1，最后访问时间：2021年9月15日。

后 记
POSTSCRIPT

本书是义乌市人民检察院与西北政法大学检校合作的成果之一，凝集了多人的心血与付出。

首先感谢义乌市人民检察院政治部、理论研究室、主要的刑事业务检察部同志们的付出。正是在政治部、理论研究室的积极推动与协调下，合作项目从确定到调研、材料收集、论证、成稿，一路顺利进行。几个刑事检察业务部门的同志不仅提供了有益的线索思路，还提供了很多义乌市人民检察院的经验做法和典型案例，使得书稿更显得灵润丰富。

感谢西北政法大学穆兴天教授、李政敏书记、舒洪水院长一直以来对检校合作项目的关心和在调研、论证、写作上的支持。

感谢西北政法大学王林副教授，为本书第四章的撰写提供了丰富的素材和写作指导。感谢西安培华学院王彦鹏、义乌市文化和广电旅游体育局冯炜斯、山西省洪洞县人民检察院秦斌斌、已毕业的西北政法大学国家安全学院2019级研究生余晓先，他们为本书的写作深入调研，提供了大量的素材和宝贵的建议。感谢西北政法大学国家安全学院2021级研究生陈治先、吕欣怡同学，2022级研究生马鑫、王哲、辛稼伟、徐琴琴同学，他们为本书的最后校对付出了宝贵的时间和精力。

最后特别感谢中国政法大学出版社领导、丁春晖编辑以及其他工作人员，正是你们的辛勤付出，才使得该书能这么快面世！

2022 年 12 月 18 日